适于脑的语文教学

江风 著

阐述了脑学习的相关理论

提出了围绕读写能力建构"语文知识概念结构"的观点

创建了基于脑的语文教学模式

介绍了语文教学设计与教学实施的内容

分析了语文教学评价的基本策略

呈现了相关的语文课堂教学视频与教学图片

山东教育出版社

前 言

《适于脑的语文教学》是《基于脑的语文教学》的升级版。

2012年5月《基于脑的语文教学》出版之后，参与实施基于脑的语文教学的学校与教师迅速增加，基于脑的语文教学在更广泛的实践中验证其有效性的同时又有了新的发展，我必须尽快将研究成果呈现给大家，让教师有更多的成长，让更多的学生受惠。

《适于脑的语文教学》在以下几个方面完善并丰富了基于脑的语文教学。

一、对脑学习的相关理论做了更为全面的阐述，提出了围绕读写能力建构"语文知识概念结构"的观点，并呈现了相关的教学实践研究。

二、对教学模式的理论以及基于脑的语文教学模式做了更为详尽的论述，进一步完善了基于脑的语文教学模式。

三、完善了教学设计与教学实施的相关内容，详细介绍了每个教学模块的教学设计及其具体的教学步骤与教学策略，便于教师在教学实施时参考与使用。

四、增加了教学评价的内容，使基于脑的语文教学形成了一个更为完善的教学系统。

五、增加了教学视频与教学图片。

感谢山东教育出版社，是他们的技术支持，让读者能在书中看视频，使基于脑的语文教学能以更具体可感的面貌呈现给读者。

谨以此书向所有伴随基于脑的语文教学研究一路走来的学校与教师致以深深的谢意！

江 风

2015年1月28日

目 录

（本书各章的"图片与视频"段落均可按照封底操作说明扫描图片获得精彩课堂教学实录）

第一章　让语文教学适于脑

　　本章介绍基于脑的学习理论，概述基于脑的语文教学"是什么、为什么、怎样做"。共分三节，第一节介绍脑的学习活动；第二节探讨语文学科知识概念结构问题；第三节陈述基于脑的语文教学实施策略。

　　脑是思维之所，天生用来学习。20世纪末开始，人类对脑的研究突飞猛进，所谓的"脑黑箱"逐步被打开。我们从了解脑的学习开始，一起去探讨基于脑的语文教学。

第一节　了解脑的学习

一、学习是脑建立神经网络的过程

　　学习是脑建立神经网络的过程。我们试以诗歌的学习为例，去了解这个过程。

　　不知你是否有过这样的经历，让你背诵一首长诗，你对着文本反复吟诵，终于将诗歌背下来了。可是过了一段时间，你已经将诗歌忘得差不多了。而有些谱曲的诗歌，你在歌唱中不经意就会背诵了，而且很久都没有忘记。

　　如果让你学习一首很长的叙事诗，在配上音乐歌唱诗歌的同时，还配上相应的视频，让你一边歌唱一边观看诗情画意的图像，甚至还可以手舞足蹈地动起来、跳起来，那么，诗歌的学习一定是非常享受的过程，你一定很快就将诗歌背诵下来了，若干年以后，你仍然记得诗歌的内容。这样的学习形式你也许似曾相识，类似的学习过程你也许经历过。我们的脑是怎样操纵这一切的？人脑是怎样储存信息，然后当你需要的时候，它又是如何迅速地提取出来的？

　　其实，我们的脑没有一块专门的地方负责记住某首诗歌、记录某一完整事件。信息在脑中不是只存在某一特殊的位置上，而是存在于不同的部位中——视觉、听觉和运动皮层——并且通过神经元的回路和网络联结起来。当一个信息输入脑时，我们神奇的脑通过脑细胞神经元的活动，将信息分别储存在不同的区域。比如，伴随诗歌一起出现的音乐将储存在听觉区域，图像将储存在视觉区域，动作将储存在运动区域。脑的信息储存不是随便放置的，脑细胞神经元会"搜索"适合新信息的已有网络，将新信息与原有的信息相"联结"。这个搜索、联结的过程，通常称为"意义建构"。可以肯定的是，脑联结的网络通道越多，越有利于"意义建构"。这就如同城市交通，多种选择的路径可以提供更多的出口，缓解交通瓶颈问题。伴随音乐、视频、动作来背诵诗歌的网络通道比仅靠阅读文本背诵诗歌的网络通道多，"意义建构"自然更迅速，更准确。

　　"意义建构"的第一步称为获得。获得了知识并不等于牢固记忆了知识，因为神经网络通道的联结随时都有可能消失。要牢固记忆新知识，等到你测验和考试的时候能随时提取，大脑必须对知识进行精细加工。脑如何进行精细加工呢？我们继续以学习叙事诗为例。你已经可以背诵这首叙事诗了，如果再让你将诗歌的内容改编成戏剧，与同伴一起排练、表演，表演结果得到同伴、老师的肯定与评价，这样，这首诗歌你这辈子恐怕都很难忘记。上述的改编、同伴学习、排练、表演、评价等学习活动，就是脑对信息的精细加工。脑精细加工过程，实际上就是神经元细胞之间建立更多的联结、找到新的神经通道、形成更密集的神经网络的过程。

　　同样道理，当我们要将记忆从脑中的信息提取出来的时候，"意义建构"

时建立的神经网络通道越多，信息提取就越容易。我们不能将记忆和提取分离开来，正是提取过程激活了神经网络通道中休眠的神经元，当有足够数量的神经元以合适的方式被激活时，你的提取就成功了。

至此，你是否注意，上述参与诗歌学习的多数活动——音乐、舞蹈、视频、编剧、表演等都与"艺术"有关。"艺术是脑的开发者，艺术促进了人类神经系统的发展，它所'滋养'的系统包括感觉统合系统、注意系统、认知系统、情绪系统以及运动系统，这些系统是所有学习活动背后的推动者。"[1]

另外，如果对上述学习诗歌的活动进行梳理，我们还可以知道脑所喜欢的一些学习活动及其特点。比如，与同伴学习、排练、表演，是一种合作学习，来自同伴与老师的评价是反馈学习，而改编、排练、表演、评价等学习活动都充满了学习的新颖性和挑战性。看来，脑喜欢合作学习、反馈学习，喜欢具有挑战性和新颖性的学习。对此，美国学者Eric Jensen的观点可以印证。观点一："对于任何一个旨在丰富学习者脑的方案而言，首要的事情就是保证学习是具备挑战性的，对学生而言具有新的信息或经验。通常新颖性就可以解决这个问题，但是它必须同时是具有挑战性的。其次，学生还必须能够从互动的反馈中习得经验。"观点二："学习伙伴是学习环境中最好的资源……合作小组的确实现了两个非常重要的功能：当我们感受到自身价值或者感受到自己被关注时，我们的脑会分泌快乐的神经递质：内啡肽和多巴胺。这些递质会使我们更加乐于工作。另一项功能就是小组提供了一个极好的社交和学习反馈的途径，当学生与其他同学聊天时，他们可以得到别人对自己思想与行为的明确反馈。"[2]

诗歌的学习过程，至少让我们知道了以下原理：

第一，脑喜欢形式多样的学习，在丰富多彩的活动中学得更好。丰富多彩的学习活动能为脑建立神经网络打开多种通道，为新知识与原有经验的联结

---

[1] [美] Eric Jensen著，北京师范大学"认知神经科学与学习"国家重点实验室脑科学与教育应用中心译：《艺术教育与脑的开发》，中国轻工业出版社2005年版，第2~3页。

[2] [美] Eric Jensen著，北京师范大学"认知神经科学与学习"国家重点实验室脑科学与教育应用中心译：《适于脑的教学》，中国轻工业出版社2005年版，第39~40页。

提供更多的选择，便于脑快捷、准确储存信息。

第二，脑需要对新信息进行精细加工。"意义建构"过程所建立的神经网络有的会消失，要巩固这些信息，脑需要对这些新信息进行精细加工。而丰富多彩的学习活动就是脑对新知识的精细加工过程，它可以使学习过程所建立的神经网络有更多的联结。联结越多，所获取的知识越巩固。

第三，艺术活动的方式非常适合脑的学习。所谓艺术活动是指采用艺术的形式（音乐艺术、视觉艺术、运动艺术等方式）进行学习。艺术活动是重要的学习形式。

第四，脑还喜欢合作学习、反馈学习，喜欢具有新颖性和挑战性的学习。

在脑的学习中"意义建构"是关键。神经网络的建立是围绕"意义建构"进行的，或者说建立神经网络的过程就是"意义建构"的过程。那么，对于脑来说什么是"意义"？"意义建构"是如何发生的？这是我们需要进一步探讨的。

二、学习是学习者建构自身的意义

"意义建构"是如何发生的?

美国学者Eric Jensen在《适于脑的策略》中说过一段话：我们的脑是对有意义而不是无意义的信息进行加工和反应，并获得发展和成长的。那么，对脑而言，怎样才是有意义的信息呢？（1）把无关联的信息片段聚合成一个大的信息模式，以突出其间的关系和相连；（2）激发积极或消极的情绪反应；（3）对学习者的个人生活产生影响和冲击。[1]这段话是对脑在学习过程中神经元细胞活动及其脑递质化学反应规律的概括。

我们试以浏览网络信息的活动为例去诠释这段话的意义。例如，某人进入网站的首页，看到了里面琳琅满目的信息，不过他只对部分信息感兴趣。他可能经常点击新闻、汽车、旅游信息，对他来说，这些信息是有意义的。其他的信息他也许偶尔浏览，不过这些信息对他来说并没有产生意义，正所谓"视

---

[1]［美］Eric Jensen著，北京师范大学"认知神经科学与学习"国家重点实验室脑科学与教育应用中心译：《适于脑的策略》，中国轻工业出版社2006年版，第23页。

而不见"。因为他经常阅读新闻、汽车、旅游信息，这些东西在他的脑中形成了背景，当新的信息进入，很容易找到联结，新旧知识联结上了，就成功地实现了"意义建构"。这就是Eric Jensen所说的"把无关联的信息片段聚合成一个大的信息模式，以突出其间的关系和相连"的过程。其他信息他虽然也浏览，但是这些信息并没有在原来的网络中找到联结，也就没有产生所谓"意义"。

而有一天，他想买一台汽车导航仪，他决定在网上购买导航仪。他不停地上网搜索、比较相关信息，于是网络购物中关于导航仪的相关信息对他产生了意义。虽然他平时不关注网络购物的信息，但是网购导航仪这件事直接与他的生活相关，这就是Eric Jensen所说的"对学习者的个人生活产生影响和冲击"。于是，网络购物中的导航仪信息对他产生了"意义"。同样道理，我们学习一个新概念的时候，虽然不是很明白其中的含义，但是只要将这个新概念与相关的生活实际相联系，我们就会豁然开朗。

至于"激发积极或消极的情绪反应"有利于意义的建构就更好理解了。我们通常都对给自己带来高兴的事情或者痛苦的事情记忆深刻。总之，那些引起我们情绪的事件，我们会记住很长时间。

在理解Eric Jensen这段话的过程，我们是否还发现了一个规律："意义建构"是"很个人"的事情。外界的信息对个体是否产生"意义"与个体的背景知识有着极大的关系，即与个体原有的经验有关、与个体的生活有关、与个体的情绪有关。

至此，我们对脑的学习又增加了两点更深入的认识：

第一，脑的"意义建构"是把无关联的信息片段聚合成一个大的信息模式，以突出其间的关系和相连。新的信息进入脑，神经网络就进行"检查"，看它们能否形成一个熟悉的模式。如果答案是肯定的，匹配就发生了，在这种情况下新信息就有了意义。

第二，"意义建构"与学习者个人经验紧密相关，所以"意义建构"通常因人而异。

如果将这样的认知运用到教学，给我们最大的启发就是：

第一，用联系产生意义。将新概念与已知概念进行联系或比较，将不熟悉的信息与熟悉的信息挂靠，将新信息与生活相联系，为新信息的学习加上情绪的联结，就可以为学习者的"意义建构"提供链接。

第二，创设丰富多彩的学习活动，让学习者在多重背景下建构意义，让学习者建构自身的意义。

三、学习是新手转变为专家的过程

从前面的内容中，我们知道了学习是脑建立神经网络的过程，学习是学习者建构自身的意义。我们需要进一步了解脑是如何建构学科知识的，进而探讨脑是如何建构语文知识的。到目前为止，人类对脑的研究尚未能完全清晰地解答这些问题，不过一些相关的研究对于学科知识的学习有着重要的意义。

认知科学家发现专家与新手采用不同的方式来解决各种学习领域的问题，他们认为，学习就是新手变为专家的过程。[1]所谓专家就是指在某个领域中有专业知识的人，他们能够有效地思考该领域的问题。例如，电子技术员只要观看几秒钟就能再现大部分复杂的电路图，而普通人是办不到的。在现实生活中，我们看到这样的现象：几名学生，通过训练，数字记忆的广度可达100个。一些通过心算训练的学生，心算能力惊人。这就是新手转变为专家的过程。这些学生通过学习，成为了这个领域的专家。

认知神经科学还发现："在认知神经科学的所有领域，每种行为表现背后都有一个专有的神经网络。"神经脑科学对阅读的研究也发现："熟练的阅读者已经形成了一个脑的神经网络，视觉系统能够根据以往的学习经验来组织各种输入的刺激。"[2]据此推理，上述记忆、心算能力惊人的学生，在心算或数字记忆方面已经形成专有的神经网络。而脑在学习不同学科知识的过程中，也会因为学科特点的不同形成不同的神经网络，换句话说，学科知识的学习就

---

[1] 安东尼奥·M.巴特罗、库尔特·W.费希尔、皮埃尔·J.莱纳主编，周加灿等译：《受教育的脑——神经教育学的诞生》，教育科学出版社2011年版，第1页。

[2] [美]迈克尔·I.波斯纳、玛丽·K.罗特巴特著，周加灿等译：《人脑的教育》，教育科学出版社2011年版，第11页。

是脑建立专门神经网络的过程。

学科知识的学习就是脑建立专门神经网络的过程，怎样保证这个过程是高质量的、是有效的？我们需要进一步去探讨。

脑科学的研究告诉我们，专家与普通人在解决同一问题的时候，激活的脑区不完全相同。研究表明："专长可能涉及脑后部区域的激活，这些区域能以高效的方式对输入的内容执行重要操作……如果这是一个普遍的神经机制，那么这一原理就意味着可以通过学习发展出后侧脑区的组织，以便极大地提高加工概念的效率。"[1]针对专家与普通人在解决问题时脑区激活的不同点，综合多项研究结果之后，研究者们将"专家知识"归纳为：专家的知识是围绕重要观点或概念来组织的；专家不但获得知识，而且能熟练提取与具体任务相关的知识。用认知科学家的话来说，专家的知识是"条件化"的，它包括对有用的情景的具体要求。此外，监控解决问题方式的能力——元认知是专家创造力的重要表现。[2]

虽然学生不必非要成为世界级专家，教育也不等同于专长培训，但是，"专家知识"给学科知识学习的有效性以重要启迪。学科知识教学可以将"专家知识"作为学科知识学习过程重点关注的问题，让学习者围绕学科重要观点或概念来编织学科知识框架，在迁移与运用中使知识条件化，在元认知的学习中学会辨析有意义的信息模式并评估自己的学习。

至此，我们对脑怎样建构学科知识有了基本的认识。学科知识的意义建构就是围绕学科重要观点或概念编织学科知识框架，并将知识结构内部重要的关系与相连清晰化的过程。而概念的理解、在迁移和运用中使知识条件化、渗透元认知学习，则是意义建构中重要的教学问题。为此，我们可以对学科教学形成以下基本的教学认知：

第一，学科知识的教学要围绕重要观点或概念来设计教学活动，让学生

---

[1] [美]迈克尔·I.波斯纳、玛丽·K.罗特巴特著，周加灿等译：《人脑的教育》，教育科学出版社2011年版，第131页。

[2] [美]约翰·D.布兰思福特等编著，程可拉、孙亚玲、王旭卿译：《人是如何学习的——大脑、心理、经验及学校》，华东师范大学出版社2013年版，第43页。

在丰富多彩的活动中能围绕重点概念编织学科知识结构框架，从而对学科知识的结构及其相互间的联系有清晰的认知。这样，就有利于学习者识别有意义的信息模式，并帮助学习者在更高的层面着手解决问题。

第二，学科知识的教学要在概念理解的基础上，设计更多迁移与运用练习，明确知识可以使用的情景，帮助学生建立知识与应用范围的联系，将知识"条件化"。这样，就能提高学习者熟练提取信息和运用知识的能力。

第三，在学习过程，将元认知的学习渗透于学科知识学习的全过程，让学生有更多的机会说出"我是怎样想的"，老师自己有更多的大声思维示范，指导学生学会监控自己的学习过程。这样，既能让学生学会自己教育自己，也保证了学习的有效性，同时也培养了学生的创造力。

四、学习是身体、情绪、认知之间的互动

学习是在认知、情绪和生理层面进行多层次信息交流的过程，这是神经生理学和教育学领域专家的共识。当我们强调学科知识的学习是建构恰当的结构模式的同时，我们必须同时强调学习是身体、情绪、认知之间的互动。无需脑科学研究我们也知道，身体健康是学习顺利进行的基础，当我们睡眠充足的时候学习效果就好，当我们心情好的时候学习状态最佳。我们生活中的这些感知，脑科学给出了明确的研究结论。

首先，与人体其他器官一样，脑只有在身体健康的状态下才能保持最佳工作状态。研究发现，均衡的饮食可促进脑发育和功能的发展，同时也能减少行为问题和学习问题的出现。同样，有规律的体育运动对脑认知功能具有促进作用，它能改变脑特定区域的活动。

其次，睡眠也是脑发育和功能发展的决定因素。对于生命来说睡眠至关重要。研究者们一致认为，许多身体功能都能在清醒的状态下得到恢复，但脑皮层功能只有通过睡眠才能恢复。另外，在某些睡眠阶段（慢波睡眠和REM睡眠）记忆痕迹会发生重加工，记忆内容会得到巩固，也就是说，睡眠有利于持续神经元间的有效联结，强化突触间的主要神经联结，剪除次要神经联结。睡眠中大脑皮层都会经历神经可塑性的过程，因为它会不断"更新"现实经验，特别是前一天发生的事情。

此外，情绪对身心和学习的影响也是巨大的。研究表明，在众多积极情绪中，学习活动最强大的奖励因素是掌握新概念时所产生的愉快感，脑对这种体验有明显的反应。例如，在人们突然有一种"我明白了！"的感觉时，脑会突然产生一些神经联结，并察觉到所有信息之间的内部联系。这是一种最快乐的脑体验，真可谓是一种"心智的极度快感"。人一旦有过这种体验，就会再想拥有。当然，人的负性情绪也会影响脑神经组织。例如，与负性情绪（恐惧、压力等）同时发生的一些身体反应，如心率增加、出汗、肾上腺水平上升等，会影响脑皮层活动。虽然一定的压力是快速适应环境困难的必要条件，也能促进人的认知和想象能力，但是超过了这个最低水平，就会对生理与心理起破坏作用。这也就是为什么情绪会影响学习的原因。如果学习引起正性情绪，会有助于学习成功；如果引起负性情绪，则将导致学习失败。[1]

情绪的引起通常与环境有关。例如，平等民主的班级文化、尊重与理解的关系会给学生带来正向情绪。如此，学习还与环境发生联系。

至此，我们对脑的学习有了更全面的认识。它告诉我们，学科知识的学习，不仅是学科知识本身的问题，也不仅是脑的问题，它涉及人的整体，涉及人与环境（包括遗传、家庭环境、学校环境、社会环境）。作为教师，我们需要从更广阔的层面来认识学科知识的学习，为学习者提供全方位的支持：

第一，提高教学设计质量，使学习适于脑。让学生在适合脑的学习中，尽早拥有在掌握新概念并察觉到所有信息之间内部联系时产生的"心智极度快感"。

第二，提高课堂教学效率，尽可能在课堂解决问题。不让学生产生无助感，不让学生以牺牲睡眠来完成作业，让学生有充足的睡眠。

第三，为学生的学习营造安全的心理环境。教师通过自己尊重与理解的行为给学生的学习提供积极的支持，减少学生负面情绪的产生。

第四，鼓励学生（或者与学生一起）每天参加锻炼身体的体育活动。

---

[1] 经济合作与发展组织编，周加灿等译：《理解脑——新的学习科学的诞生》，教育科学出版社2010年版，第23、63、69、71、72页。

第二节　语言结构是脑建构语文信息模式的"链接"

一、语言结构再认识

本书借用计算机的术语"链接"来比喻语言结构在脑建构语文信息模式的功能和作用。在计算机领域，"链接"含义之一是指在电子计算机程序的各模块之间传递参数和控制命令，并把它们组成一个可执行的整体的过程。"链接"所包含的功能和作用与语言结构在脑建构语文信息模式的作用和功能有类似的地方。当外界的语言信息输入脑的时候，是语言结构将输入信息与相关背景知识整合起来，帮助脑理解与储存信息。当脑要输出信息的时候，是语言结构将脑所思所想有条理地呈现出来。换句话说，是语言结构帮助脑将输入或者输出的语文信息整合成一个可以执行的整体。

语言是思维的工具，人类有相当一部分的思维是借助语言这个工具进行的，这是学界一致认同的观点。那么，这个工具是以一种怎样的形式储存于脑，当我们需要的时候随时将我们的所思所想有条理地、快速地呈现出来？假设语言结构就是脑在思维和表达过程中形成的各种有规律的思维模式，这些有规律的思维模式在人们阅读和表达过程，在外界输入信息与脑所储存的相关背景信息之间传递参数和整合命令，并把它们组成一个可执行的整体。比如，一些最基本的语言结构形式："总分（总）"、"概括与具体"、"所见所闻所感"、"事情（起因、记过、结果）"、"片段组合（并列、递进、假设、因果、转折、条件、偏正）"、"是什么、为什么、怎样做"等，就是脑用来整合信息的基本语言结构。这些基本的语言结构在词语、句子、段落、篇章中多层次交错融合，用来表达人类对丰富多彩的世界的理解。所谓"多层次交错融合"是指在文章中，这些基本的语言结构以多层次及其无数种组合形式来表达丰富多彩的内容。比如"所见所闻所感"，它可以是一篇文章的基本结构，也可以是几段文字之间的结构形式，也可以是段的结构形式，还可以是两三句话之间的结构形式。有的文章呈现一种结构关系，有的文章包含两种或以上的结构关系。例如，人教版五年级语文季羡林先生的文章《自己的花是让别人看的》就包含了"所见所闻所感"、"概括与具体"和"场面描写"三种结构关系（图1.1）。

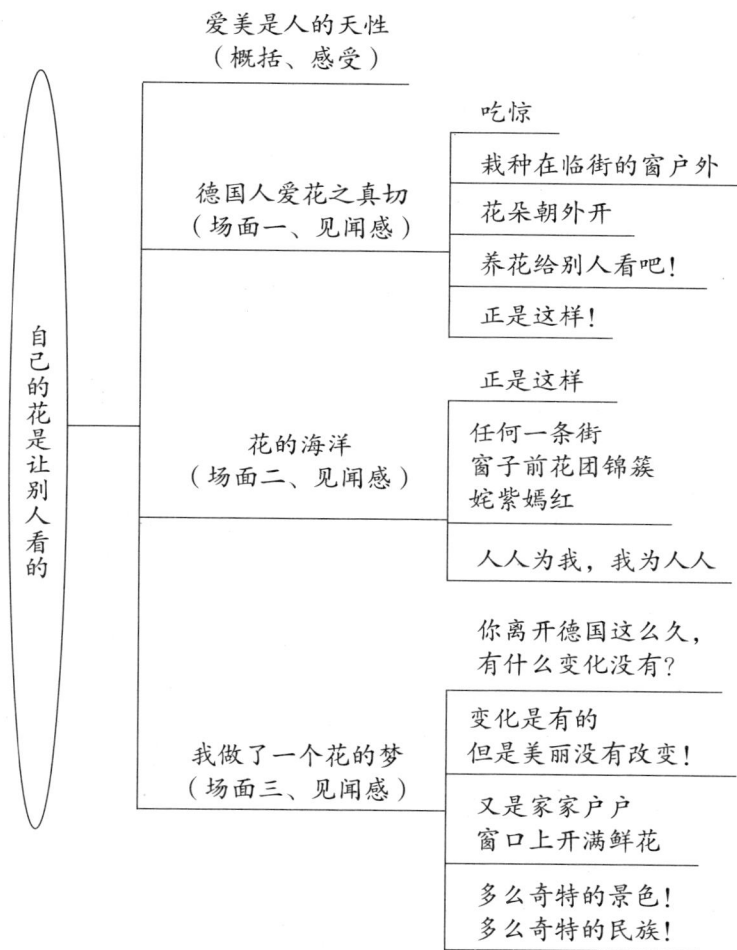

图1.1　《自己的花是让别人看的》文章结构

课文一共四个自然段。第一段是对文章主旨的概括，同时也是作者的感受。后面三段选择了三个场面，以所见所闻所感的写作思路，对第一段所概括的主旨作了具体的描述。如果我们将文章的结构看成是概括与具体的关系，那么，第一段就是全文内容和主旨的概括，后面三个段落则是以三个场面将所概括的内容写具体了；如果我们将课文看成是所见所闻所感的结构形式的话，那么，第一段就是感受，后面三段（场面描写）则以见闻和感受的思路来布局。季羡林先生的这篇文章，第一段确实是写感受，同时也是对全文主旨的概括。后面三段，确实是场面描写，以所见所闻所感的思路来写场面。如此，文章就包含了概括与具体、所见所闻所感和场面描写三种基本的文章结构，它们是多层次交错融合在一起的，正所谓是呈现出语言基本结构交错融汇的格局。

因此，无论语言结构在文章交错融汇的情况有多么复杂，但是基本的结构形式无非就是这么几种，在阅读和表达中抓住了这些基本的结构，就等于点击了脑建构文信息模式的"链接"。难怪维果茨基认为：语言结构为阅读能力在脑的建构提供了脚手架。在语文教学中，抓住了这些脚手架，就能帮助学习者在信息输入和输出过程中快速识别有意义的信息模式，帮助学习者在更高的层面着手解决问题。

语言结构形式的形成与人类的生活紧密相关。比如说，在生活中看到心旷神怡的景色，情不自禁地感慨一番，目睹生活中不平之事，忍不住慷慨陈词，于是"所见所闻所感"、"夹叙夹议"就成了人类转述情境的思维模式和表达形式储存于脑的语文信息系统。又如，生活中任何事情的发生都有起因、经过、结果，于是"时间、地点、人物、事件（起因、经过、结果）成为了写事文章的四要素储存于脑的语文信息系统。至于"总分（总）"结构以及"概括与具体"、"是什么、为什么、怎样做"等结构之所以成为人们思维和文章表达最常见的模式，是因为其与脑语言信息系统的格局相通并且与脑建构意义的工作规律直接相关，而搜索语文信息系统中上位的"总"或"概括"可以统揽全局，可以更快捷地建构信息和提取信息。

当我们对语言结构在脑建构语文信息模式的作用有了基本的了解之后，我们一起去探讨语文学科知识概念结构。

二、语文知识概念结构的探讨

在语文教学中，如果我们要将"专家知识"的概念实施于语文教学，首先需要回答的问题是：语文学科知识概念结构是怎样的？怎样帮助学生建构语文知识概念结构？

在义务教育阶段的学科教学中，与其他学科相比，语文学科的知识概念结构是不够明确的。长期以来，语文教学提倡通过大量阅读、朗读来积累语感，形成语文能力，那么，语感与语文能力之间的关系是怎样的？语感是否可以直接转换成能力？如果可以，它们是怎样转换的？如果语感不能直接转换成能力，如何让语感积累与能力培养相对接？基于脑的语文教学试图探讨并回答这些问题。

学生的语文知识概念结构主要围绕读写技能来建构，其概念结构就是语言结构在篇章、段落、句子、词语中多层次交错融合的模式。在这个模式的建构中，篇章结构、段落结构是需要学习的内容，而词语、句子的结构则由脑根据通用的语言规则自动处理，一般不作为专门的学习内容。

目前人类脑科学的研究成果显示，脑在生理上为语言的获得做好了准备。脑装备了一套方法，可以将声音序列编码为意义表征符号，将视觉信息转换成物体表征系统。经过进化，脑变得能够根据通用的语言规则对特定刺激进行处理。脑中有专门负责语言功能的结构。

"和语言不同，脑没有为获得读写能力而进化出特定结构，但是，脑中先天具有的语言通路能够加工视觉输入。脑的可塑性使得来自外界的经验刺激能够利用语言结构来建构支持阅读能力的神经通路。用维果茨基的经典比喻来说，语言结构为阅读能力在脑的建构提供了脚手架。"[1]

脑科学的研究，为语文教学提供了重要信息：其一，脑在生理上为语言的获得做好了准备，有专门负责语言功能的结构，脑能够根据通用的语言规则对特定刺激进行处理。其二，脑虽然没有为获得读写能力而进化出特定结构。但是，脑的可塑性使得来自外界的经验刺激能够利用语言结构来建构支持阅读能力的神经通路。这些信息让我们得到启迪：

第一，因为脑有专门负责语言功能的结构，脑能够根据通用的语言规则对特定刺激进行处理，所以大量阅读、朗读，积累语感是非常好的语文学习。个体对词语、句子语法规则的学习也可以在这个过程得以基本完成。

---

[1] 经济合作与发展组织编，周加灿等译：《理解脑——新的学习科学的诞生》，教育科学出版社2010年版，第86、87、88页。

第二，因为脑没有为获得读写能力进化出特定结构，所以读写能力的培养成为语文教学重要的内容。而语言结构就是脑建构读写能力的"脚手架"。

属于词语、句子范围的语言结构脑可以在口语和阅读积累中根据通用规则基本完成意义建构，义务教育的语文教学一般不作为专门的学习内容。而属于段落、篇章的语言结构则需要结合具体的课文内容渗透学习。

从表达的角度看，篇章语言结构，一指文章内在的各种关系及外在的、定型的静态样式；二指作者构思谋划和组织安排文章形式的过程。比如，作者看到某个激动的情景，他用一个庞大的场面描述下来，这个场面又分别由三个特写镜头组成，如《安塞腰鼓》。这时，我们看到文章的布局是在一个大的场面描写中有三个并列的片段，这就是文章外在的、定型的静态样式；我们还看到文章从场面描写到每个镜头的描写，均呈现了"所见、所闻、所感"的写作思路。这种选择一个场面、三个镜头下笔，以所见所闻所感的构思写作，就是作者构思谋划和组织安排文章形式的过程。在这当中，场面描写是结构，片段并列是结构，所见所闻所感也是结构（图1.2）。

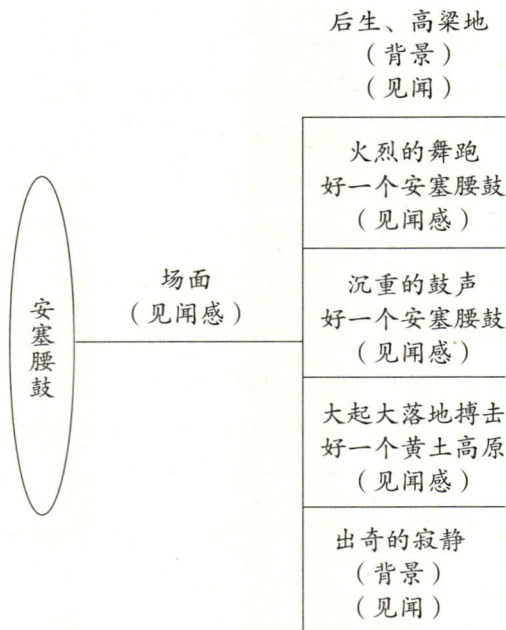

后生、高粱地
（背景）
（见闻）

安塞腰鼓	场面（见闻感）	火烈的舞跑 好一个安塞腰鼓（见闻感）
		沉重的鼓声 好一个安塞腰鼓（见闻感）
		大起大落地搏击 好一个黄土高原（见闻感）
		出奇的寂静（背景）（见闻）

图1.2 《安塞腰鼓》文章结构

据此，可将语文教学中需要学生掌握的篇章语言结构知识概括如下：

第一，篇章基本结构知识。比如，片段式（文章由几个片段组成，这些片段也许是并列关系，也许是因果关系，也许是递进关系，不过教学无需明细或强调这些关系）；总分（总）；概括与具体；所见所闻所感；事情起因、经过、结果；是什么、为什么、怎么做；提出问题、分析问题、解决问题。

第二，文章的表达方式、文学表现方法。比如，场面描写、人物描写、夹叙夹议等。

从文章的布局谋篇来看，上述两者是融汇在一起的。通常情况下文章的表达方式与文学表现方法更多表现为写作思路，在结构图上多是出现在第二层或第三层（见图1.1、1.2）。

义务教育语文课程标准（2011年版）第三部分"实施建议"指出：应加强对阅读方法的指导，让学生逐步学会精读、略读和浏览。我们用什么方法指导学生学会略读和浏览？用什么方法指导学生学会精读？

心理学元认知理论认为，阅读质量与个体对阅读对象的有关知识掌握程度有关，并与个体对阅读过程的监控调节能力相关。前者指的是元认知知识，包括对阅读活动的任务、目的、要求的了解程度，对阅读材料的内容、结构特点、逻辑性等方面掌握的程度。后者指元认知能力，包括对阅读过程、阅读速度、阅读情绪、阅读策略运用情况的监控调节能力。上述两者中起关键作用的是个体对阅读材料的结构特点、逻辑性掌握的程度。而阅读材料的结构特点、逻辑性其实就是语言结构。

首先，篇章结构知识在快速浏览和略读中起决定作用。一个拥有文章结构知识并掌握其阅读策略的人，从浏览题目开始，就能利用文章结构帮助自己阅读。比如，个体最初从题目判断文章是写完整的一件事，那么时间、地点、人物、事件（起因、经过、结果）就是具体的阅读理解的目标，借助这个目标，可以快速浏览、略读文章。假如该文章并不像预测的那样写一件完整的事情，那么个体会利用其文章结构知识，在浏览第一段、第二段以后调整阅读理解目标，否定写事文章的结构而根据经验估计文章可能是通过几个生活片段或者场面，表现某人某方面性格特点的。于是，写了哪些生活片段，表现某人什么性格特点就成为调整后的阅读理解目标，他利用文章结构知识可以继续快速浏览、略读，无需逐字逐句详读。而没有文章结构知识的人，通常仅凭对内容的熟悉程度阅读文章，浏览或略读的速度和深度显然是比不上拥有文章结构知识并利用这种知识阅读的人。

其次，精读质量与个体的语言结构知识紧密相关。精读的重要学习任务之一是探讨文章是怎么写的，探讨文章内容背后的载体——语言结构是如何布局谋篇的。要探讨语言结构如何布局谋篇，需要拥有语言结构知识。没有语言结构知识，或者说其语言结构知识是零碎的，并非知识概念结构，其阅读理解的深度和广度必然受到影响。我们不妨用指导学生"精读"的例子来说明这个问题。

例如，精读《姥姥的剪纸》片段（苏教版六年级语文）。

表1.1 《姥姥的剪纸》原文

姥姥的剪纸

大平原托着的小屯里，左邻右舍的窗子上，都贴着姥姥心灵手巧的劳作。

一把普普通通的剪刀，一张普普通通的彩纸，在姥姥的手里翻来折去，便要什么就有什么了，人物、动物、植物、器物，无所不能。我从小就听人啧啧赞叹："你姥姥神了，剪猫像猫，剪虎像虎，剪只母鸡能下蛋，剪只公鸡能打鸣。"

这自然是夸张的说法，但反映了姥姥剪纸技艺的深入人心。慈祥的姥姥广结善缘，有求必应，任谁开口都行。姥姥撩起蓝布围裙擦擦手："说吧，派啥用场？往哪贴？"看人乐颠颠地走了，她接着干活：洗衣服、纳鞋底、择菜、淘米、喂猪、薅草……

我看惯也记牢了姥姥剪纸时身心入境的神态，那剪刀行在纸上的刷刷声，悦耳至极。我是个出名的调皮蛋，经常变着花样刁难姥姥。一天，我用双手死死地捂住姥姥的双眼，让她摸着剪窗花。岂知工夫不大，一幅"喜鹊登枝"便完成了。嗬！梅枝与喜鹊形象生动，大小疏密无可挑剔。我服了，可还耍赖："姥姥，你从我手指缝里偷着往外看了！"

"你差点把姥姥的眼珠子按冒了！"姥姥用指头点了一下我的鼻子，"熟能生巧，总剪，手都有准头了！"

是的，庄稼人都图个吉利，姥姥对"喜鹊登枝"最熟悉不过了。数九隆冬剪，三伏盛夏剪，日光下剪，月光下剪，灯光下剪，甚至摸黑剪。姥姥的手就是眼睛，好使的剪刀就像她两根延长的手指。

密云多雨的盛夏，姥姥怕我溜到河里游泳出危险，便用剪纸把我拴在屋檐下。她从旧作业本上撕下一页纸，刷刷几下，就剪出一幅图样。我抢过来看了，是一只顽皮的小兔子骑在一头温顺的老牛背上。我不解地问："牛干啥驮着兔子？"

姥姥笑了："谁让牛是兔子的姥姥呢？"

噢！姥姥生肖属牛，而我属兔。我嚷着还要。姥姥又剪出一幅：一头老牛和一只兔子在草地上啃食青草。姥姥问："看明白了吗？"

我想了想说："我知道了，是说我和姥姥在一个锅里吃饭呐！"

姥姥把我搂在怀里夸道："机灵鬼！"

从那时候起，我总是缠着姥姥剪兔子和老牛——蹦跳的兔子，奔跑的兔子，睡觉的兔子；拉车的老牛，耕地的老牛……兔子总是在玩耍，老牛总是在干活儿。我摆弄着各式各样的窗花，对活泼的兔子与敦厚的老牛充满了好感。

我上学了，小学、中学、大学——越走越远了。但我还是不断收到姥姥寄来的剪纸，其中有一幅是这样的：一头老牛定定地站着，出神地望着一只欢蹦着远去的小兔，联结它们的是一片开阔的草地。我知道这是姥姥对我的期待。事实上，我不管走多远，走多久，梦中总不时映现家乡的窗花和村路两侧的四季田野。无论何时，无论何地，只要忆及那清清爽爽的剪纸声，我的心境与梦境立刻就变得有声有色。

以上文章有两节描述姥姥剪纸"喜鹊登枝"和"老牛和兔子"的片段。这两个片段的内在构思相同：描述剪纸（背景、故事）—描写对话—抒情，也就是夹叙夹议。我们为学生设计的"预习指引"如下（表1.2）：

表1.2 《姥姥的剪纸》预习指引（模块三）

> 模块三 我的批注与发现
>
> 课文有两处描写"我与姥姥的剪纸"的生活片段：片段1"喜鹊登枝"；片段2"老牛和兔子"。精读这两个片段，完成以下学习任务：
>
> 1. 用 ～～～ 画出属于"描写"或"叙述"的句子；用＿＿画出属于"抒情"的句子。
>
> 2. 对其中你认为精彩的"叙述"、"描写"和"抒情"的句子做批注。
>
> 提示：如果你认为课文中某一段的人物语言描写很精彩，就在书的侧面批注：人物对话描写，表达了我与姥姥之间深厚的情感。又如：如果你认为其中属于叙述的句子很精彩，也在书的侧面批注：叙述，交代了背景。
>
> 3. 浏览你的画线与批注，想一想这两个片段先写什么，再写什么，后写什么？你发现它们有什么相同的地方吗？（准备与同学分享）

　　表1.2是一个指导学生建构文章结构图式并让学生学会利用文章结构知识精读的教学设计。学生在"活动1"，用 ～～～ 画出属于描写、叙述的句子，用＿＿画出属于抒情的句子，确定了相关内容的表达方式；在"活动2"，学生对自己认为精彩的叙述、描写和抒情的句子做批注，加深了对相关表达方式和内容的理解"；在"活动3"，学生浏览自己的画线和批注，通过比较、归纳，可以发现这两个片段的内在构思都是：描述剪纸（背景、故事）—描写对话—抒情。如此，学生从怎样写的角度读懂了课文。这种阅读理解的深度，如果没有语言结构知识的支持是无法达到的。

　　上述学习过程，学生比较、归纳出这两个片段的内在构思都是：描述剪纸（背景、故事）—描写对话—抒情（夹叙夹议），就是"提炼"语言结构知识的学习。作为学习者，当他发现文章的结构特点及其写作特点并将其概括出来的时候，就是一种"提炼"。这种提炼，不仅有利于阅读，更是为书面表达的迁移运用打下了基础。例如，当学生已经从《姥姥的剪纸》的精读中发现并提炼出片段描写的结构"描述剪纸（背景、故事）—描写对话—抒情"之后，教师可以为学生设计写作话题："我与＿＿＿"、"珍贵的礼物"等，或者让学生自己选择生活片段，用"描述背景—描写对话—抒情"的结构进行片段写作练习。这样语言结构在学生的书面表达中就发挥了积极的作用，如表1.3。

表1.3　《姥姥的剪纸》预习指引（模块四）

模块四　我的练笔

选择你与家人或朋友在一起的生活片段，以"我与＿＿＿"、"珍贵的礼物"等为题，学习课文片段结构的方式，按照"练笔评价量规"的要求，写一个200~300字的生活片段。

练笔评价量规

评价标准	优		良		需努力	
	自评	他评	自评	他评	自评	他评
有事情背景的交代						
有人物动作描写，描写传神						
有人物对话描写，描写传神						
有情感抒发，抒情能运用修辞方法						
结构清晰，层次分明						
无病句、无错别字						

可以看出，阅读理解的关键点就在文章多层次交错融汇的语言结构中，写作训练的关键点也在语言结构中。语文教学可以指导学生首先在具体的语言情境中理解并发现语言结构，通过"提炼"生成概念，然后通过迁移运用的书面表达和通过运用文章结构知识阅读理解的练习，将这些基本的概念编织到更加完整的知识结构中。这是一个将语言结构知识渗透在语文学习的过程，也是一个运用语言规律来学习语文的过程。语言结构就是语言规律，运用语言结构来阅读和表达，其实就是运用语言规律来处理信息。掌握了语言规律，并运用这些规律去阅读、去表达，个体阅读和写作必然会出现"质"的飞跃。

对于脑来说，掌握语言规律的思维过程是：理解—分析、归纳、概括—运用。语文学习中的语感积累，是对语言的感觉、感受、感悟。在阅读过程中，语感通常表现为对好词好句、修辞格、精彩片段、整体布局的感觉、感受、感触，同时也表现为由文章内容引起的感受和感悟。积累语感和掌握语言规律是两种不同的思维过程。有的人经过长时间的语感积累之后，能形成很好的语文能力，但不少人也许很难形成语文能力。

社会各界质疑语文教学质量的主要问题是：语文学得好的学生，通常不是老师教的，是学生自己学的。如果语文教学渗透语言结构的学习，就能让学生尽早学到一些他自己很难学到的东西，不仅提高学生的读写技能，同时也发展了学生的思维。学生一旦掌握了语言规律，语言结构就能充分发挥其在语文学习中的"脚手架"作用。

"脚手架"是建筑术语。建楼房需要搭建脚手架，建筑工人借助脚手架顺利将房子建好。人们将脚手架的概念用在教学上，称为"学习支架"。对于脑建构语文信息模式来说，语言结构就是"链接"；对于学生的读写能力而言，语言结构就是"学习支架"。借助这个学习支架，学生可以高质量地阅读，可以顺畅表达，可以提升读写能力，同时也提高语感积累的质量。所以，抓住了语言结构的学习，也就抓住了语感积累与读写能力培养的对接点。

因此，我们将语文知识的概念结构定义为：以读写技能为核心的语言结构在文章、段落、句子中多层次交错融合的模式。学生建构语文知识概念结构，可以围绕语言结构的基本概念，在具体的阅读和表达中编织多层次交错融汇的语言结构形式来实现。

这样的定义也许会让人们产生质疑。

质疑一：语文教学内容还包括拼音、识字；语文能力除了"读、写"还包括"听、说"。如果将语文知识概念结构定义为以读写技能为核心的语言结构在文章、段落、句子中多层次交错融合的模式，是不全面的、不完整的。

对质疑一的回答：人脑在生理上为语言的获得做好了准备。脑装备了一套方法，可以将声音序列编码为意义表征符号，将视觉信息转换成物体表征系统。经过进化，脑变得能够根据通用的语言规则对特定刺激进行处理。拼音、识字属于语言学习，多说、多读、多写，我们神奇的大脑就能对相关信息自动处理，形成对应的能力。况且，汉语言是学生的母语，学生的生活经验还能为脑处理信息提供很多联结。所以拼音、识字不作为语文知识概念结构的教学内容并不否认拼音、识字在语文知识概念结构中的地位，只是拼音、识字的教学可以由神奇的大脑自动处理后编织到语文知识概念结构中。

但是，和语言不同，脑没有为获得读写能力进化出特定结构。当语言从口头语转变为书面语，从字、词、句的简单结构上升为篇章的复杂结构之后，脑并没有为人类使用这些复杂的语言结构去储存信息和输出信息进化出特定的结构，需要在后天的教育中培养对应的能力——读写能力。而语言结构的学习就成为了读写能力形成的学习支架，这个学习支架也可以支持听、说能力的形成。所以，义务教育阶段的语文知识概念结构需要以读写技能为核心，借助语言结构这个学习支架来培养学生语言文字的运用能力。

质疑二：语文教学必须体现工具性与人文性的统一。以读写技能为核心的语言结构在文章、段落、句子中多层次交错融合的模式，忽略了语文教学的人文性，有失偏颇。

对质疑二的回答：语文教学的人文性是客观存在的，它对于传承民族文化和学生形成正确的世界观、人生观、价值观有着积极的作用。所以在语文教学过程中，指导学生解读课文内容，挖掘课文思想内涵，对学生的思想、道德、情感的培养是必不可少的。在基于脑的语文教学模式中，专门设置了一个理解课文内容的学习模块，让学生用"提炼"的方式，表达自己独特的感受，并同时感悟到文章内容的深刻性及其开放性。这种阅读理解和感悟会像营养一样滋养着学生的精神生活，伴随他们成长。不过语文教学中的人文性目前尚无法确定其知识概念结构，因为人的世界观、价值观的形成是非常复杂的，涉及多方面的因素。

首先，语文教学的人文性对于学生世界观的形成只是局部，不是整体。对于个体来说，世界观的形成涉及更多的学科、更广阔的空间和时间。而对于脑来说，有关世界观信息的储存和编码涉及更复杂的神经网络，脑科学对于人的思想、世界观如何形成的研究还有很长的路要走。所以，对于语文人文性的知识概念结构很难确定。也许有一天当脑科学的研究取得更大的突破，我们可以在语文教学中明确人文性的知识概念结构。也许我们根本无需确定这样的知识结构，人的思想及其世界观的形成，是脑整合所有相关背景知识生成的。

其次，培养学生的读写能力是语文学科教学的"专利"。学生读写能力的培养是其他学科无法替代的，是语文教学的独特性所在。我们不能因为语文人文性呈现出来的复杂情况而弱化、模糊语文工具性需要完成的教学任务。所以，确定语文知识概念结构，让学生在建构语文知识概念结构中形成语文能力，是提高语文教学效率刻不容缓的事情。而让学生在语文学习中建构语文知识概念结构则是体现语文教学工具性有效的教学策略。

三、语文知识概念结构的教学实践

我们目前无法穷尽语言结构在文章中所有的组合形式，对语文教学而言，也无需穷尽这些结构的组合形式。因为脑能够根据通用的语言规则对特定刺激进行处理。如果说属于词语、句子的结构脑能够根据通用的语言规则进行处理的话，那么语文教学只需要围绕读写技能渗透一些段落和篇章基本结构的学习，让篇章结构统领段落、词语、句子结构，在脑中形成一个完整的篇章、段落、句子、词语交错融合的信息模式，帮助学生快速识别信息。同时指导学生有意识地应用语言结构来阅读和表达，使自己能在更高的层面着手解决问题。所以，在义务教育阶段的语文教学中，将段落和篇章的基本结构作为学习的重要概念，让学生围绕这些重要概念来编织学科知识框架，就能让语言结构为学生读写能力的建构提供支持。

我们将义务教育阶段的语言结构学习分为两个阶段：一、二年级为一个阶段，学习积累词语、句子、段落的语言结构知识；三年级以上（含三年级）为一个阶段，学习积累段落、篇章语言结构知识。

小学生上学之前，已经在各自生活的环境中积累了大量语感，承载这些语感的语言结构主要是词语、句子、句群。上学之后，一、二年级语文教学以字、词、句为主要学习内容。由于脑天生拥有专门负责语言功能的结构，由于学生已经在口语中积累的语言结构模式为书面语的学习提供了背景知识，脑将新知识（书面语）与原有经验（口语积累的词语、句子、句群）相联结并非困难之事。在教学过程让学生更多地通过朗读、背诵积累语感，并开始逐步让学生在具体的语言情境中发现句子中的语言结构，采取提炼和运用的方式将这些概念编织到更加完整理解的知识结构中。

从小学三年级开始，语文学习逐步向语言结构的更高层次段、篇过渡。在小学生的思维中，段与篇的语言结构没有太多口语经验积累，而且文章的结构比词语、句子、句群复杂，这个时候有意识地利用语言结构进行语文学习，无疑有利于语文信息模式的建构。我们假设：让学生理解和发现文章中的语言结构，然后运用语言结构知识去阅读和表达，就可以有效地提高学生的阅读能力与写作能力，同时也促进了学生思维的发展。我们的假设在实验中得到验证。

2009年我们做了一次对比检测。我们让五年级实验班的学生接受了两个单元的"基于脑的语文教学模式"的学习，在初步建立了"总分"文章结构和"所见所闻所感"文章结构知识之后，与同年级其余四个平行班一起进行了阅读检测。检测内容是让学生40分钟阅读两篇共5000多字的散文：李健吾的《雨中登泰山》和张抗抗的《窗前的树》。要求指出文章结构，分段，写段意，概括主要内容，并分析其中重点段的结构及其写法。检测结果显示实验班学生的正确率与基本正确率远远高于非实验班学生，非实验班的不少学生因为觉得文章太长、难度大没有完成阅读任务。我们仅抽取一个人数相同的非实验班做对比，统计结果如下：

表1.4　五年级学生阅读理解实验检测统计

班别	看出文章构思，掌握"见闻感"文章结构		分段		看出文章构思，掌握总分与见闻感结合的文章结构		分析"见闻感结构"的段	
	正确	基本正确	正确	基本正确	正确	基本正确	正确	基本正确
实验班（52人）	76.9%	9.6%	57.69%	28.8%	15.3%	61.5%	71.1%	23%
非实验班（52人）	1.9%	17.3%	7.6%	1.9%	0%	5.7%	1.9%	3.8%

有意思的是，对于张抗抗散文《窗前的树》的阅读，我们开始只要求学生能看出"所见所闻所感"的基本结构就达到要求，但是有15.3%的学生认为该篇文章是"总分结构与见闻感结构结合的文章"，这是我们没想到的。首

先，该文章确实是"总分结构与见闻感结构结合的文章"，不过"总分"并不明显。其次，学生接触过的课文都是单一结构形式的，学生没有文章结构形式结合的概念。这次阅读检测结果给我们传递了一个信息：掌握一些基本的语言结构形式之后，脑在建构更大的语言信息模式时可能会综合分析，自动整合。实验验证了我们的假设，也验证了脑科学的研究成果：脑能够根据通用的语言规则对特定刺激进行处理。

在阅读检测过程中，非实验班的学生因为阅读材料的内容太多、文章太长而放弃阅读的学生为数不少，实验班的学生没有这种情况出现，这除了与学生掌握语言结构知识的程度有关之外，也与学生元认知监控的能力有关。实验班学生在阅读时表现出来的元认知能力明显高于非实验班学生。

在帮助学生建构语文知识概念结构的教学过程中，我们不必让学生死记硬背概念，无需让学生分析概念，更不能将概念结构作为考试的内容。渗透语言结构的教学，只需要让学生在具体的情境中发现这些概念结构，并用提炼和运用的方式编织到更加完整的学科知识概念结构当中。这个过程，就是读写能力的训练过程，是将语感学习与能力培养相对接的过程。

另外，其他年级实验班的实验，也进一步验证了我们的假设。从2008年至2014年，基于脑的语文教学在不同学校的二年级至九年级，超过10000名学生（不完全统计）的实验中得出一个共同的结论：在基于脑的语文课堂学习了一段时间，初步掌握了一些文章结构知识之后，绝大多数学生能比较准确地梳理课文的文意与结构，阅读理解能力强于非实验班的学生。而且，实验班学生的作文，一般都不会平铺直叙，作文结构变化多样，表达形式丰富多彩。更重要的是实验班的学生都喜欢上语文课，喜欢语文。

语言结构的学习，成为基于脑的语文教学一项重要的学习内容。笔者以为，实验班的学生之所以喜欢语文，自学能力、口头表达和书面表达能力明显提高，其主要原因是：一方面学生在适合脑的教学模式中学习，学习形式丰富多彩，可以在多重背景下建构意义；另一方面我们抓住了脑建构语文信息模式过程将不熟悉的信息与熟悉的信息挂靠的脚手架——语言结构的学习，让语文学习成为适合脑的学习。

如果你想进一步了解基于脑的语文教学实践的相关情况，请浏览本书每一章中的教学视频与教学图片。

下面的图片和教学视频可以帮助你初步感受基于脑的语文教学的真实情境。

图片与视频一

图片1-1 学生的思维导图一组

1. 三年级学生的思维导图（三张）

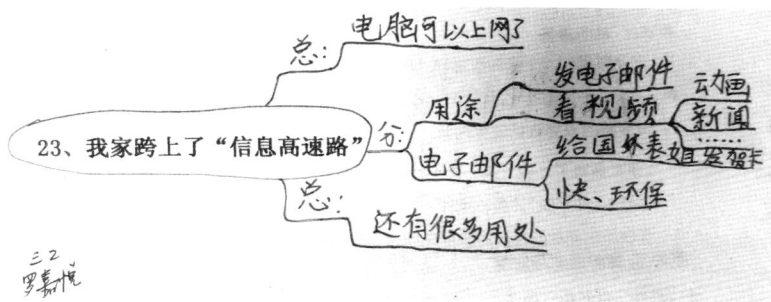

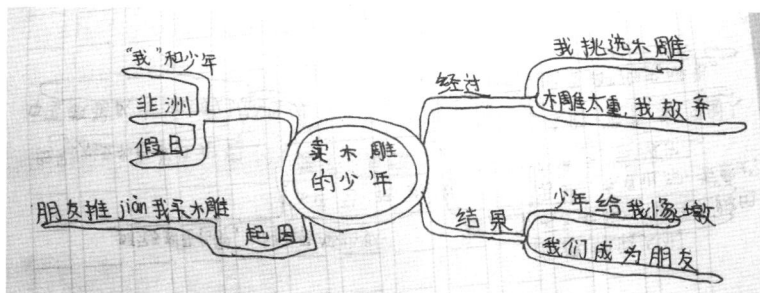

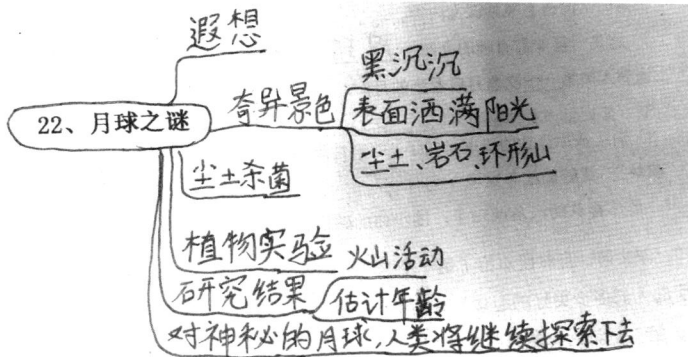

2. 四年级学生的思维导图（两张）

3. 五、六年级学生的思维导图（三张）

在基于脑的语文教学模式下学习，学生阅读现代文之后，通常使用思维导图来展示自己初读课文的结果。以上为你呈现的一组学生思维导图属于不同年级的学生，这些图片真实反映了小学生掌握文章结构与内容的基本情况。我们可以从学生的思维导图得到以下信息：第一，思维导图是呈现学生阅读理解结果非常好的工具；第二，无论是哪个年段的学生，都可以掌握文章基本结构；第三，用彩笔、图画点缀自己的思维导图都是学生自发的行为，并非老师要求，我们从中看出学生对该项学习活动的喜爱。

（学生思维导图由广东省珠海市香洲区第二小学提供）

图片1-2 讲解思维导图的学生

学生讲解文言文是基于脑的语文教学中常见的学习活动，这项学习活动通常在小组合作学习的基础上进行。首先，小组成员在个人自主学习的基础上互教互学，保证每位组员读懂课文内容。然后，每个学习小组承担一定的讲解任务，组员讨论所承担的讲解任务，并派代表在全班分享讨论结果。通常情况下，如果小组所承担的讲解任务只有一句或几句文言，学生则将句子中关键词及其语法现象板书在黑板上，然后讲解句子意思。如果所承担的讲解内容比较多，学生则先用思维导图呈现所讲解的内容，然后讲解文言文。图片1-2呈现的就是学生借助思维导图讲解文言文的情况。

图片1-2讲解思维导图的学生是珠海市第八中学初一（6）班学生杨茂青，执教老师严珍，上课时间为2012年4月。

讲解思维导图的学生

视频1-1 学生讲解思维导图

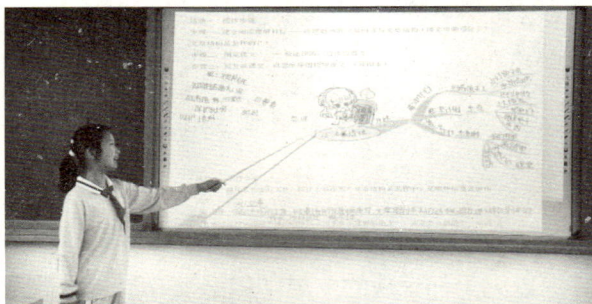

视频1-1 学生讲解思维导图

视频1-1中讲解思维导图的学生是广东省珠海市香洲区第二小学五（3）班杨芊儿，执教老师杨燕芬，上课时间为2014年5月。

视频1-1所呈现的是学生借助思维导图讲解自己初读课文《半截蜡烛》学习结果的实况。

视频1-2 分享"修饰语"

分享"修饰语"的学习活动是苏教版六年级语文《卢沟桥烽火》教学活动之一，用一个修饰语修饰卢沟桥事件。该教学活动的基本过程为：学生自主学习—组内分享讨论—小组代表板书讨论结果—全班学生对各小组板书展开评价。我们先通过四幅视频截图，了解视频1-2的概况。

（板书中红色粉笔字"影响深远"和几个红五星是老师后来添加的）

以下视频截图基本反映了分享"修饰语"教学活动的概况，如果你想了解更多的细节，请浏览视频1-2分享"修饰语"。

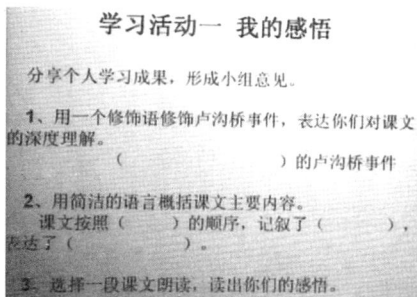

视频截图一：学习内容

视频截图二：学生板书

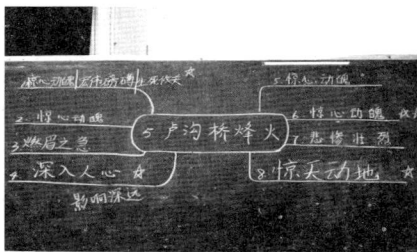

视频截图三：学生的板书

视频截图四：评价板书

视频1-2 分享"修饰语"

视频1-2中上课的学生是广东省珠海市香洲区第二小学六（5）班学生，执教老师陈晓岚，上课时间为2011年4月。

视频1-2主要呈现学生对各小组板书展开质疑与评价的教学实况，其中，一位学生对"惊天动地"提出质疑。他说："惊天动地"是拿大炮去轰打（引起的响声），课文中叙述大炮只是炸毁了城墙一个小缺口，所以使用"惊天动地"不合适。

板书"惊天动地"的小组代表说："惊天动地就一定是拿大炮轰炸吗？一个事件为什么就不能惊天动地？卢沟桥事件没有震惊全国吗？它震惊了全国的老百姓，甚至震惊了世界。怎么没有动地呢？全国人民都行动起来……"（发言学生朗读课文后面部分印证自己的观点）全班同学给予热烈的掌声。

有学生质疑说："生死攸关"适合描写人，不适合描写一件事。

反驳的学生陈述："'生死攸关'可以是一个民族的生死攸关。课文叙述卢沟桥是咽喉要道，守不住的话日军会南下杀到全中国，这关系到中华民族的生死存亡，所以我认为'生死攸关'是正确的。"

有同学提出"深入人心"用得不恰当。

反驳的学生这样陈述自己的观点："卢沟桥事件很大，让所有的中国老百姓震惊，让全世界对中国军队刮目相看，这个事件流传到今天，让我们今天也为中国军队自豪，让我们不能忘记。"

老师回应："你是说我们世世代代都不能忘记卢沟桥事件。"

视频1-3　朗读分享与评价

视频截图一：分享朗读　　　　　　　　　视频截图二：评价朗读

视频1-3　分享朗读与评价

视频1-3中上课学生、执教老师、上课时间与视频1-2同。

视频1-3所呈现的是苏教版六年级语文《卢沟桥烽火》教学活动之一，分享朗读。学生以小组为单位展示合作学习结果：选择自己喜欢的片段朗读，读出对课文的感悟。其他小组的学生对所展示的朗读给予评价。本视频仅呈现全班分享与评价朗读教学过程的部分内容。

视频1-4　二年级学生小组合作学习

视频1-4中小组合作学习的学生是广东省深圳市锦田小学二年级学生，执教老师李博雨，上课时间为2014年5月。

视频1-4　二年级学生小组合作学习

视频1-4所呈现的是二年级学生在小组合作学习中分享自己用"思维导图"整理、巩固所学生字词的情况。视频让我们看到在基于脑的语文教学模式下学习，二年级的学生已经具有较好的合作学习能力。

视频1-5　五年级学生小组合作学习

视频1-5中小组合作学习的学生是广东省珠海市香洲区第二小学五（4）班学生，执教老师陈瑛瑛，上课时间为2014年5月。

视频1-5　五年级学生小组合作学习

视频1-5所呈现的是人教版语文《再见了，亲人》教学中学生小组合作学习的实况。该视频比较完整地呈现了组员个人分享"为课文重拟题目"的学习结果—讨论形成小组意见—准备在全班分享的学习过程。

以上图片与教学视频片段基本反映了在基于脑的语文教学模式下学生的学习状态。如果说基于脑的语文教学是一部丰富多彩的长篇，那么这些课堂情境，只能算片言只语。在真实的教学情境中，你会更真实、更直观地感受到基于脑的语文课堂中学生精彩的表现，感受到学生充满活力的脑动起来之后给你带来的兴奋与冲击。

初次走进基于脑的语文课堂听课的教师，在激动与兴奋的同时，通常也质疑课堂的真实性。学生的表现这么精彩，能力这么强，是否事前排练好？他们课外一定花不少时间预习吧？难怪这些质疑。请不要用传统的眼光看待在基于脑的语文教学中成长起来的学生！基于脑的语文教学找到了高效学习的钥匙，能让学生围绕学科知识的本质高效、快乐学习，学生逐步成长为独立的学习者，他们有很好的自主学习的品质，他们能运用自己掌握的方法与策略，在语文知识的海洋里遨游。

第三节 让语文教学适于脑

一、"语文知识概念结构"教学意识

教师要有语文知识概念结构的教学意识，是指教师对学科知识结构及其教学要有一个基本的认知：学科知识的结构是怎样的，它由哪些重要概念组成，概念之间是怎样联系的，我可以怎样帮助学生建构学科知识。当教师在接触一个教学专题或者一篇课文的时候，需要从学科知识概念结构框架来处理教学内容，从学科知识概念结构的角度来教学。结构，就是事物间的联系。从学科知识概念结构的角度来处理教学内容，就意味着你一开始就从更高的层次着手解决问题。

比如在阅读教学中，不仅要让学生知道课文写了什么，还要让学生知道课文是怎么写的。"怎么写"探讨的就是语文知识概念结构的问题，其中的核心问题是文章的基本结构及其布局谋篇。帮助学生建构学科知识概念框架的基本教学策略是：其一，让学生透过具体的文章内容，看清背后的载体——语言形式或者说是语言的结构，感知文章布局谋篇的巧妙，建立并积累文章结构的基本图式；其二，让学生通过练笔，将其中布局谋篇的巧妙及其条理清晰的结构运用在自己的书面表达中。其三，让学生掌握运用文章结构知识去快速阅读的策略。

教师是否拥有学科知识概念结构的教学意识，与教师对学科整体知识结构的认知有关。换句话说，教师拥有学科知识概念结构的教学意识，是以教师对学科知识概念结构的理解和把握为基础的，它取决于教师对学科知识概念结构的理解和把握程度。

二、在语文知识概念框架情境中理解知识

我们首先了解"在语文知识概念框架情境中理解知识"的含义。"在语文知

识概念框架情境中理解知识"中的"语文知识概念框架情境"，表达的是两个层面的意思，一层意思是"语文学科概念的框架"，指的是语文学科知识的结构框架，是抽象的概念；另一层意思是"语文学科概念框架情境"。"情境"指的是蕴含学科知识概念的具体情境，是丰富多彩的学习活动。完整的意思是：学生所理解的语文知识不是零碎的，是学科概念结构下的；学生理解学科知识概念的学习过程不是抽象的，是在具体的情境中或在丰富多彩的活动中进行的。

如语文阅读教学。如果学生通过阅读，从语言情境中仅知道课文写了什么，就不能完整地建构学科知识概念结构。要让学生不仅知道课文写了什么，还能利用文章结构知识和各种阅读策略快速浏览课文，迅速抓住课文大意；不仅能感悟到课文中的好词好句，还能从整体上看出作者的布局谋篇，看出文章的写作特点，这时我们就能说学生的知识是围绕学科重要概念联系和组织起来的。而且伴随知识概念结构学习过程是一些丰富多彩的活动，比如，用"思维导图"梳理课文内容与结构，为课文重拟题目，针对课文的写法做"批注"、朗读欣赏等，如此，才能保证学生的学科知识是围绕重要观点和概念组织起来的，并且是在具体的情境中或者是在丰富多彩的活动中进行的。

在学科概念的框架情境中理解知识。首先，要保证学生所建构的学科知识是围绕学科知识重要概来编织的，而且要指导学生学会提炼重要概念。为此，教师要有概念教学意识，学科教学设计必须围绕重要概念展开。其次，要保证"概念理解"的学习活动是具体的、丰富多彩的。所谓"具体"主要指与"概念"相关的情境及其活动的具体性和可操作性。"丰富多彩"是指"概念"学习活动的多样性。教师要将学科知识的学习设计成形式多样的学习活动，改变教师讲授知识为主的比较单一的学习形式，使学习者能在丰富多彩的学习活动中有效"建构意义"。比如，在语文学习过程中，让学生看一看图画、视频，听一听音乐；动笔画一画、写一写，演一演、读一读、唱一唱；有机会听听同学们的陈述与评价，有机会与同伴和老师对话、辩论，有机会自己改编、创作作品，还可以通过网络学习获取更多的相关信息等等，这就是所谓的学习活动的具体性、可操作性及其多样性，以此来保证"概念"是学生自己生成的。

丰富多彩的学习活动可以激活脑更多神经网络，包括激活与学科知识相关脑区、激活注意力回路、激活情绪回路，对培养学生的学习兴趣有着重要的意义。

三、将知识编织到更加完整理解的结构中

如果丰富多彩的学习活动激活了脑更多神经网络，为个体获取知识、理解概念打下了良好基础的话，那么让学生采用"提炼"和"应用"的方式对知识进行精细加工，则使学科知识的意义建构具有了深度。

"提炼"是从现象中归纳概括。比如，数学教学从乘法运算中概括出"乘法交换律"，语文教学从具体的课文中概括出"所见所闻所感"的写作构思。"提炼"是脑的信息输入过程，是将现象以概念的形式储存在脑中，学习者经历的主要思维活动是：理解—概括。

"应用"是指将所"提炼"的概念运用于解决问题。比如，让学生运用自己所提炼的"乘法交换律"去运算，去编写应用题、解答应用题。让学生用自己在学习中所发现的课文"所见所闻所感"的结构形式去"练笔写作"等。

"应用"是脑的信息输出过程，学习者经历的主要思维活动是：提取—运用。即面对需要解决的问题，先从脑的知识结构中提取相关的知识和策略，然后运用这些知识和策略去解决问题。这个过程是脑将知识条件化的重要过程。

例如，在指导学生精读时，根据课文布局谋篇的特点，指导学生有针对性地对课文的篇章结构及其写作特点画线、批注，让学生从自己的画线和批注中发现课文的结构及其布局谋篇的特点，归纳出"所见所闻所感"的写作构思，这就是理解、归纳、概括的"提炼"。而重新设计一个情境或者主题，让学生运用自己所"提炼"的"所见所闻所感"的写作构思去"练笔"，就是"应用"。这个过程，学习者经历了理解、归纳、概括、运用等思维活动，是学生读写能力的训练过程。

上述语文学习的过程，就是用提炼和应用的方式将知识编织到一个更加完整理解的结构中的学习过程。这个过程，包含了脑的信息输入——理解、提炼，也包括脑的信息输出——提取、应用。它既是学生编织更加完整理解的学科概念结构框架的过程，也是学生将获取的知识"条件化"的过程。"提炼"与"应用"的学习过程，不仅使学生对学科知识的概念结构有了比较清晰的认识，为考试时快速提取信息打下了基础，而且也为脑在解决现实生活中的问题时辨析信息、提取和应用知识打下了基础。

现实生活中的问题是不确定的、复杂的。脑面对现实问题，直接在自身的知识结构中筛选信息，提取和运用知识的过程远比课堂学习过程的"提取和应用"复杂。比如，医生对患者的诊断和开处方，教师对"厌学"学生的教育等等。脑面对真实问题时"提取"知识与策略是否快速、准确、有效，取决于这些信息建构的质量，即这些信息是否是条件化的。如果个体的学习过程是通过提炼和应用的方式将知识编织到一个更加完整理解的结构系统，其实就是将知识条件化的过程，为真实情境中的提取和运用打下了基础。所以，在学习过程中，设计更多的综合性学习，将学习与解决生活中的问题紧密结合，学习者知识的建构质量就更高、更好。

四、掌握元认知技能

元认知是对自己认知过程和学习过程的主观意识。简而言之，即"对认知的认知"。元认知通常由三个部分组成：元认知知识、元认知策略、元认知监控。

什么是元认知知识？就学科知识的学习而言，元认知知识就是学习者对该学科所有知识掌握的程度。包括对学科知识概念结构掌握的程度；对该学科知识学习要求、学习目标、学习方法掌握的程度。

什么是元认知策略？就学科知识的学习而言，元认知策略就是学科知识的思维方法、学习策略。包括制定学习计划，确定学习目标；执行学习计划，达成学习目标；也包括具体的学科学习方法。比如，数学学习策略：运用"加减法逆运算"验证运算是否正确；以"例题"作为参照来学习新知识。语文学习策略：联系上下文理解词语策略；利用文章结构知识快速浏览课文策略；利用文章结构知识梳理课文策略等。数学概念的形成，除了生活背景之外，需要证明，需要用严谨的思维方法去推理论证；语文学习通常更多地与个人生活经验为背景，展开想象，形成概念。这些特定的思维方式，其实就是学习途径和方法。

什么是元认知监控？元认知监控是个体对自己学习过程的调控。具备了元认知能力的个体，在执行学习任务的时候，对学习目标有清晰的了解，在遇到困难的时候，知道如何调整自己的情绪，如何调整学习策略，知道提醒自己要坚持。或者懂得根据实际情况调整目标，重新选择、调整策略，使之更合乎实际。比如，在阅读过程，对阅读目标、任务有清楚的认知，知道什么时候采用什么策略帮助自己阅读，读到不理解的词语，会提醒自己：读不懂没关系，我可以通过下面的内容来理解这个词语等等，以此来保证自己有良好的心情阅读，保证阅读任务的完成。

指导学生掌握元认知技能，是基于脑的语文教学非常重要的教学内容。主要通过以下途径来实施。

其一，将元认知作为重要的教学内容体现在教学设计当中。在教学设计中为学生设计"预习指引"，在其中渗透元认知的学习。例如设计阅读步骤，将阅读思维方法外显化，让学生在阅读步骤训练中学会元认知策略及元认知监控；另外，设计与元认知相关的思考问题，如阅读过程，你是什么时候确定文章结构的，是哪些信息告诉你的，遇到不懂的词语时你是怎么想的，让学生反思学习理解中的思维过程，掌握自我监控的方法，养成自我监控的习惯。

其二，设计元认知教学环节。在课堂教学中，设计专门的元认知教学环节，让学生之间互相分享学习理解的思维过程，渗透元认知策略的学习。

其三，教师大声思维示范元认知。教师说出自己在学习中是怎样一边学一边想的，示范学习理解的思维过程，渗透元认知监控的学习。教师还可以通过大声思维，展示自己调整情绪的过程，包括学习过程的情绪调整，也包括学习过程遇到困难和其他冲突时的情绪调整，让学生从中学习对情绪的管理。

培养学生元认知能力，不仅可以提高学生的学习质量，元认知能力同样可以迁移至现实生活，从而提高个体运用知识解决问题的能力，提高解决问题的水平与质量。

五、营造心理安全的学习环境

恐惧与过度压力产生的负性情绪直接影响学习和记忆，并危害学生的身心健康，所以我们必须为学生的学习营造一个心理安全的学习环境。心理安全的学习环境指：学生的学习环境是民主与平等的，人与人之间是尊重与理解的。在这样的环境下，他可以不用害怕学习成绩不好被威胁和嘲笑，不用担心犯错之后被指指戳戳、挖苦讽刺。作为教师，我们完全可以在自己的班级或者在自己的课堂为学生营造这样的环境。

虽然也许每一位教师都有自己心目中所谓的"好学生"和"较差的学

生"，但是对于师生之间的沟通，教师需要有尊重与理解的基本理念。这个理念可以用三句话来概括：第一句，人与人是平等的；第二句，人与人是不同的；第三句，难道自己就完全正确？

人与人是平等的。这句话告诉我们，人没有高低贵贱之分。作为教师，我们要平等地对待每一位学生。不管他的出身如何，不管他的家庭背景如何，不管他的表现如何，他都需要得到平等的对待。有了这样的理念，我们与学生沟通时就不会居高临下，就不会厚此薄彼。

人与人是不同的。这句话提醒我们，因为人与人是不同的，所以，不要轻易地以你的感知"想当然"地给学生的行为做判断。当学生犯了错，或者做了教师自己认为"不可理喻"的事情时，教师要告诫自己："他"之所以这样，一定有他的道理。我需要从"他"的角度，了解他为什么如此。因为人与人是不同的，我不可以凭"我"的感知来做判断。

难道自己就完全正确？这句话叮嘱我们，不要以为老师就一定比学生高明。"人之患好为人师"。教师的身份让我们习惯了教育人，习惯了面对学生滔滔不绝。记住这句话，让我们在与学生沟通时放下身段，聆听学生。

当我们认同了这样的理念，当我们在与学生沟通中时常用这三句话提醒自己的时候，我们就开启了彼此尊重与理解的师生关系，我们就在开始营造一个民主平等的学习环境。

在教学过程中，教师还需要通过自己具体的言行来实践彼此尊重与理解的师生关系，来营造一个平等、民主的学习环境，并通过元认知的学习，让学生学会管理情绪。尊重与理解的言行是教师的专业技术，是教师职业素养的体现，需要在职业生涯中不断地磨练与成长。

小　结

学习是脑建立神经网络的过程。在教学中，设计丰富多彩的学习活动，让学生以合作学习、反馈学习、探究学习、艺术形式的学习等多种学习形式参与学习，并且使学习具有新颖性和挑战性，可以为脑的学习提供更多的联结通道，有利于学习者建构意义。

学习是学习者建构自身的意义。意义建构是把无关联的信息片段聚合成一个大的信息模式，以突出其间的关系和相连。意义建构与个人经验有关，与情绪有关。在教学中，用联系产生意义。将新概念与已知概念进行联系或比较，将不熟悉的信息与熟悉的信息挂靠，将新信息与生活相联系，为新信息的学习加上情绪的联结，就可以为学习者的"意义建构"提供积极的支持。

学习是新手转变为专家的过程。"专家知识"是围绕重要观点或概念来组织的，"专家知识"是条件化的，"专家知识"包含元认知。学科知识教学可以将"专家知识"作为学科知识学习过程重点关注的问题，让学习者围绕学科重要观点或概念来编织学科知识框架，在迁移与运用中使知识条件化，在元认知的学习中学会辨析有意义的信息模式并评估自己的学习。

学习是身体、情绪、认知之间的互动，是在认知、情绪和生理层面进行多层次信息交流的过程。在教学中，需要为学生的学习营造安全的心理环境。教师通过自己尊重与理解的行为给学生的学习提供积极的支持，减少学生负面情绪的产生，并让学生逐步学会管理情绪，让学生有充足的睡眠，鼓励学生（或者与学生一起）每天参加锻炼身体的体育活动。让学生在适合脑的学习中，尽早拥有在掌握新概念并察觉到所有信息之间内部联系时产生的"心智极度快感"。

语言结构是脑建构语文信息模式的"链接"，是培养学生读写能力的"脚手架"，语言结构就是语言规律。运用语言结构来阅读和表达，就是运用语言规律来处理信息。语文学科知识的概念结构就是语言结构在篇章、段落、句子、词语中多层次交错融合的模式。语文教学让学生在语文知识概念的框架情境中理解知识，并用"提炼"和"应用"的方式将知识编织到一个更加完整理解的结构中，学生的读写能力必然会出现"质"的飞跃。

综上所述，所谓基于脑的语文教学，是指学生能在心理安全的环境下学习，能有效建构自身的意义。他们能在丰富多彩的学习活动中理解"概念"，能在"提炼"和"应用"中将知识编织到一个更加完整理解的学科知识概念结构中。于是，学生能运用语言结构来处理信息，能经常体验到阅读和表达产生的愉快感，形成积极的内在动机。这也是本书要传递的学习理念。

第二章　基于脑的语文教学模式

本章共两节，第一节介绍教学模式的概念和意义，第二节介绍基于脑的语文教学模式及其基本操作方法，并介绍基于脑的语文教学模式的基本特征。如果说第一章的内容概括性地回答了基于脑的语文教学"是什么、为什么"的问题，那么，从本章开始，后面各章的内容则具体回答基于脑的语文教学"怎样做"的问题。

当我们了解了基于脑的学习理念，当我们对语文知识学习的本质有所了解之后，我们需要将这些思想和理念运用到教学实践，而创建教学模式便是必然的选择。让我们从了解教学模式的概念开始走进基于脑的语文教学模式。

第一节　了解教学模式

一、教学模式以教学理论为基础

教学模式是在一定的教育思想、教学理论和学习理论指导下，为完成特定的教学目标和内容，围绕某一主题形成的比较稳定且简明的教学结构理论框架及其具体可操作的教学活动方式，通常是两种以上方法策略的组合运用。简而言之，教学模式可以概括为：以一定的理论为指导；有既定的教学目标和内容；体现一定的教学活动序列及其方法策略。

例如，"有意义接受学习教学模式"，这是在中国被广泛使用的教学模式。该教学模式以奥苏贝尔的认知同化学习理论为基础，认为学生的学习主要是接受式的学习，学生要通过教师所呈现的材料来掌握现成的知识。而且这种接受学习应该是有意义的，不是机械的，新获得的知识必须与原有观念之间建立适当的、有意义的联系。该教学模式所体现的教学活动序列及其教学策略为：复习旧知识、呈现新知识、知识的整合、知识的应用（图2.1）。

又如，"发现学习教学模式"，这是在数学教学被广泛使用的教学模式。该教学模式的理论基础是布鲁纳的认知结构学习理论。发现学习是指让学生通过自己经历知识发现的过程来获取知识、发展探究能力的学习方式和教学模式，它所强调的是学生的探究过程，而不是现成知识。教师的主要任务不是向学生传授现成的知识，而是为学生的发现活动创造条件、提供支持。该模式所体现的教学活动序列及其教学策略为：问题情境、探究发现、整合应用（图2.2）。

复习旧知识

⇩

呈现新知识　　　　　　　　　问题情境

⇩　　　　　　　　　　　　　⇩

知识整合　　　　　　　　　　探究发现

⇩　　　　　　　　　　　　　⇩

知识应用　　　　　　　　　　整合运用

图2.1　有意义接受学习教学模式 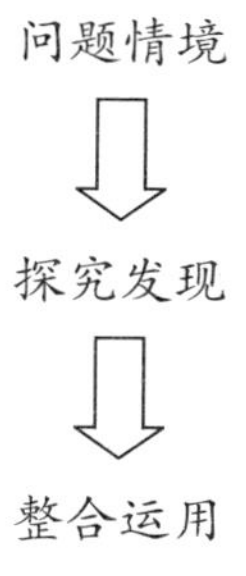　　　图2.2　发现学习教学模式

相同的学习内容，使用不同的教学模式其教学过程和教学策略不相同。例如，同样是"数学20以内退位减法的教学"，"有意义接受学习教学模式"的教学过程是：教师根据新旧知识之间建立联系的原则，导入旧知识（10以内减法）复习，然后演绎新知识的运算过程，让学生从新旧知识的联系中掌握新知识，接着通过练习和变式练习让学生巩固新知识；而"发现式学习的教学模

式"的教学过程则是：教师设计问题情境，让学生自己摆弄木棒、计数器，或者运用竖式等多种方式计算，让学生在经历了多种方法计算的探究中发现、整合运算程序和方法，并将之运用到更多题目的运算中。如果说"有意义接受学习教学模式"强调的是教师呈现知识、学生接受学习的话，"发现学习教学模式"体现的则是学生主动学习和探究。两者之间的差异主要是由教学理论的不同所导致。

二、教学模式是教学理论与教学实践的桥梁

教学模式是教学理论与教学实践相联系的桥梁，它将教学理论以简约的形式呈现给教师，便于教师的教学实施。

许多年以前，我在广东省珠海市香洲区第二小学听课、评课。听完我对教师的评课之后，朱少儿校长对我说："你能不能将你说的关于脑的学习变成1、2、3、4步，让老师们照着做。"朱校长的话，形象地道出了教学模式的特点和意义。我评课的观点虽然基于脑的学习理论，但是我所说的一切，或者是抽象的，或者是零碎的。如果把这些抽象、零碎的东西变成简单明了的步骤、程序，老师们就可以照着程序做。此刻，步骤、程序无疑就成了理论与实践之间的一座桥梁。而这些所谓的步骤、程序就是教学模式，它打通了理论与实践的联系，一方面可以直接指导教学实践，另一方面又是教学实践的理论化、简约化的概括，这就是教学模式最重要的意义。正如前面我们接触过的"有意义接受学习教学模式"和"发现学习教学模式"，无论是奥苏贝尔的认知同化理论，还是布鲁纳的认知结构理论，理论本身是无法进行教学操作的。以奥苏贝尔的认知同化理论为基础，将教学实践简约为"复习旧知识—呈现新知识—知识整合—知识的应用"的接受学习教学模式；以布鲁纳的认知结构学习理论为基础，将教学实践简约为"问题情境—探究发现—整合运用"的发现学习教学模式，于是，教师就可以按照这些教学模式进行教学。所以，当我们要将一种学习理论运用在教学实践的时候，需要创建教学模式，将教学理论简约成可以指导教学实践的程序，便于教师操作。因此，教学模式便成了教学理论与教学实践之间的桥梁，基于脑的语文教学模式就是将脑学习的相关理论与教学实践相对接的桥梁。

第二节 基于脑的语文教学模式

基于脑的语文教学模式，是以神经脑科学及其相关学习理论为依据创建的教学模式，它将基于脑的学习理念在教学中操作的步骤与方法以简约的形式呈现给大家，这是一个以学生的"学"为中心的教学模式。我们试通过下图（图2.3）向你介绍这个模式。

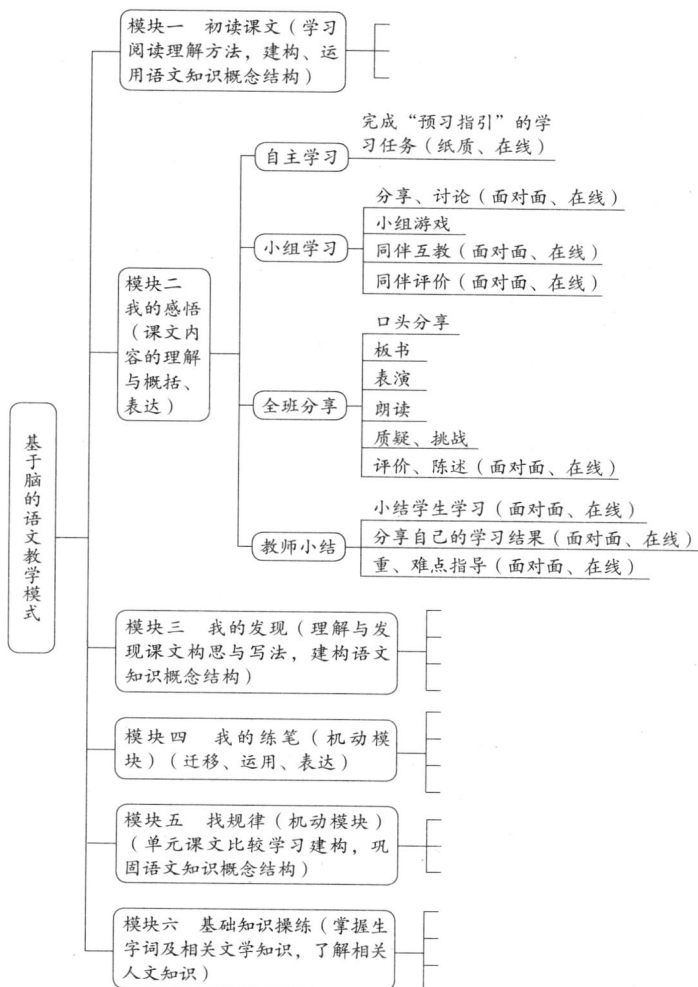

图2.3 基于脑的语文教学模式

一、基于脑的语文教学模式简介

基于脑的语文教学模式，适用于中小学语文阅读教学与读写结合教学，由三个层次组成。第一层次：教学程序；第二层次：学习方式与教学环节；第三层次：学习活动。

第一层次：教学程序

教学程序由多个学习模块组成，包含基本学习内容与思维方法。教学程序是教学模式的主体部分，根据个体建构语文学科知识概念结构的特点设置基本学习内容与思维方法，所谓学习模块是指与主题相关的几项学习内容或者几个学习活动组成的单元。详细情况如下：

"模块一　初读课文"，在初读课文中学习阅读理解方法，建构、运用语文知识概念结构。在学习中，让学生通过阅读步骤训练和阅读理解方法的学习，建构语文知识概念结构，逐步掌握利用文章结构知识快速浏览、略读的方法。学生自主学习的活动有：（1）根据阅读步骤阅读课文，利用思维导图梳理课文内容与结构；（2）反思阅读思维过程，学习边读边思考的各种阅读理解策略，逐步掌握利用文章结构知识阅读理解的方法。

"模块二　我的感悟"，侧重从内容层面解读课文，学习提炼课文内容中的重要信息，学习表达理解、表达感悟的方法。学生自主学习的活动一般有：（1）采用某种简短的语言形式，概括表达对课文内容的理解。如重拟题目、写广告语、写颁奖词等；（2）用简洁的语言概括课文主要内容；（3）以朗读的形式表达对课文内容的理解。

"模块三　我的发现"，侧重从语言形式的层面解读课文，理解、发现并提炼课文结构及其布局谋篇的特点，学会精读课文的方法，进一步建构语文知识概念结构。学生自主学习的活动一般有：（1）为课文写"批注"；（2）在自己的"批注"中发现课文结构及其布局谋篇的精妙，提炼课文结构及其布局谋篇的特点。也可以通过编写幻灯片、编写剧本（概要）、写导游词、写人物简介等学习活动，发现课文结构及其布局谋篇的特点。

"模块四　我的练笔"，书面表达迁移练习。学生自主学习的活动有：运用自己阅读中所提炼的课文结构和布局谋篇特点，根据"评价量规"的要求进行书面表达迁移练习。若所学课文不大适合表达迁移练习，该学习模块省略。

"模块五　找规律"，单元课文结构的比较学习。学生自主学习活动有：利用单元课文学习过程形成的思维导图，比较单元课文结构，进一步学习画思维导图，建构、巩固语文知识概念结构。在不需要"单元课文比较学习"的情况下，该学习模块省略。

"模块六　基础知识操练"，学习内容是生字词的学习与巩固、文学知识和文言文基础知识学习与巩固以及相关人文知识的学习了解。学生自主学习通常包括字词句的读写、默写、课文背诵等，还包括搜集与了解相关人文知识。

每个教学模块设置了语文学习的基本内容与任务。所谓基本内容是对应课文具体内容而言，即无论课文的具体内容是什么，语文教学都要围绕读写技能，指导学生建构语文知识概念结构并学习思维的方法。在基于脑的语文教学模式下教学，课文只是例子，无论课文内容是记叙一件事、描写一个场面、抒发一段感情还是陈述一种观点，都要借助这个例子，指导学生围绕读写技能建构语文知识概念结构并学习思维的方法。例如，"模块一 初读课文"的教学，学生浏览任何内容的课文，都要学习运用文章结构知识梳理课文内容与结构的方法，学习运用各种阅读策略调整阅读过程的方法。从这个意义上看，所谓基本学习内容就是以该学习模块为对象范围的思维方法与思维过程的学习内容。所谓任务，是强调该学习模块所承担的建构"语文知识概念结构"的责任。即在基于脑的语文教学模式下学习，完成了对课文具体内容的学习并没有完成学习任务，它需要结合具体的课文内容，学习思维方法，建构语文知识概念结构。如"模块一 初读课文"的教学，学生初读课文之后，知道课文写了什么并没有完成教学任务，还需要知道课文的基本结构，并逐步掌握利用文章结构知识快速浏览、略读的方法，逐步掌握阅读监控的技能，这才算完成模块一的学习任务。

图2.3的六个模块包括了在一篇课文或者一个学习主题中有可能出现的所有学习内容。在实际教学中，并非每篇课文都需要设计六个模块的学习内容，可以根据教学需要有所取舍。如果所学课文不需要进行单元课文比较学习，就选取五个模块进行教学；如果所学课文既不需要进行单元课文比较学习，也不适合进行书面表达迁移练习，就选取四个模块进行教学；自读课文通常只选取

"模块一 初读课文"、"模块二 我的感悟"和"模块六 基础知识操练"三个模块进行教学；名著阅读欣赏课通常选取"模块一 初读小说"、"模块二 我的感悟"、"模块三 我的发现"进行教学。

此外，作文教学通常是选取"模块三 我的发现"和"模块四 我的练笔"进行教学，其教学的基本步骤是：

1. 阅读体验，发现范文结构及作者构思（模块三 我的发现）。

2. 构思自己的作品，写作（模块四 我的练笔）。

3. 批改作品，自我评价、同伴评价（模块四 我的练笔）。

模块内容的取舍，不限于上述例子。以"建构学科知识概念结构"为依据，根据学生实际情况和学习内容的不同，模块学习内容可以灵活变通。

第一层次的教学程序除了规定基本学习内容与任务外，也规定了语文教学的顺序与步骤。教学顺序是指模块一至模块六的顺序。教学步骤是指每个学习模块的学习步骤与教学环节，包括个体自主学习的步骤以及课堂学习的步骤。

教学顺序与步骤主要是为学生的自学设置的。首先，模块一至模块六的教学顺序是根据个体接触阅读材料—理解知识—迁移运用的学习过程，以其所学知识的完整的学习经历及其思维规律为依据设置。当教师指导学生预习时，必须严格按照该教学顺序安排学习内容，以保证学生经历符合语文学习规律的完整的学习过程，保证自主学习的有效进行。在基于脑的语文教学中，教师要为学生设计"预习指引"。"预习指引"可以删减个别学习模块，但是学习顺序不可以随意变动。例如，不可以将生字词学习作为"预习指引"的第一项学习任务，因为这与个体真实的阅读情境并不吻合。阅读总是从浏览内容开始的，没有人拿到一篇课文先找生字词来学习。

在课堂实施过程中，个别模块顺序可以调整。课堂教学是在学生自主学习的基础上进行的，学生之前已经根据"预习指引"经历了一次符合阅读规律的完整的学习过程，课堂实施过程可以根据学生的具体情况以及学习内容的具体情况调整个别模块的顺序。例如，根据低年级学生的学习需要，将生字词学习"模块六 基础知识操练"作为课堂教学的第一项学习内容。在高年级的教学中，生字词较多、较难的课文，或者课文属于名家名作，也可以将第六模块作为课堂教学的第一项学习内容。此外，文言文教学在课堂实施时，经常也将

"模块六 基础知识操练"作为课堂教学的第一项内容，这是因为文言文的教学也需要强调词语、句子的学习与积累。

第一层次是基于脑的语文教学模式的主体，它根据个体建构语文学科知识概念结构的特点设置学习程序，规定了学生个体自主学习的内容与步骤，也明确了课堂教学的基本程序。各模块的学习内容可以根据阅读材料的情况有所删减，课堂教学可以根据实际情况对个别模块顺序作调整，学生自学则必须按照模块顺序完成学习任务。

第二层次：学习方式与教学环节

第二层次呈现的首先是学生的学习方式与学习过程。"自主学习—小组学习—全班分享—教师指导"是学习者在课外和课堂所经历的学习过程以及所采用的学习方式。图2.3仅在第二模块显示相关内容，其他模块因为学习方式与学习过程相同而省略。

第二层次除了呈现学生的学习方式和学习过程外，同时也呈现了课堂教学环节。语文教学模式在课堂教学实施时，以模块为单位进行教学，每一模块的教学步骤按照"自主学习—小组学习—全班分享—教师指导"的教学环节进行。在真实的教学情境中，课堂教学通常出现三种情况。第一种情况，学生尚未掌握自主学习方法时，课堂教学按照"自主学习—小组学习—全班分享—教师指导"的教学环节开展学习；第二种情况，学生已经掌握了自主学习的方法之后，课堂教学按照"小组学习—全班分享—教师指导"的教学环节开展学习；第三种情况，个别学习模块的教学有时仅采用"全班分享—教师指导"两个教学环节进行教学。

第三层次：学习活动

第三层次所呈现的是基本的学习活动形式，并非规定活动，具体活动形式一般根据教学的需要设置。每一个模块的学习，个体都需要经历多项学习活动，图2.3仅在第二模块显示了学习活动，其他模块活动与第二模块基本相同而省略。比如，在模块一的学习中，学生需要根据规定的阅读步骤初读课文，用思维导图梳理课文，并根据要求反思自己阅读过程，然后在小组学习中分享自己的思维导图。他可能会在倾听小组成员的分享之后，修改自己的思维导图，他可能会在全班分享自己的思维导图，或者对其他小组成员的分享提出不同意见，他还可能在倾听同学分享中学到了一些阅读策略等等。在其他的学习模块中，除了小组讨论活动，他可能还参加小组朗读表演展示、代表小组展示板书、代表小组陈述观点、评价其他小组的学习结果。他还有可能质疑同伴或老师的观点，参与基础知识的竞赛等众多的学习活动。

有的学习活动后面用括号注明了活动的形式（纸质、在线；面对面、在线），表明这些学习活动如果条件允许的话，可以根据学习需要，增加技术支持，网络在线完成。比如，第一项学习活动：完成"预习指引"的学习任务。教师所设计的"预习指引"可用纸质的形式提供给学生学习，也可以放在学习平台上，学生在线完成。其他学习活动括号内注明的面对面、在线，则指这些学习活动除了传统学习中的面对面学习之外，可以采用在线学习。包括在线异步学习，即学生可以课前、课后根据各自的需求，自由在线学习，或者观看相关演示、查看相关资料，或者请教小组同伴和教师，学习小组成员也可以在线讨论、探讨相关问题；也包括在线同步学习，即在课堂学习过程中学生随时呈现学习结果，学生之间互帮互学，教师即时得到学习反馈，调整教学，或者课后召开在线讨论会等等。

教师除了将"预习指引"的内容放在学习平台上让学生自学外，还可以将一些重要的学习活动做成"微课"为学生演示，如展示思维导图的制作过程。通过微课，为学生呈现如何用思维导图梳理课文的结构与内容，并呈现文章结构的基本样式；通过微课为学生展示边读边思考的阅读理解过程；通过微课为学生呈现"批注"的方法与策略等等。这一切都可以成为帮助学生学习的非常好的学习支架。

在信息技术迅速发展的今天，移动终端设备被普遍使用。我们的学生是互联网时代的原住民，网络与他们的生活息息相关，上网是他们生活中不可缺少的一部分。这一切都是教学不可忽视的因素，这一切也为教学适合脑打开了一片更广阔的天地。基于脑的语文教学需要利用信息技术，让学生学得更好，学得更开心，让学生在互联网时代尽早成长为独立的学习者。

二、基于脑的语文教学模式操作

教学模式按照以下程序来操作。

步骤一：设计"预习指引"。实施基于脑的教学模式的第一项工作是教师为学生的学习设计"预习指引"。"预习指引"是基于脑的教学模式的重要组成部分，"预习指引"按照教学模式第一层次的教学程序将模块的学习内容具体化在课文内容的教学当中（详见第三章 设计"预习指引"）。

步骤二：学生自主学习。学生个体完成"预习指引"的学习任务。"预习指引"的学习任务可以在课外完成，也可以在课堂完成。学生尚未具备自主学习能力时，自主学习在课堂上由教师指导完成。一段时间之后，自主学习逐步过渡到学生课外完成。一般是学生一次性完成"预习指引"的学习任务，或者根据教学需要，完成大部分学习任务。

步骤三：小组合作学习。在学生个体完成"预习指引"学习任务的基础上开展小组合作学习。小组合作学习的任务以模块为单位进行，即每次小组合作学习，完成一个模块的学习任务。在小组合作学习中，组员各自分享该模块的预习结果，并与其他小组成员讨论达成共识，形成小组意见，为全班分享做准备。小组合作学习的活动形式是多样的，其中讨论是主要的形式，此外，演练（朗读表演或小品表演）和识字游戏（主要针对中年级的学生）也是常有的活动形式。教师在学生小组合作学习的过程中到各小组了解、掌握学生学习情况，对有需要的学生给予指导。

步骤四：全班分享与评价。学生将小组合作学习结果在全班分享，各小组对其他小组的发言、展示发表意见，或者提出自己不同的观点。教师在这一过程中通过倾听、肯定、追问等方式，将讨论引向深入。全班分享的学习活动形式多样，可以板书，可以是演示文稿的展示，可以个人口头陈述，可以小组集体表演，可以质疑，可以评价自己、评价同伴等。全班分享以模块内具体活动为单位，逐一分享评价。比如"模块一 初读课文"包括"阅读步骤"与"阅读思考"两项学习活动，在全班分享时，要逐一分享评价。即先让学生分享"思维导图"的学习内容，其他学生现场评价，教师指导；然后，再按照同样的顺序进行另一项活动"阅读思考"的学习与评价。

步骤五：教师指导。教师指导是模块学习的最后一个教学环节。在这个环节，教师首先小结学生的学习情况，包括学习结果、学习过程、学习小组的表现等。其次，教师作为学习的参与者，需要展示自己的作业。比如，教师在

"预习指引"中要求学生画"思维导图",教师自己必须也画"思维导图",在教师指导的环节呈现自己的"思维导图"。教师让学生给课文"重拟题目",教师自己也必须给课文"重拟题目",在教师指导的环节呈现自己的"重拟题目"。在这个过程,教师或者肯定、点评比教师做得好的学生精彩的作业,或者在展示教师的作业的过程中指出学生存在的问题,为学生提供示范。通常还需要让学生评价教师的作业,以此让学生再提升,并增加学习兴趣。

此外,在每一个学习步骤中都可以根据实际情况,增加网络在线学习,让学习在更广阔的时间与空间里,在更丰富的资源支持下学习。

至此,我们对基于脑的语文教学模式有了基本的了解。语文教学模式以基于脑的学习理论为依据,以建构学科知识概念框架为核心,形成了以学习模块为教学程序,包括学习内容、学习方式、教学环节、学习活动在内的教学框架。在这个框架内,学生围绕语文知识概念结构采用多种学习方式学习,在形式多样的活动中学习,在具体、及时的反馈中学习,利用信息技术在线学习;教师课前为学生设计"预习指引",为学生提供全方位的指导,课堂中作为学习的参与者和指导者,需要针对学生的学习反馈给予回应、指导。

三、基于脑的语文教学模式特征

基于脑的语文教学模式具有以下特征:围绕建构"语文知识概念结构"设置教学程序;渗透"元认知"学习;为学习者提供及时、具体的学习反馈;容纳形式多样的学习活动。

围绕建构"语文知识概念结构"设置教学程序

围绕建构"语文知识概念结构"设置教学程序,这是基于脑的语文教学模式的重要特征。该教学模式围绕"语文知识概念结构"的建构将语文学习过程置于"理解—提炼—运用"的框架内,以"程序"保证学习者能将知识编织到一个更加完整理解的知识结构中。

基于脑的语文教学模式的教学程序为:1. **初读课文**(学习阅读理解方法,建构、运用语文知识概念结构);2. **我的感悟**(内容理解与概括表达);3. **我的发现**(发现构思、写法并归纳表达,进一步建构语文知识概念结构);4. **我的练笔**(迁移、运用、表达);5. **找规律**(单元课文比较学习,建构、巩固语文知识概念结构）；6. **基础知识操练**（基础知识学习、巩固）。该教学程序明确了建构"语文知识概念结构"的学习内容、思维方法和教学顺序。其中，加粗字体显示了教学模块的名称与教学顺序，括号里的文字显示的是学习内容与思维方法。

首先，该教学程序明确了隐含在语文教学中与"语文知识概念结构"相关的基本学习内容与思维方法。括号里所显示的文字均是与建构"语文知识概念结构"相关的基本学习内容与思维方法，它规定了语文教学在学习课文具体内容的同时都要学习思维方法，都要关注"语文知识概念结构"的建构。换句话说，在基于脑的语文教学中，课文只是例子，语文教学需要借助无数具体的课文例子，建构语文知识概念结构。让学生学会阅读理解的方法，学会书面表达，形成语文能力。基于脑的语文教学模式以教学程序的形式，将阅读与写作教学背后与语文能力相关的学习内容与学习方法落实在具体的模块学习中，将"语文知识概念结构"的学习内容显性化，明确化。

其次，该教学程序规定了符合语文阅读理解及其读写能力形成规律的学习顺序与步骤，构成了将"语文知识概念结构"的意义建构置于"理解、提炼、运用"的教学框架内。

从整体的角度看，该教学程序规定了符合语文阅读理解及其读写能力形成规律的学习顺序。"初读课文"理解基本内容与结构，"我的感悟"理解写了什么，"我的发现"发现布局谋篇与写法，"我的练笔"迁移、运用、表达。这是教学程序规定的学习顺序，该学习顺序呈现了阅读理解与读写结合的基本规律，也显示了语文读写能力形成的链条，将语文教学的整体放在了"理解、提炼、运用"的教学框架内。

从模块的角度看，该教学程序中主要的学习模块通过既定的学习步骤，也构成了将"语文知识概念结构"的意义建构置于"理解、提炼、运用"的教学框架。例如"模块二 我的感悟"的学习过程，学生在具体的学习情境中理解课文内容之后，还需要将所理解的概括出来，并陈述表达清楚。这个过程就是"理解、提炼、运用"的学习过程；而"模块三 我的发现"和"模块四 我的练笔"的学习过程，让学生通过自己的"批注"理解并归纳发现课文布局谋篇的精妙，然后运用自己所发现的课文语言结构及其写法来书面表达。这个过程也就是"理解、提炼、运用"的学习过程。

简而言之，基于脑的语文教学模式中的教学程序，将"语文知识概念结构"的相关内容渗透在课文学习的读写训练中，让学生围绕"语文知识概念结构"，在"理解、提炼、运用"的学习中将知识编织到一个更加完整理解的结构，以保证语文学习的质量。

渗透元认知学习

基于脑的教学模式是一个渗透元认知的学习系统。比如，"模块一 初读课文"设置的现代文"阅读步骤"和"阅读思考"（表2.1）。

表2.1 阅读步骤与阅读思考

（一）阅读步骤

步骤一：审题建立阅读理解目标——预测内容与文章结构。

步骤二：浏览课文——验证预测，边读边思考。

步骤三：反复读课文，以思维导图梳理课文。

（二）阅读思考

你是什么时候确定文章结构的？是哪些信息告诉你的？反思你的阅读过程，试说说你是怎样边读边思考的，准备与同学分享。

表2.1的"阅读步骤"和"阅读思考"就是为培养学生元认知能力提供的学习指引。通过"阅读步骤"和"阅读思考"的指引，让学生学会建立内在阅读理解的目标，学会利用文章结构知识帮助阅读理解，学会监控自己阅读理解的过程。又如，在基于脑的语文教学中为学生提供了各种"评价量规"，设计了根据各种"评价量规"开展的自评与他评学习活动，这些都是渗透了元认知的学习活动。此外，基于脑的语文课堂教学将"评价"作为重要的教学策略贯穿在每一项学习活动中，让学生关注"我是怎么学的"、"我是怎么想的"、"怎么做可以更好"等学习过程的评价。这样，就把元认知的学习渗透在教学的全过程，如此，基于脑的语文教学模式也就形成了一个渗透元认知的学习系统。这个系统通过四个基本策略，将元认知学习渗透在教学模式的每一个教学环节。这四个策略是：

策略一：在"预习指引"中设计元认知学习活动，指导学习者个体进行元认知的学习。例如，"阅读步骤"与"阅读思考"的学习内容。

策略二：在小组合作学习中，个体分享元认知学习情况，同伴之间互相学习元认知知识与策略。

策略三：在全班分享中，同伴之间互相学习元认知知识与策略。

策略四：教师通过自己的大声思维，展示元认知学习策略及其元认知监控过程，以此指导学生的元认知学习。

为了进一步说明元认知的学习情况，以下以四年级语文"鱼游到了纸上"在模块一的学习为例，让你更直接地了解元认知的学习（表2.2）。

表2.2　《鱼游到了纸上》预习指引（模块一）

模块一　初读课文

（一）阅读步骤

步骤一：审题建立阅读理解目标——预测文章内容与文章结构（课文可能写什么？文章结构是怎样的？）

步骤二：浏览课文——验证预测，边读边思考。

步骤三：反复读课文，以思维导图梳理课文。

（二）阅读思考

1. 文章是在写一件完整的事吗？如果是，是哪些信息告诉你的？如果不是，你是通过什么信息否定的？

2. 在阅读过程中你遇到不懂的词语是怎么想的？将思考的过程记下来，准备与同学分享。

表2.2的第一项学习活动"阅读步骤"既是将阅读理解的过程步骤化、外显化，也是将元认知的学习步骤化、外显化，其中预测文章结构，边读边思考，利用思维导图建构文章结构图式就是重要的元认知学习；第二项学习活动"阅读思考"则是通过具体的问题设计，让学生反思阅读理解过程，强调与深化元认知学习。"文章是在写一件完整的事吗？如果是，是哪些信息告诉你的？如果不是，你是通过什么信息否定的？"就是引导学生捕捉阅读过程如何利用文章结构帮助阅读理解的信息，领悟阅读过程如何利用文章结构知识帮助阅读理解的方法。而"在阅读过程中你遇到不懂的词语是怎么想的？"除了元

认知知识与策略的学习还包括了阅读情绪调控的学习。

表2.2将元认知学习步骤化、具体化之后，元认知学习变得具体可操作。

作为学习者个体，根据"预习指引"经历了第一次元认知的学习；学习小组分享与讨论中，经历了第二次元认知学习；在全班分享评价环节，他从组外其他同伴的分享与评价中得到了第三次相关学习；最后从老师的指导中再一次学习元认知。这样"元认知学习"就渗透于学习的全过程。

提供具体、及时的反馈

脑喜欢反馈学习。基于脑的语文教学模式就是一个能为学习提供具体、及时反馈的系统。我们通过分析基于脑的语文教学模式第二层次的内容来了解具体情况。

基于脑的语文教学模式的第二层次所体现的是学习方式和教学环节，它包括自主学习—小组学习—全班分享—教师指导。

在课堂教学时，每一个教学模块的内容都按照这样的基本环节逐一开展学习。如此，对于学习者来说，每一项学习内容都经过自主学习、小组合作学习、全班分享、教师指导四个学习环节。这样，每一项学习都能得到具体、及时的反馈。具体情况如下：

1. 自主学习中的"自评"是第一次学习反馈。首先，学生个体完成"预习指引"的学习任务之后，可以根据教师设计的"评价量规"自评学习结果和学习过程，这是第一次学习反馈。

2. 小组合作学习为个体学习提供第二次学习反馈。学生个体完成"预习指引"学习任务后，要在学习小组分享学习结果，这时组内同伴的相互分享学习，是对个体学习结果与过程的第二次反馈。

3. 全班分享学习与评价，为个体学习提供第三次学习反馈。学习内容在组内分享后，需要在全班分享与评价。全班分享与评价，让个体得到第三次学习反馈。

4. 教师指导，为个体学习提供第四次学习反馈。每一项具体的学习内容在全班分享之后，教师需要对学生的学习过程与学习结果进行小结，对重点、难点进行学习指导。通常教师还会分享自己以学生身份完成的作业，并让学生评价教师的作业。这个过程为个体学习提供了第四次学习反馈。

此外，每一个教学环节都可以增加网络在线学习。学生之间、师生之间在学习平台上的交流和讨论，为学习反馈提供了更多的渠道，让学习过程的反馈变得更具体、更及时。

人脑有一个伟大的反馈系统。当它要进入下一步学习的时候，其注意的程度、精力投入的程度，往往取决于上一步的学习是否得到反馈。如果得到具体、及时的反馈，脑就会很有兴趣地、全神贯注地投入下一步的学习。基于脑的语文教学模式以贯穿始终的、形式多样的反馈学习，构成了能为脑提供及时、具体反馈的学习系统。

容纳形式多样的学习活动

脑喜欢形式多样的学习。基于脑的教学模式是一个能容纳形式多样的学习活动的平台。学科知识的概念结构虽然是抽象的，不过只要这种"抽象"来自于具体，来自于丰富多彩的具体活动，意义建构的质量就高，所编织的学科知识概念结构就更加完整。适于脑的语文教学，需要尽量还原事物中的具体和形象，让学生在具体和形象的活动中编织抽象的学科知识概念结构，这是基于脑的学习理念之一。所以基于脑的语文教学模式必须是能容纳多样学习活动的平台，让学生在这样的平台上，自始至终都在丰富的学习活动中，在多重背景下建构意义。

多样的学习活动包括：学习方式的多样——自主、合作、探究、接受学习、网路在线学习等；活动形式的多样——讨论、游戏、评价、表演、质疑、辩论、板书、画画、同伴互教互学等。在基于脑的语文教学模式中，我们看到该教学模式的第二层次和第三层次所呈现的内容，如自主学习、小组学习、网络在线学习、全班分享、教师指导；分享讨论、小组游戏、同伴互教、同伴评价、口头陈述、板书、集体表演、集体朗读、质疑、挑战等就是多样的学习活动。

作为学习者，如果在基于脑的语文教学模式下学习，他是从教学模式的第三层次开始接触学习内容并开始学习的。具体的游戏、讨论、表演、板书、网络学习、同伴互教、质疑、评价为他提供了丰富的学科知识概念情境，为概念理解提供了积极的支持。丰富多彩的学习活动是基于脑的学习的基础，学生只有体验过具体的概念情境，才能保证概念是学生自己生成的，概念结构是自已编织的。当学科教学模式是一个能容纳多样学习活动的平台时，其实就为适合脑的学习创造了良好的基础。基于脑的语文教学模式满足了这样的条件，形成了一个能容纳丰富多彩学习活动的平台。

小　结

教学模式以一定的理论为指导，有既定的教学目标和内容，体现一定的教学活动序列及其方法策略。

基于脑的语文教学模式以基于脑的学习理论为依据，以建构学科知识概念框架为核心，形成了以学习模块为教学程序，包括学习内容、学习方式、教学环节、学习活动在内的教学框架。在这个框架内，元认知的学习被渗透在教学过程始终，学生围绕语文知识概念结构采用多种学习方式学习，在形式多样的活动中学习，在具体、及时的反馈中学习；教师课前为学生设计"预习指引"，为学生提供全方位的指导，课堂中作为学习的参与者和指导者，需要针对学生的学习反馈给予回应、指导。

基于脑的语文教学模式具有四个特征：围绕语文知识概念结构设置教学程序；渗透元认知学习；为学习者提供及时、具体的学习反馈；容纳形式多样的学习活动。

如果你希望对基于脑的语文教学模式有更具体的了解，请你观看下面的教学视频片段。

图片与视频二

这里为你呈现的是以教学模块为单位的四段教学视频，教学内容是人教版五年级课文《走遍天下书为侣》。上课的学生是广东省珠海市香洲区第二小学五（3）班的学生，执教老师刘倩青，上课时间为2014年9月。

刘倩青老师根据本书第六章教学实例中《走遍天下书为侣》的教学设计进行课堂教学，其中"模块一"与"模块二"为第一课时，"模块三"与"模块四"为第二课时。为了压缩视频的时间，我们剪辑了学生小组合作学习的时间以及部分内容相同的学生分享。

模块一　初读课文

《走遍天下书为侣》"模块一　初读课文"的教学包括两项学习活动：（一）学生分享思维导；（二）学生分享阅读思考。这两项学习活动都是对学生自主学习的反馈，学习活动的形式包括阅读浏览、画图、分享、评价等。模块一的学习过程就是学生学习文章结构知识并以文章结构知识梳理课文的过程，也是重要的元认知知识与元认知策略的学习过程。视频中，分享思维导图的学习活动呈现了学生初读课文的学习结果，也呈现了学生掌握文章结构知识的状况。而阅读思考的分享既呈现了学生阅读思考的过程，也呈现了学生元认知知识与策略的学习与运用程度。以下的视频截图和教学视频片段将为你呈现具体的教学实况。

视频截图一所展示的是一名学生通过投影仪正在向全班同学分享他的思维导图，他借助思维导图向同学们讲解自己阅读理解的结果。

视频截图一：分享思维导图

视频截图二所展示的是学生对同伴所分享的思维导图进行评价，分享思维导图的学生和全班同学正在倾听同伴对思维导图评价的实况。

视频截图三所展示的是全班学生

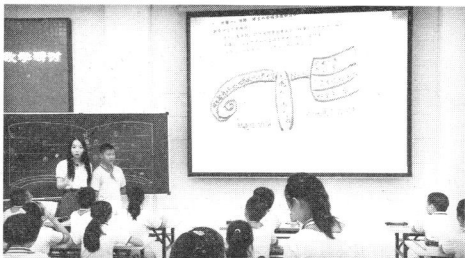

视频截图二：评价思维导图

正在修改自己思维导图的实况。在思维导图分享与评价的教学中，当1~2名学生与教师分享了自己的思维导图，全班学生对所展示的思维导图进行评价之后，教师会给一定的时间让

视频截图三：修改思维导图

学生修改自己的思维导图。

以上三张视频截图反映了课堂教学中思维导图分享与评价的基本过程。

截图四所展示的是学生个人通过大声思维，分享自己边读边思考过程的实况。

视频截图四：分享阅读思考

如果你对上述教学内容感兴趣，请浏览视频2-1"模块一 初读课文"的教学片段。

视频2-1"模块一 初读课文"教学片段

视频2-1"模块一 初读课文"教学片段

模块二 我的感悟

《走遍天下书为侣》"模块二 我的感悟"的学习活动有为课文重拟题目、概括课文主要内容、朗读课文；学习活动的形式有小组合作学习、板书分享、评价板书、朗读分享与评价等，这些学习活动都在学生自主学习的基础上进行。其中为课文重拟题目的学习活动展示了学生个性化的解读结果，用简洁的语言概括课文主要内容展示了学生对课文整体把握的程度及其概括能力；朗读展示与评价除了表现学习者对课文内容的感悟之外，也包含了朗读能力的训练。

视频截图一：小组学习任务

视频截图二：小组合作学习

视频截图三：学生的板书

视频截图四：朗读分享与评价

以上视频截图反映了"模块二　我的感悟"课堂教学基本过程：

1. 教师布置学习任务。2. 学生小组讨论，完成学习任务。学习任务包括：分享各自主学习结果，形成小组意见，派代表板书小组意见之一"重拟题目"，讨论并概括课文主要内容，课文朗读演练等。3. 全班分享合作学习结果。全班分享学习包括：针对所板书的"重拟题目"展开评价与陈述；分享概括课文主要内容；朗读展示与评价。

你可以浏览视频2-2，了解更具体的实况。

视频2-2"模块二　我的感悟"教学片段

视频2-2"模块二　我的感悟"教学片段

模块三　我的发现

《走遍天书为侣》"模块三 我的批注与发现"学习内容有学生精读课文，做批注，发现课文布局谋篇的精妙之处，进一步建构语文知识概念结构，同时为迁移练习做准备。其教学过程为：教师通过"预习指引"的设计，指导学生围绕课文结构及其布局谋篇做批注，学生在课堂上分享各自的批注，讨论文章写作特点，并在全班分享小组合作学习的结果。以下视频截图和视频呈现的是课堂中的小组合作学习以及全班分享的实况。

视频截图一：布置学习任务

视频截图二：小组合作学习

视频截图三：全班分享

具体实况请看视频2-3"模块三 我的批注与发现"教学片段。

视频2-3"模块三 我的批注与发现"教学片段

视频2-3"模块三 我的批注与发现"教学片段

模块四　我的小练笔

《走遍天下书为侣》"模块四 我的小练笔"的教学内容是迁移练习。学生将自己在"模块三"的学习中所发现的文章布局谋篇的精妙之处，用在自己的写作中，以"观点—理由"的结构形式写一篇演讲稿，并在全班分享与评价。

视频截图一：布置小练笔

视频截图二：学生练笔

视频截图三：分享评价小练笔

以上视频截图反映了模块四教学的基本过程。首先是教师布置学习任务，接着是学生现场小练笔——写演讲稿，最后是两位学生在全班分享自己的小练笔，多名学生参与评价。为了压缩视频时间，视频2-4仅呈现了其中一位学生小练笔的分享与评价过程。

视频2-4"模块四 我的小练笔"教学片段

视频2-4"模块四 我的小练笔"教学片段

第三章 基于脑的语文教学设计

本章详细介绍基于脑的语文教学设计，包括"预习指引"的设计、学习目标的制定、课堂教学的设计、教材的解读与使用，还包括不同体裁课文的教学设计和不同类型的学习方式的教学设计。

第一节 设计"预习指引"

一、"预习指引"是学习支架

在基于脑的语文教学中，教师首先是教学的设计者。我们既然已经知道了"学习是学习者建构自身的意义"的原理，我们既然已经明白了脑为什么在形式多样的学习活动中学得更好的原因，那么，教学就需要有所改变。从教师把自己所知告诉学生，转变为教师将自己所知设计成学习活动，让学生在更广阔的空间里，在多重背景、多视角的刺激下，主动建构知识。于是，设计学生能学、会学、乐学的学习活动，就成为教师的首要任务。

要使学生能学、会学、乐学，教学设计非常重要的一项工作就是为学生搭建学习支架。学习支架是为支持学生的学习搭建的，学生借助学习支架，可以有效地探讨与学习。比如，设计有价值的问题让学生去探讨，所探讨的问题就是学习支架；为学生的学习提供"评价量规"，评价量规就是学习支架。

　　在基于脑的语文教学中，"预习指引"作为重要的教学媒体，就是为学生搭建的学习支架。下面试以七年级语文《安塞腰鼓》"预习指引"为例，让你了解其中的情况（表3.1）。

表3.1　《安塞腰鼓》预习指引

模块一　初读课文

（一）阅读步骤

步骤一：审题建立阅读理解目标——预测内容与文章结构。

结合教材题目下面的提示，预测课文可能写些什么，怎样写？

步骤二：浏览课文——验证预测，边读边思考。

步骤三：反复读课文，以思维导图梳理课文。

"思维导图及其分享"评价量规

评价内容	A	B	C
能准确、完整梳理课文内容与结构			
能体现文章的结构层次（通常只画两至三层）			
关键词语、句子能准确概括主要内容，语言简练			
没有错别字			
能结合课文具体内容向同伴讲解自己的思维导图，语言流畅			

（二）阅读思考

1. 你是什么时候确定文章结构的？是哪些信息告诉你的？

2. 阅读过程中遇到不懂的词语时，你是怎么想的？

模块二　我的感悟

1. 给课文重拟题目，表达你对课文的深度理解。

2. 用简洁的语言概括课文主要内容。

3. 朗读课文，读出你对课文的感悟。

模块三　我的批注与发现

1. 用＿＿＿＿线画出你认为精彩的描写"见闻"句子，并写上批注。请你对其中的修辞手法给予点评，对精彩的词语给予点评。

2. 用＿＿＿＿线画出你认为精彩的表现作者感受的句子，并写上批注。请你对其中的修辞手法给予点评，对精彩的词语给予点评。你发现作者所表达的"感受"前后内容和程度什么不同吗？将你的想法作为批注写下来。

3. 浏览自己的画线与批注，你发现课文在写法上有些什么特点？将你的发现写在书的空白处。

模块四　我的练笔

学习课文的写法，选择一些你最近参与或接触过的活动作为内容（如科技节某个场面、升旗仪式、班级篮球比赛和阳光体育的某个场面等），用所见所闻所感的结构写一篇作文。

提示：当你就所描写的见闻即兴抒情之后，还可以由此情此景联想现实、历史、道德、文化、精神等，再写一段抒情文字，这样你的文章就具有了深刻性。

练笔评价量规

评价标准	优	良	加油
所见所闻所感的结构			
见闻描写具体形象，使用修辞方法			
情感抒发真实、使用修辞方法。有即兴的抒情，也有升华的抒情（由此情此景联想到生活、道德、文化、历史）			
没有错别字，没有病句			

模块五　基础知识操练

1. 默写课后"读一读 写一写"词语。

2. 掌握课文中有"注释"的词语。

3. 搜集"安塞腰鼓"的有关信息，准备与同学分享。

　　《安塞腰鼓》的"预习指引"中，"阅读步骤"是学习支架。它为学生如何建立阅读理解目标、如何进行阅读思考提供具体的指导。

　　"所探讨的问题"是学习支架。比如"阅读思考"所提出的问题：文章是在写一件事吗？是哪些信息告诉你的？阅读时遇到不懂的词语你是怎么做的？这些问题为学生建构文章结构图式、掌握阅读思维方法提供了具体的指导。

　　"提示"是学习支架。比如，为学生练笔的提示：当你就所描写的见闻即兴抒情之后，还可以由此情此景联想现实、历史、道德、文化、精神等，再写一段抒情文字，这样你的文章就具有了深刻性。告诉学生怎样写可以让自己的表达具有深刻性。

　　"评价量规"是学习支架。比如"思维导图及其分享评价量规"为学生如何画思维导图，如何分享思维导图提供指引；"练笔评价量规"，为学生如何写、如何"自评"与"他评"提供了具体的指导。

　　另外，其中一些学习活动也是学习支架。比如"我的感悟"学习活动：为课文重新拟一个题目，或者用一个词语修饰×××，表达你对课文内容的深度理解。学生为了完成这项学习任务，会反复阅读课文，对课文内容进行概括，然后选择最精彩的词语、句子表达自己对课文内容的理解。因为该项学习结果要在小组分享和全班分享，所以学生会比较全面和深入地准备。尤其是在全班分享的环节，各小组分享不同的自拟题目，陈述各自的见解，回答各种质疑与挑战，这一切会使全班同学对课文的解读变得很丰满，很深刻。你在本书第一章视频1-2中看到的《卢沟桥烽火》课堂教学视频，就是该项学习活动的真实呈现。这就是学习支架的意义所在——一个简单的教学设计换来学生演绎无限的精彩。犹如建筑工程借助简单的支架，建造出造型美观、结构新颖的楼房。

　　建筑楼房的"脚手架"在房子建好后是可以拆掉的，同样，作为"学习支架"，当学生的能力逐步形成之后，也是可以逐步拆除的。例如"模块一 初读课文"的"阅读步骤"和"阅读思考"，当学生已经掌握了相关的阅读策略或已经形成习惯之后，这两项内容是完全可以在"预习指引"中取消的。"模块二 我的感悟"经过一段时间的学习，学生养成了习惯之后，可以在"预习指引"中取消，改用口头布置学习任务的形式。"模块三 我的发现"与"模块四 我的练笔"是"预习指引"设计的难点，通常不轻易拆掉。不过，有一天，当我们的语文教材编写也拥有了"语文知识概念结构"的教学意识，将"模块三"和"模块四"的内容编写进教材时，那么"预习指引"的多数内容就可以在学生形成相关能力之后取消。

二、"预习指引"是语文教学模式重要组成部分

"预习指引"在基于脑的语文教学模式中占据着非常重要的位置。它将教学模式第一层次的基本教学内容与教学步骤具体化在读写教学中，它承载学习方法的教学任务。在教学过程中，它是所有教学环节顺利实施的奠基者。

首先，"预习指引"将教学模式第一层次的基本教学内容与教学步骤具体化于读写教学。"预习指引"按照教学模式第一层次所设置的教学程序来设计学生的学习内容，将教学模式第一层次的教学内容与教学步骤落实在具体的课文学习中。例如，"模块一 初读课文"学习的基本内容是：学习阅读理解方法，建构、运用语文知识概念结构。"预习指引"首先设计了"阅读步骤"，指引学生在初读课文时，先预测具体内容与结构，以此作为具体的阅读理解目标浏览课文，在浏览时运用文章结构知识，调整阅读理解目标，判断文章结构，迅速梳理内容的，并用思维导图呈现阅读结果。此外，所设计的"阅读思考"指引学生针对具体的阅读内容，反思自己是如何确认文章结构、如何梳理内容的，是哪些具体的课文信息为自己的判断与理解提供了支持，遇到某个不懂的词语时是如何处理的等阅读思维过程，学习、积累阅读理解方法。这个过程就是语文知识概念结构的建构过程，同时也是运用概念结构帮助阅读理解的过程。又如"模块二 我的感悟"基本学习内容是：课文内容的理解与感悟。"预习指引"的设计是让学生用一种简短的语言形式，表达自己解读课文的结果或者感悟。根据课文具体内容的不同，设计的学习活动有所不同。可以是重拟题目、为××加修饰语、写广告语、写颁奖词等。这就是将教学模式第一层次的基本教学内容与教学步骤具体化。从这个意义上看，"预习指引"就是为完成具体的学习任务所搭建的学习支架。

"预习指引"还承载着学习方法的教学任务。"预习指引"不仅要引导学生完成眼前的学习任务，还要指导学生学会学习的方法，它承载着培养学生学习能力、提高学生思维品质的任务。例如，阅读步骤、阅读思考、批注提示、

批注范例、评价量规等就是学习方法的指导。因此，我们可以将"预习指引"看成是基于脑的语文教学模式派来的"天使"，"天使"的任务是：一方面要指导学生有效自学，完成眼前学习任务，另一方面还要为学生的长远发展提供支持，让学生成为独立的学习者。

"预习指引"是所有教学环节顺利展开的奠基者。从教学环节来看，实施基于脑的语文教学模式的第一个教学环节是自主学习，这是所有教学环节展开的第一步，是其他教学环节是否能顺利、有效实施的基础。而自主学习的学习任务，就是完成"预习指引"的作业。课堂教学的每一个环节都围绕"预习指引"的内容并根据学生完成学习任务的情况开展教学，学生在自主学习环节中的学习兴趣与学习效果直接影响到课堂教学所有环节的展开。所以，对于课堂教学而言，"预习指引"是保证其高效学习的基础。

"预习指引"是教学设计的重要内容。从教学设计的角度上看，"预习指引"是教师教学设计时首先下笔的地方，是第一项需要设计的教学内容。实施基于脑的语文教学的第一步是教师设计"预习指引"，教师通常要以学生的身份经历一遍自主学习，为学生设计"预习指引"，然后再根据"预习指引"设计教师自己的教。正所谓先设计"学"，再设计"教"。因为"预习指引"容纳了教学模式第一层次的内容，所以，设计"预习指引"就是从学习者的角度设计所有的教学内容。当教师已经设计好"预习指引"的时候，其实"学什么，怎么学"的内容已经设计完毕，再增加"怎么教"，一份完整的教学设计就完成了。所以"预习指引"既是教学设计的首项内容，也是教学设计的重要内容。

其实，"预习指引"的内容"流动"在基于脑的语文教学模式所有程序、每个环节、每项学习活动中。"预习指引"对学生自主学习能力培养的程度影响着"流动"的质量，"预习指引"在基于脑的语文教学模式中占据重要的位置，是基于脑的语文教学模式重要的组成部分。

三、"预习指引"的设计

1."预习指引"设计的基本原则

"预习指引"在基于脑的语文教学实施中举足轻重，设计"预习指引"

需要遵循以下基本原则：

（1）严格按照基于脑的语文教学模式第一层次中模块学习的内容与顺序设计教学内容。

（2）设计"预习指引"之前，教师本人必须独立完成课文的阅读，经历阅读理解的过程。

（3）凡是在"预习指引"中要求学生完成的作业，教师自己必须先独立完成。

2."预习指引"的基本内容

"预习指引"基本内容相对固定。其一，"预习指引"按照语文教学模式第一层次中模块学习的内容与顺序进行教学设计，基本内容相对固定；其二，"预习指引"充实了模块学习的内容，将模块学习的基本内容具体化、活动化。

"模块一 初读课文"包括两项学习内容："阅读步骤"与"阅读思考。

"阅读步骤" 是阅读理解思维过程的外显化与步骤化。基于脑的语文教学根据不同类型、不同体裁的文章在阅读理解过程中的思维特点，分别为现代文、文言文、诗歌的阅读设置了不同的"学习步骤"（表3.2）。在教学设计时教师选择与所学课文对应的学习步骤即可。如《安塞腰鼓》是现代文，所以根据"现代文阅读步骤"为学生设计"预习指引"（详见表3.1）。

表3.2　现代文、文言文、诗歌学习步骤

现代文阅读步骤	文言文阅读步骤	诗歌学习步骤
步骤一：审题建立内在阅读理解目标——预测内容与文章结构； 步骤二：浏览课文——验证预测，边读边思考； 步骤三：反复读课文，以思维导图梳理课文。	步骤一：审题建立阅读理解目标——预测课文内容并利用教材提示和注释，建立"场景"； 步骤二：浏览课文——利用场景信息，验证预测，了解课文梗概； 步骤三：借助解释，联系上下文逐句读懂全文。	步骤一：审题建立阅读理解目标——预测"景"与"情"； 步骤二：浏览诗歌，边读边思考，找到问题答案； 步骤三：联想和想象诗歌为你描绘的画面，反复诵读全诗。

"阅读思考"以"问题"的形式提出思考的范围与内容。所提"问题"

一般从两个角度着眼：

其一，如何利用篇章结构知识帮助阅读理解。例如，表3.1《安塞腰鼓》预习指引：你是什么时候确定文章结构的？是哪些信息告诉你的？根据课文内容和学生实际，"提问"可以略有变化。如，表2.2《鱼游到了纸上》预习指引，文章是在写一件完整的事吗？如果是，是哪些信息告诉你的？如果不是，你是通过什么信息否定的？

其二，遇到不理解的词语可以采用什么策略。如，表3.1"阅读过程中遇到不懂的词语时你是怎样想的？"在指导学生学习词语理解时，尤其需要指引学生关注阅读过程的细节，让学生举例说明具体情境。如"在阅读过程中你遇到不懂的词语是怎么想的？将具体的例子与同学分享。"该提问设计需要达到指引学生认真反思在阅读情境中自己真实的所思所想。

"模块二 我的感悟"通常包括三项学习活动，如表3.1《安塞腰鼓》预习指引。

活动1的设计意图是：提供一种语言形式，让学生能概括、表达自己对课文内容独到的解读结果，培养学生的概括能力与表达能力。目前同类活动有为×××加修饰语、为×××写颁奖词、写为×××广告语、用一两个词语表达你的读后感等。如果课文是写人的，学习内容通常是为课文中的×××加修饰语；如果课文是说明文，则可以考虑为×××写一句广告语；对于一些富有哲理的课文，还可以采用判断句的形式让学生填空，如生命是（   ）、书是（   ）等。这项学习活动为学生所提供的语言形式除了能让学生有效地概括阅读理解结果之外，还要求语言形式必须简短，能让学生在课堂有限的时间内聆听到同伴尽量多的解读结果。对于这项学习活动，老师们可以在未来的实践中创造出更多新的语言形式。此外，活动1通常为必选学习活动，活动2、3可以根据课文的具体情况有所取舍。比如，诗歌教学，可选择活动3而取消活动2，有的课文不是特别适合朗读，可以取消活动3。

"模块三 我的发现"，一般包括3~4项具体的学习内容（见表3.1）。该模块需要指导学生学习语言结构和表现手法，是读写结合的重要学习活动。具体做法是让学生通过自己的"批注"发现课文精彩的布局谋篇、表达方式，为后面的小练笔做好铺垫（"批注"设计将在稍后详细介绍）。

"模块四　我的练笔"与"模块三 我的发现"是紧密相关的两个学习模块。练笔的训练内容和要求以学生在模块三的学习中所发现的语言结构、写作特点为依据。该模块必须为学生设计练笔的"评价量规"，所设计的"评价量规"简洁、操作性强，便于学生使用。另外，模块四是一个机动模块，不需要进行练笔的情况下，取消该模块教学。

"模块五　找规律"是课文结构的比较学习，帮助学生建构、巩固语文知识概念结构。通常在单元最后一篇课文的教学时设计该项学习活动，让学生通过单元课文思维导图的比较，建构、巩固文章结构图式，同时也让学生在思维导图的比较中进一步学习画思维导图。此外，模块四也是一个机动模块，不需要进行该项学习活动时取消该模块教学。

"模块六　基础知识操练"学习主要内容包括掌握生字词、掌握相关文学知识、了解相关人文知识。

在"预习指引"的设计中，模块顺序的设计要注意以下几点：

（1）按照基于脑的语文教学模式第一层次的顺序设计"预习指引"。

（2）如果取消机动模块的教学（模块四、模块五）时，后面模块的顺序前移。如取消"模块五 找规律"，"模块六 基础知识操练"的顺序前移为"模块五 基础知识操练"；如同时取消"模块四 我的练笔"和"模块五　找规律"，"模块六　基础知识操练"的顺序前移为"模块四　基础知识操练"。

（3）在课堂教学时，根据教学需要，可以将生字词的学习放在第一个教学环节，但不能将"生字词的学习"标识为"第一模块"，应还原"预习指引"的模块顺序，尊重学生的学习经历。

3."批注"的教学设计

"批注"是指导学生学习语言结构知识和文章布局谋篇知识的方法和手段。我们先了解有哪些学习内容是需要学生通过"批注"的形式去学习的，教师可以怎样为学生设计"批注"指引。

第一，指导学生对课文篇章结构进行"批注"。试以《安塞腰鼓》"预习指引"模块三、四为例（表3.1；表3.3）。

表3.3　《安塞腰鼓》原文

安塞腰鼓

一群茂腾腾的后生。

他们的身后是一片高粱地。他们朴实得就像那片高粱。

咝溜溜的南风吹动了高粱叶子，也吹动了他们的衣衫。

他们的神情沉稳而安静。紧贴着他们身体一侧的腰鼓，呆呆地，似乎从来不曾响过。

但是：

看！——

一捶起来就发狠了，忘情了，没命了！百十个斜背响鼓的后生，如百十块被强震不断击起的石头，狂舞在你的面前。骤雨一样，是急促的鼓点；旋风一样，是飞扬的流苏；乱蛙一样，是蹦跳的脚步；火花一样，是闪射的瞳仁；斗虎一样，是强健的风姿。黄土高原上，爆出一场多么壮阔、多么豪放、多么火烈的舞蹈哇——安塞腰鼓！

这腰鼓，使冰冷的空气立即变得燥热了，使恬静的阳光立即变得飞溅了，使困倦的世界立即变得亢奋了。

使人想起：落日照大旗，马鸣风萧萧！

使人想起：千里的雷声万里的闪！

使人想起：晦暗了又明晰、明晰了又晦暗、尔后最终永远明晰了的大彻大悟！

容不得束缚，容不得羁绊，容不得闭塞。是挣脱了、冲破了、撞开了的那么一股劲！

好一个安塞腰鼓！

百十个腰鼓发出的沉重响声，碰撞在四野长着酸枣树的山崖上，山崖蓦然变成牛皮鼓面了，只听见隆隆，隆隆，隆隆。

百十个腰鼓发出的沉重响声，碰撞在遗落了一切冗杂的观众的心上，观众的心也蓦然变成牛皮鼓面了，也是隆隆，隆隆，隆隆。

隆隆隆隆的豪壮的抒情，隆隆隆隆的严峻的思索，隆隆隆隆的犁尖翻起的杂着草根的土浪，隆隆隆隆的阵痛的发生和排解……

好一个安塞腰鼓！

后生们的胳膊、腿、全身，有力地搏击着，疾速地搏击着，大起大落地搏击着。它震撼着你，烧灼着你，威逼着你。它使你从来没有如此鲜明地感受到生命的存在、活跃和强盛。它使你惊异于那农民衣着包裹着的躯体，那消化着红豆角老南瓜的躯体，居然可以释放出那么奇伟磅礴的能量！

黄土高原啊，你生养了这些元气淋漓的后生；也只有你，才能承受如此惊心动魄的搏击！

多水的江南是易碎的玻璃，在那儿，打不出这样的腰鼓。

除了黄土高原，哪里再有这么厚这么厚的土层啊！

好一个黄土高原！好一个安塞腰鼓！

每一个舞姿都充满了力量。每一个舞姿都呼呼作响。每一个舞姿都是光和影的匆匆变幻。每一个舞姿都使人颤栗在浓烈的艺术享受中，使人叹为观止。

愈捶愈烈！好一个痛快山河、蓬勃了想象力的安塞腰鼓！形体成了沉重而飞扬的思绪！

愈捶愈烈！思绪中不存任何隐秘！

愈捶愈烈！痛苦和欢乐，生活和梦幻，摆脱和追求，都在这舞姿和鼓点中，交织！旋转！凝聚！奔变！辐射！翻飞！升华！人，成了茫茫一片；声，成了茫茫一片……

当它夏然而止的时候，世界出奇的寂静，以至使人感到对她十分陌生了。

简直像来到另外一个星球。

耳畔是一声渺远的鸡啼。

　　课文"安塞腰鼓"描绘了安塞腰鼓表演的宏大场面。从文章结构上看，其外在的结构是一个大场面描写，包含三个镜头（小场面）：舞步、鼓声、后生们，其内在的构思则是"所见—所闻—所感"。即以"所见—所闻—所感"的写作思路描述了安塞腰鼓表演的场面（详见图1.2《安塞腰鼓》文章结构）。

　　模块三的设计，通过画线"＿＿＿"与"﹏﹏﹏"，让学生发现课文内在的结构，还让学生通过自己的画线，比较作者表达感受和情感的不同层次及其写作效果，为我们如何指导学生通过"批注"发现课文结构提供了实例，也为我们如何在指导学生批注课文结构的同时，批注修辞方法、批注精彩的词语提供了实例。

　　另外，模块三、四还为"批注"如何与"练笔"紧密结合提供了实例。所以，从本质上讲，批注不仅是为了让学生发现课文结构与写法，更是为了让学生会用这种结构来表情达意。从这个意义上说，模块三、四的教学设计也提醒我们，在为学生设计"批注"的内容对象时，要从"怎样写"的角度看文章，从"怎样写"的角度设计所"批注"的内容。

　　第二，指导学生对课文的片段进行"批注"。试以《鱼游到了纸上》的教学设计为例（表3.4；表3.5）。

表3.4　《鱼游到了纸上》原文

鱼游到了纸上

　　西湖有很多地方可以观鱼。我喜欢花港，更喜欢"泉白如玉"的玉泉。

　　玉泉的池水清澈见底。坐在池边的茶室里，泡上一壶茶，靠着栏杆看鱼儿自由自在地游来游去，真是赏心悦目。茶室的后院还有十几缸金鱼呢，那儿也聚集着许多爱鱼的人：有老人，有孩子，也有青年。

　　就在金鱼缸边，我认识了一位举止特别的青年。他高高的身材，长得很秀气，一对大眼睛明亮得就像玉泉的水。

　　说"认识"，其实我并不了解他，只是碰到过几次罢了。说他"特别"，因为他爱鱼到了忘我的境界。他老是一个人呆呆地站在金鱼缸边，静静地看着金鱼在水里游动，而且从来不说一句话。

　　一个星期天，我到玉泉比平时晚了一些。金鱼缸边早已挤满了人，多数是天真活泼的孩子。这些孩子穿着鲜艳的衣裳，好像和金鱼比美似的。

"哟！金鱼游到了他的纸上来啦！"一个女孩惊奇地叫起来。

我挤过去一看，原来是那位青年静静地画画。他有时工笔细描，把金鱼的每个部位一丝不苟地画下来，像姑娘绣花那样细致；有时又挥笔速写，很快地画出金鱼的动态，仿佛金鱼在纸上游动。

围观的人越来越多，大家赞叹着，议论着，唯一没有反应的是他自己。他好像和游鱼已经融为一体了。

我仍旧去茶室喝茶，等到太阳快下山才起身往回走，路过后院，看到那位青年还在金鱼缸边画画。他似乎忘了时间，也忘了自己。

"你真专心哪！"我忍不住轻声问他。没想到他头也不抬，理也不理我。

"好骄傲的年轻人。"我正想着，目光落到他胸前的厂徽上，心不由得咯噔一跳！"福利工厂"，原来，他是个聋哑人！

我们开始用笔在纸上交谈。他告诉我，他学画才一年多，为了画好金鱼，每个星期天都到玉泉来，一看就是一整天，常常忘了吃饭，忘了回家。

我把那个女孩说的话写给他："鱼游到了你的纸上来啦！"

他笑了，笑得那么甜。他接过笔在纸上又加了一句："先游到了我的心里。"

表3.5 《鱼游到了纸上》预习指引（模块三、四）

模块三　我的批注与发现

1. 精读2~4段，完成以下学习任务：

（1）找到描写"青年"外貌、神态的句子，用"〜〜〜"线做标记并批注。如，批注：外貌描写，写出了……。

（2）找到从"我"的角度介绍青年的句子，用。。。。。做标记。

（3）找到描写环境（背景）的段落，用"＿＿＿"线做标记，边上批注"背景描写"。

2. 分别将"5~8段"和"9~14"段作为一个完整的片段逐一精读，完成以下学习任务：

（1）找到描写环境（或背景）的段落的用"＿＿＿"线做标记，在边上批注"背景描写"。

（2）找到对"青年"动作、神态、语言描写的句子或段落，用"﹏﹏"线做标记，在边上批注"正面描写"。另外，对其中你认为精彩的描写也做批注。

（3）找到"我"和其他人的语言、动作、感受等描写，用。。。。。做标记，在边上批注"侧面描写"。另外，对其中你认为精彩的描写也做批注。

3. 试比较2~4、5~8、9~14三个片段的画线与批注，你发现了这三个片段有什么相同的地方吗？你发现课文的写作特点了吗？准备与同学分享。

模块四　我的小练笔

场面描写小练笔。

你可以选择"小区里的人和事"、"家中小事"、"教室的一角"、"令我感动的瞬间"、"我忘不了的一幕"等场面，学习课文的写法，写一场面（3~4段）。

小练笔要有简单的背景描写，有对主要人物的正面描写，也有对其他人物的侧面描写。

我的小练笔评价工具

评价标准	优	良	加油
有环境（背景）描写，语言流畅			
有对主要人物的正面描写，描写真实，符合人物身份			
有其他人物的侧面描写，描写真实，符合人物身份			
层次分明，没有错别字，没有病句			

课文通过三个场面描写，为我们介绍了一位专心致志画画、让鱼游到了纸上的聋哑青年（图3.1）。

三个场面就是三个片段。这三个场面描写的构思基本相同"背景—正面描写—侧面烘托"。表3.5指引学生所批注的内容，包括了片段批注、表现方法批注和词语批注。

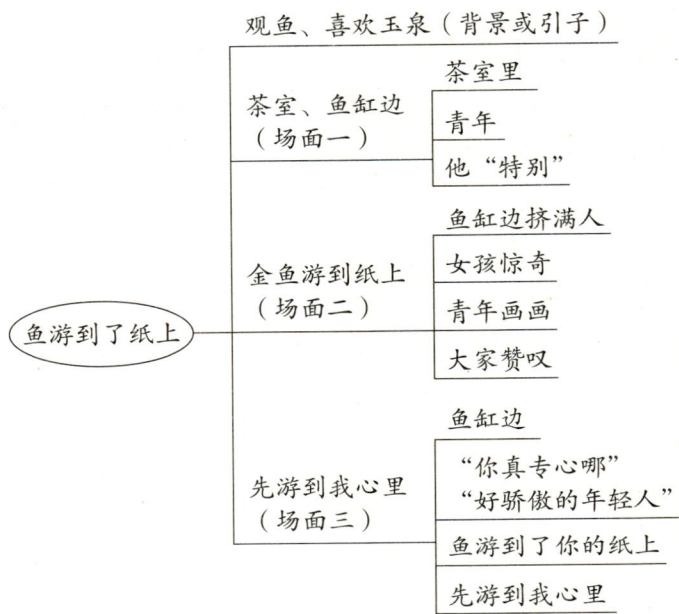

观鱼、喜欢玉泉（背景或引子）

```
                                 茶室里
          茶室、鱼缸边          青年
          （场面一）            他"特别"

                                 鱼缸边挤满人
          金鱼游到纸上          女孩惊奇
鱼游到了纸上   （场面二）            青年画画
                                 大家赞叹

                                 鱼缸边
          先游到我心里          "你真专心哪"
          （场面三）            "好骄傲的年轻人"
                                 鱼游到了你的纸上
                                 先游到我心里
```

图3.1　《鱼游到纸上》文章结构

（1）指引学生通过批注发现这三个场面的写作构思。表3.5指导学生用三种线条分别对"背景"、"正面描写"、"侧面描写"画线，让学生浏览自己的画线，在三个片段的比较中发现其构思特点。

（2）指引学生对表现方法做批注。其一，指导学生认识什么是"正面描写"，什么是"侧面描写"；其二，指引学生对各种表现方法做批注。

（3）指引学生对精彩的词语做批注。

另外，表3.5还为我们如何进行读写结合提供了范例。

关于如何设计课文片段的批注，你还可以回看第一章表1.1《姥姥的剪纸》原文和表1.2《姥姥的剪纸》预习指引（节选），加深对相关内容的认识。

第三，指导学生对自然段进行"批注"。从三年级开始，指导学生批注自然段，让学生通过自然段的批注，认识段的结构，并为文章基本结构的学习打下基础。一些段的基本结构：总分、并列、概括与具体、所见所闻所感等，都是需要指导学生批注的。例如，《赵州桥》第二自然段和第三自然段就是"具体与概括"结构的段落。即段落的第一句概括全段内容，后面的内容围绕第一句具体描述。如第二自然段："赵州桥非常雄伟。桥长五十多米，有九米多宽，中间行车马，两旁走人。这么长的桥，全部用石头砌成……"第一句概括地写，后面的句子具体描述说明。教师可以指导学生对第一句画线并批注，让学生思考后面的内容与第一句的关系，并且对如何写"具体"的相关句子、词语做批注，让学生从中掌握"概括与具体"结构的段落。

需要指导学生批注的自然段，除了课文中总分、并列、概括具体、所见所闻所感等一些基本结构的段落外，课文第一段、课文最后一段、与课文插图相关的段，通常根据教学需要，也要指导学生学习批注。

第四，指导学生对课文内容进行"批注"。课文内容一般不作为批注的重点，但是一些与主题紧密相关，而且富有哲理、含义深刻的段落、句子，需要指引学生批注。如七年级语文《走一步，再走一步》最后一段："我提醒自己，不要想着远在下面的岩石，而要着眼于那最初的一小步，走了这一步再走下一步，直到抵达我所要到的地方。这时我便可以惊奇而自豪地回头看看，自己所走过的的路程是多么漫长。"这段话是课文主旨所在，意义深远。教师可以这样指导学生批注：请精读课文最后一段，将你的读后感作为批注，写在书的空白处。

以上"批注"的内容是针对现代文教学的，诗歌教学中的"批注"内容与现代文有所不同。

第五，指导学生对诗歌进行"批注"。感悟诗歌的意境是诗歌教学的重要内容，"批注"的教学设计首先考虑对诗歌意境的领悟。其一，指导学生批注描写"景"的重点词语和句子；其二指导学生批注蕴含"情"的词语和句子。另外，诗歌的特点以及常用的表现手法，如"象征、比喻、对仗、押韵"等也是需要指导学生通过批注去理解和发现的。试以《未选择的路》预习指引模块三的设计为例（表3.6）。

表3.6 《未选择的路》预习指引（模块三）

> 模块三 我的批注与发现
>
> 1. 诗歌让你看到了什么画面？将你看到的画面与同学分享。
>
> 2. 在这些画面中，对其中你认为精彩的描写景物的诗句、词语用____线做标记，并写批注；同时也对你认为精彩的蕴含作者情感的诗句、词用____线做标记，并写批注。
>
> 3. 对诗歌中的"路"你有什么感悟，将你的感悟作为批注写在书的空白处。
>
> 4. 浏览自己的画线和批注，结合你对"路"的理解，你认为这首诗有什么写作特点？将你的发现与同学分享。

《未选择的路》是美国诗人弗罗斯特的作品。该诗富有哲理，意境深远，诗歌所描绘的画面是情景交融的。表3.6的教学设计，让学生分别从"景"与"情"的角度做批注，能让学生发现，一些好像是抒发情感的诗句，其实也是诗歌画面中的"景"，一些具体描写景物的诗句，其实也是情之所在。进而让学生发现，好的诗歌就是情景交融的画面，这就是意境。

我们探讨了现代文与诗歌教学的"批注"设计，我们还需要探讨文言文"批注"的教学设计。

第六，指导学生对文言文进行"批注"。文言文教学"批注"的重点与现代文教学"批注"的重点有所不同，如果说现代文的"批注"重点是篇章结构、段的结构以及表现方法的话，文言文"批注"的重点则是词语和句式，同时还要让学生在"批注"中发现文言文的语法现象及其规律。

在文言文的教学中，"模块一 初读课文"要求学生通读课文，理解基本内容。经历了"模块一 初读课文"的学习，学生对文言词语的理解是基本过关的。"模块三 我的批注与发现"的教学重点只是指导学生在精读课文的过程，归纳并发现文言词语与文言语法的特点及其规律，进一步巩固对相关词语的理解、巩固对相关语法现象与成语等的理解。试以《孙权劝学》模块三的教学设计为例说明具体情况（表3.7；表3.8）。

表3.7 《孙权劝学》原文

孙权劝学
初，权谓吕蒙曰(2)："卿(3)今当涂(4)掌事，不可不学！"蒙辞(5)以军中多务(6)。权曰："孤(7)岂欲卿治经(8)为博士(9)邪(10)！但当涉猎(11)，见往事(12)耳。卿言多务，孰若孤？孤常读书，自以为大有所益。"蒙乃(13)始就学。及(14)鲁肃过(15)寻阳(16)，与蒙论议，大惊曰："卿今者才略(17)，非复(18)吴下(19)阿蒙(20)！"蒙曰："士别三日，即更(21)刮目相待(22)，大兄(23)何见事(24)之晚乎！"肃遂拜蒙母，结友而别。

表3.8 《孙权劝学》预习指引（模块三）

模块三 我的批注与发现
1. 找到课文中的人称代词，用横线做标记，并将现代文的意思作为批注写在边上，对文言中的人物称谓你有什么发现？准备与同学分享。 　　2. 你在翻译课文的时候，有哪些地方补充了人称，找出来与同学分享。你为什么要补充？你以什么为依据补充？将你的想法告诉同学。 　　3. "孤岂欲卿治经为博士邪！""但当涉猎，见往事耳！""大兄何见事之晚乎！"翻译这三句话的语气词，它们的古今差异在哪里？将你的思考告诉同学。 　　4. "卿今者才略，非复吴下阿蒙！""士别三日，即更刮目相待。"找到这两句话，用＿＿＿线做标记，将你的理解作为批注写下来。

　　表3.8模块三的教学设计，旨在指导学生在理解课文内容的基础上积累文言知识，找到学习文言文的方法。例如，让学生用比较的方法，积累文言中人称代词相关知识，积累文言中语气词（包括通假字）的相关知识；让学生关注在自己翻译文言过程所"补充"的内容，发现在理解文言的时候，是需要根据上下文的意思，补充内容；还让学生积累与成语有关的文言知识。

　　指导学生掌握文言文阅读理解的方法是批注教学设计的重要内容之一。比如，让学生在自己的"批注"及其归纳中发现现代文的词语以双音节为主，文言文以单音节为主；比如，将"保留、调整、调换、增补、删除"这些最基本的文言阅读理解方法渗透在批注中，让学生在理解具体课文的过程中，归纳、掌握、运用这些基本的方法。让学生知道在文言文的阅读理解中，有的句子需要调整词序来理解；有的词语需要调换成另一个词来理解；有的句子需要根据上下文的意思增补一些内容来完整理解；有的词语只有语法意义没有具体的意思，理解内容的时候可以删除；而人名、时间等则通常直接保留原意理解等等。

当你对"批注"的内容对象及其如何设计的基本情况有所了解之后，我们一起去探讨指导学生学习"批注"的策略。

指导学生循序渐进、由浅至深地学习"批注"，是"批注"教学设计的基本策略。

第一，从宏观上把握"循序渐进"。其一，由批注词语、句子过渡到批注段。先指导学生学习批注词语、句子，视学生的能力发展，再进入段的批注。其二，从自然段的批注过渡到片段的批注。三年级开始，指导学生学习以段为主的批注。通常在三年级第一学期，完成对"总分（总）、并列、概括与具体、所见所闻所感等段落的结构认知和批注，然后过渡到片段及全文批注。其三，由画线显示结构关系过渡到不用画线，直接标记结构关系。自然段、片段、全文结构的批注，开始需要通过画线来区别、判断结构层次。随着学生能力的提高，可以不用画线，直接在相关内容边上的空白处写批注，点明其结构特点及其布局谋篇的精妙。

第二，循序渐进地"批注"修辞格和文学表现方法。其一，指导学生对修辞格和文学表现方法进行批注，先明确该修辞格或表现方法的概念，再过渡到对该修辞格或者表现方法的意义或作用进行简洁的陈述。例如，对课文中精彩的人物外貌描写做批注。开始仅让学生找到相关的段落或句子，在边上标注："外貌描写"。这就是明确概念。在学生掌握相关概念的基础上，指导学生学会简洁地陈述该表现方法的意义或作用。如："外貌描写，形象地勾勒出人物外貌。"其二，深入、开放地批注。随着学生能力的提高，指导学生在批注中增加自己的联想或感受，对表现方法或修辞格做进一步的批注。如："外貌描写，形象地勾勒出人物外貌，让我们仿佛如见其人，如闻其声，尤其是对人物眼睛的描写，虽然寥寥几笔，已经为我们传递出人物性格中刚毅的一面。"

第三，循序渐进地"批注"句子。其一，对复句的学习，一般采用"圈出"关联词、读与悟、不批注的教学策略。一般情况下三年级下学期之后，学生的批注重点在段，不再进行复句关联词的圈出。其二，显示课文结构重要标记的句子，采用明确概念与意义、简洁批注的教学策略。如：赵州桥非常雄伟。批注："概括句"。其三，深入、开放地批注。随着学生能力的提升，指导学生从更深入、更开放的角度对句子做批注。如：赵州桥非常雄伟。批注："概括句，概括了赵州桥的特征，起到提纲挈领的作用，可以帮助读者迅速抓住主要内容。"

第四，循序渐进地"批注"词语。其一，仅"圈出"不"批注"。表示句子结构的连词，仅要求学生圈出并体会其中的意义，不要求对这些词语做批注，而且这类词语的"圈出"一般作为在一、二年级学习句子的教学策略；在课文结构起关键作用的，表示课文逻辑关系的词语，在段的第一句表现空间转换、时间变化、描写对象变化等的词语通常是"圈出"，不一定批注。其二，由"圈出"过渡到"批注"。低年级的学生或者新接触"批注"的学生，采用由"圈出"过渡到"批注"的策略。二年级和三年级第一学期的教学，或者新接触批注的其他年级，在"批注"的教学设计中，仅要求让学生用笔圈出词语，并想办法理解词的意思，准备和同学分享，不做批注。随着学生能力的提高，可以在"圈出"的基础上增加批注。其三，简洁批注。让学生以批注的形式，表达对新学的词语的理解。对这一类批注，简洁即可。比如：白发苍苍，批注："头发灰白"。其四，由"简洁"过渡到"深入、开放"。所谓深入就是"批注"更深入、更具体。所谓开放，指学生在批注中展开联想，有自己的感受或有独到的见解。如：赵州桥非常雄伟。简洁地批注："雄伟，概括了赵州桥的特征。"随着学生的能力提高，引导学生往更具体的角度去写批注。如：赵州桥非常雄伟。批注："雄伟，准确概括了赵州桥的特征，全段内容围绕'雄伟'展开具体描述与介绍。"如果学生感兴趣，结合自己对桥梁的知识的了解，从物理学的角度对桥设计的科学性去批注，或者表达自己独特的见解，老师要积极鼓励。

"批注"的教学设计是难点，与教师解读教材的程度紧密相关，与教师是否以语文知识概念结构意识来处理教材相关。教师首先需要发现阅读材料语言结构及其构思的精妙之处，才能设计出好的"批注"指引。

第二节　设计学习目标

教学目标（或学习目标）是学习者通过教学后应表现出来的可见行为的具体的、明确的表述。教学目标的分析与确立是学科教学设计中一个甚为重要的环节，它决定着教学的总方向。学习内容的选择、教与学的活动设计、教学策略和教学模式的选择、学习环境的设计、学习评价的设计都要以教学目标为依据来展开。我们试通过七年级语文《走一步，再走一步》两组不同的学习目标的比较来进行分析。

例：《走一步，再走一步》学习目标

第一组学习目标

知识与技能

1. 掌握生字词，听写过关。

2. 能借助思维导图梳理课文内容与结构并复述故事情节。

3. 能给课文中"心理描写"和"对话描写"的句子做批注，并说出其在文章中的作用。

4. 能条理清楚地记叙自己克服困难的一件事，能运用心理描写与对话描写推进故事情节的展开，能表达事情给予自己的感悟与启发。

过程与方法

1. 经历自主学习过程，体验建立内在阅读理解目标的阅读理解过程，能说出自己如何边读边思考。

2. 经历合作学习过程，能与同伴合作学习，能从欣赏的角度评价同伴。

3. 能借助在线学习，发表观点，请教同学、老师，或者帮助同学。

情感态度价值观

1. 懂得"走一步，再走一步"蕴含的生活哲理，能用其解释自己生活中的问题。

2. 喜欢语文学习，积极参与自主学习、在线学习和课堂学习活动，主动完成所有作业。

第二组学习目标

教学目的

1. 了解本文的结构特点。

2. 培养学生复述课文的能力，指导学生有感情地朗读课文。

3. 引导学生正视困难并积极地克服困难。

教学重点

1. 培养学生复述课文的能力。

2. 引导学生正视困难并积极地克服困难。

上述两组学习目标虽然是针对相同课文的教学，但是两者有非常明显的差异，我们试通过以下三个问题的探讨，来规范学习目标的陈述。

一、学习目标陈述的是学习者行为

首先，学习目标要求陈述的是学习者的行为。第一组学习目标陈述的是学生的行为。比如，掌握生字词、听写过关；能借助思维导图梳理课文内容与结构并复述故事情节；能给课文中心理描写和对话描写的句子做批注，并说出其在文章中的作用；能学习课文写作上的特点，条理清楚地记叙自己克服困难的一件事，运用心理描写与对话描写推进故事情节的展开，并表达事情给予自己的感悟与启发等等。所陈述的都是学生的行为。

第二组学习目标绝大部分陈述的是教师的行为。例如，除了"了解本文的结构特点"陈述的是学生的行为之外，其余"培养学生复述课文的能力，指导学生有感情地朗读课文"、"引导学生正视困难并积极地克服困难"所陈述的都是教师的行为。

二、学习目标必须具体、明确、可检测

学习目标必须是具体的、明确的，可以检测的。第一组学习目标是具体、明确、可检测的。例如，懂得"走一步，再走一步"蕴含的生活哲理，能用其解释自己生活中的问题；喜欢语文课的学习，积极参与课堂学习活动，主动完成所有作业，都陈述了具体、明确、可检测的学生行为。

第二组学习目标没有陈述学生具体、明确、可检测的行为。例如，"了

解本文的结构特点"、"培养学生复述课文的能力，指导学生有感情地朗读课文"、"引导学生正视困难并积极地克服困难"，所陈述的都不是具体、明确、可检测的学生行为。

三、学习目标要考虑学生全面发展

教师设计学习目标，需要考虑学生的全面发展。如果我们从"知识与技能"、"过程与方法"、"情感态度价值观"三个维度考虑学习目标的设计，通常就能保证其全面性。第一组学习目标包括了三个维度，体现了学习的综合性，符合新课程标准；第二组学习目标比较简洁，但不够全面，对于过程与方法完全没有涉及。

在第一组学习目标中，我们能看到它以学生为本、关注学生全面发展的教育理念，也能看到它背后的相关学习理论。在实现这组学习目标的过程中，学生在多种学习方式下学习，需要学生动手、动脑的学习活动多，要求高且涉及的领域广。比如，会用思维导图画课文结构图、能归纳自己的阅读思维方法、会批注、能用课文所蕴含的哲理解释自己的生活问题、能从欣赏的角度评价同伴、能以"心理描写""动作描写"的方法叙述一件事（作文）等等，对学生语文能力的培养是多方面的，要求也是高的。

我们再仔细琢磨其中过程与方法目标。目标1："经历自主学习过程，体验建立内在阅读理解目标和阅读理解过程，能说出自己如何边读边思考。"这是针对自主学习的目标，该目标抓住了解决问题的本质。因为是否懂得建立内在阅读理解目标是衡量个体阅读质量一个非常重要的指标。在阅读实践中，建立内在阅读理解目标是一个动态的边读边思考的过程，学习目标要求学生能说出自己边读边思考的过程，无疑是抓住了问题的本质。目标2："经历合作学习过程，能与同伴合作学习，能从欣赏的角度评价同伴。"该学习目标告诉我们，学生需要在合作学习的方式下学习，怎样与同伴合作，怎样掌握合作技巧，这是需要学生学习的，而学会欣赏同伴的评价方法，就是合作学习非常重要的合作技巧。目标3："能借助在线学习，发表观点，请教同学、老师，或者帮助同学。"该学习目标告诉我们，学生需要在线学习，利用网络资源与学习平台帮助自己学习，并在其中学习网络交流与网络礼仪。

相对于第一组学习目标，第二组学习目标要求学生学习的知识并不多，只需要了解课文结构、有感情朗读课文、知道要正视困难与克服困难等，而且学习没有需要落实到学生具体行为的指标，这样的学习目标我们基本可以预测到其课堂教学效果。

所以，要判断一个教学设计的质量时，浏览教学目标就可以对里面的内容设计有大概的了解。我们可以通过教学目标，初步判断教师的教学思路是否清晰，甚至可以对课堂教学效果有一个初步的估计。基于脑的语文教学设计要求教师重视学习目标的制定，所制定的学习目标做到：第一，陈述的对象是学生的行为；第二，学习目标必须是具体的、明确的、可检测的；第三，学习目标包括三维：知识与技能、过程与方法、情感态度价值观。

第一组目标是基于脑的语文教学的学习目标。这一学习目标并不仅仅局限于课堂教学，而是涵盖了课外的自主学习和网络学习，这也体现基于脑的语文教学的理念——为学生创造适合脑的学习，让学生成为独立的学习者。在基于脑的语文教学中，学习目标的设计所考虑的范围要大于课堂教学，涵盖了围绕一篇课文或者学习主题，学生课内、课外的有关行为。

第三节　设计课堂教学

基于脑的语文教学设计包含两大部分的内容，一是设计"预习指引"；二是设计课堂教学。学生按照"预习指引"的设计接触了比较全面、完整的学习内容之后，课堂教学的内容该如何设计？学生预习的内容与课堂教学的内容是什么关系？有哪些对应的教学策略？这些都是本节课我们将探讨的问题。

一、"预习指引"是课堂教学基本内容

从前面的内容中我们知道，"预习指引"的内容根据基于脑的语文教学模式的程序所设计，包含了课文学习及其读写训练的基本内容：（1）初读课文梳理内容与结构；（2）感悟、概括、表达对课文内容的理解；（3）理解、归

纳、发现课文写法及其布局谋篇精妙之处；（4）迁移小练笔；（5）自学生字词及相关文学、人文知识。我们还知道，"预习指引"的学习内容由学习者个体独立完成，课堂教学通常围绕学生已经学习过的内容进行学习小组分享与讨论，然后在全班分享与评价反馈。所以，"预习指引"中的学习内容就是课堂教学的基本内容。

二、"生成"是课堂教学具体内容

"生成"是课堂教学的具体内容。基于脑的语文课堂教学的具体内容在"预习指引"的基本内容中"生成"。比如，"预习指引"要求学生给课文重拟题目。在课堂上，每个学习小组分享各自不同的重拟题目，评价所重拟的题目，并结合课文具体内容讲述自己的观点。这就是具体的教学内容，是由"预习指引"基本内容所"生成"。课堂"生成"贯穿在学生分享、讨论、评价预习结果，质疑问题、陈述观点等活动的全过程，涵盖了学生在分享中所展示的"思维导图"、"板书"、"批注"、口头表达以及其他行为表现。比如，用"思维导图"梳理课文结构与内容，这是"预习指引"的学习内容之一，不过课堂教学并非教师讲解"思维导图"，而是学生分享自己在预习中所画的"思维导图"，同伴之间互相评价、质疑"思维导图"，或者质疑、挑战教师的"思维导图"，这一切就是课堂"生成"，是将"预习指引"的基本内容具体化、个性化，是对"预习指引"学习结果开放性的学习展示。除了分享思维导图外，还有分享课文内容解读结果，分享课文语言结构及其布局谋篇解读结果，包括"小练笔"的分享，全是学生在课堂的"生成"。

在课堂教学中，教学内容除了与学科知识相关的学习内容是"生成"的外，与学生"社会化"过程相关的课堂行为也有诸多"生成"。比如，怎么处理小组合作学习过程的意见不统一？怎么处理同伴的质疑与挑战？怎么聆听同伴与评价同伴？怎么陈述观点与提出质疑？这一切也都是学生在课堂中"生成"。其实，基于脑的语文课堂教学的内容都是"生成"的，包括知识的学习与学生的行为表现，都是教师在课堂教学设计时需要考虑的问题。

三、口头表达为课堂必不可少的内容

学生在课堂教学中的"生成"主要通过口头表达来呈现，所以口头表达能力的培养成为基于脑的语文课堂教学必不可少的内容。在基于脑的语文课堂上，学生侃侃而谈，他们陈述观点、讲解课文、评价同伴、质疑问题。这一切，既是口头表达能力的训练过程，也对口头表达能力提出了很高的要求。怎样让学生的口头表达内容丰富且有条理，怎样让学生的口头表达准确且规范文明，这也是课堂教学设计需要考虑的学习内容。

综上所述，基于脑的语文课堂教学设计需要考虑三部分内容：第一，"预习指引"中的学习内容；第二，学生完成"预习指引"学习之后的课堂"生成"及其行为表现；第三，学生口头表达能力的培养。其中"生成"是这三部分内容的核心，课堂教学步骤与教学策略的设计必须针对这个核心。

四、按教学模式设计课堂教学

基于脑的语文教学模式决定了其课堂教学的内容必定是"生成"，或者说"生成"是基于脑的语文教学追求的课堂教学状态。基于脑的语文教学模式设置了包含基本学习内容的教学程序、学习方式、教学环节和学习活动，让学生的学习能经历丰富多彩的学习活动。语言结构的学习，提升了学生的思维品质，让学生能学、会学、乐学。教学模式让课堂成为了"生成"的舞台。所以，教师在设计课堂教学的时候，首先要考虑的是如何保证学生课堂学习的"生成"状态。而按照基于脑的语文教学模式规定的教学程序、学习方式、教学环节设计课堂教学内容与教学步骤，就是保证课堂"生成"状态的根本。所以课堂教学设计首先是按照教学模式设计课堂教学的内容与步骤。

五、对应"预习指引"的内容教学

因为"预习指引"的学习内容是根据教学模式的程序设计的，所以，教师需要对应"预习指引"的学习内容设计课堂教学内容，不随意增加新的学习内容，以保证课堂教学能为学生的学习提供及时的反馈。

按照"预习指引"的学习内容进行教学，也就意味着要根据学生的"学

情"进行教学,包括学生掌握知识的情况和掌握学习方法的情况。只有这样,学生得到的学习反馈才是具体及时的,才是学生真正需要的。而且,按照"预习指引"的内容教学,不仅能保证教学的针对性,更是对学生学习的尊重,是对学生学习经历的尊重。学生会由此得到暗示:自主学习是很重要的,预习是很有价值的。可见,按"预习指引"的内容教学,不仅能为学生的学习提供具体及时的反馈,保证课堂教学的质量,还能提高学生的学习兴趣。

六、为课堂"生成"设计教学策略

虽然按照基于脑的语文教学模式设计课堂教学可以促进学生的课堂"生成",但是,学生学习的差异性与多样性以及课堂质疑与评价的不确定性,决定了课堂"生成"的复杂性和丰富性,教师面对课堂教学"生成"中的复杂性与丰富性,需要有具体的对应策略。

基于脑的语文教学在多年的实施中形成了一些有效的课堂教学策略。比如,基本教学策略:"积极的情绪策略"、"学习契约策略"、"整体学习,逐一分享评价策略"、"教师示范策略"、"学生示范策略",还有"每个模块的教学基本步骤与具体策略"等。教师在课堂教学设计时,可以针对具体的教学内容,选择对应的教学策略。例如,针对口头表达能力的培养,我们形成了多种具体策略:策略一,以学习契约形式,对课堂发言做导向性的指引和基本句式的指引;策略二,针对具体的学习内容,在"预习指引"或课堂"教师演示文稿"中做具体的结构、句式的指引;策略三,采用教师示范策略,示范如何评价他人;策略四,采用学生示范策略,示范如何陈述观点等。教师在具体的教学设计时,可以根据实际情况采用不同的教学策略(详见第四章 基于脑的教学实施)。试以《安塞腰鼓》第一课时的教学设计为例来分析具体的情况(表3.9)。

表3.9 《安塞腰鼓》教学设计(第一课时)

一、学习目标 **知识与技能** 1. 掌握生字词。 2. 能借助思维导图梳理课文内容与结构。

3. 能对课文中采用比喻、排比、反复等修辞格的句子做批注。

4. 能分别给课文中描写"见闻"和"感受"的句子做批注，并由此加深对"所见所闻所感"结构的认知，感悟到课文在表达情感时的不同层次及其内涵。

5. 能用"所见所闻所感"的结构写一个片段，并能有层次地体现议论、抒情的升华。

过程与方法

1. 经历自主学习过程，体验阅读中如何建立内在阅读理解目标，能具体说出自己怎样边读边思考的思维过程。

2. 经历合作学习、在线学习的过程，能与同伴合作学习、有效交流，能从欣赏的角度评价同伴。

情感态度价值观

1. 能感悟到黄土高原文化的厚重，能在为课文重拟题目的学习中表达这种感悟。

2. 喜欢语文学习，积极参与所有学习活动，主动完成所有作业。

二、教学准备

1. 设计"预习指引"事先发给学生预习。

2. 参与学生在线交流，了解学生预习情况。

3. 制作"演示文稿"。

教学时数：2课时

第一课时教学步骤

一、导入（2分钟）

学生分享安塞腰鼓相关信息。

二、"模块一 初读课文"（15分钟）

按"模块一教学基本步骤"操作（出示以下演示文稿）：

模块一 初读课文

分享思维导图

分享阅读思考

1. 分享思维导图

（1）学生用投影仪（或ipad）分享思维导图。

（若没有电教设备则课前让学生1~2人将自己的思维导图画在黑板）

（2）展示思维导图的学生结合课文具体内容讲解思维导图，其他同学倾听与评价。

（3）教师倾听学生发言，有必要时给予肯定与回应。

（4）教师小结学生分享情况，展示自己的思维导图，并让学生评价教师的思维导图。

教学策略：

A. 采用学生示范策略。鼓励发言学生，关注学生发言细节，强调细节中的亮点，为其他学生提供范例。

B. 采用教师示范和学生示范策略。以学生思维导图和教师思维导图为范例，帮助学生建立文章结构图式。

2. 分享阅读思考

两至三名学生按照"预习指引"的"阅读思考"逐一分享自己阅读过程所思考的问题。

教学策略：

A. 采用追问策略。教师注意倾听学生分享，根据实际情况，可以通过追问，让学生能够更深入地呈现自己的思考过程，让思考接近学习目标。

B. 采用大声思维策略。如果学生分享不到位，教师可以通过大声思维示范，展示自己的阅读思维过程，以此指引学生学习。

3. 教师小结模块学习情况

根据学生课堂表现小结。

模块二　我的感悟（20分钟）

1. 小组合作学习（教师出示以下演示文稿）：

模块二　我的感悟

小组合作学习，完成下面的学习任务（5分钟）

（1）给课文重新拟一个题目，选出最能代表小组意见的题目在黑板板书。

（2）选择课文片段朗读，读出你们的感悟。

2. 分享与评价重拟课文题目

按"模块二　基本教学步骤"操作。

（1）学生点评精彩板书。

（2）原创陈述观点，讲解课文内容。

（3）质疑问题，被质疑小组陈述。

（4）教师小结与分享，学生评价教师作品。

教学策略：

采用整体学习、逐一分享评价策略。小组合作学习整体完成模块学习的两项学习任务，全班逐一分享与评价两项学习结果。

3. 课文朗读分享与评价

按"模块二 教学基本步骤"操作

（1）学习小组选取课文片段在全班朗读展示。

（2）学生评价、示范或教师评价、示范。

（3）全班在评价、示范的基础上朗读。

教学策略：

A. 采用教师示范与学生示范策略。

B. 采用逐一分享评价策略。

4. 教师小结

教师根据学生学习表现小结学习情况。

　　一份完整的课堂教学设计包括学习目标、教学内容、教学步骤与教学策略、教学准备与课时安排。《安塞腰鼓》第一课时的教学设计涵盖了这些基本内容。其中，学习目标陈述的是学生的行为，学习目标是具体、可检测的。教学内容与"预习指引"是对应的。没有增加额外的学习内容（见表 3.1《安塞腰鼓》预习指引）。我们具体了解教学步骤和教学策略的设计。

　　表3.9的教学步骤是按照基于脑的语文教学模式设置的。从教学程序上看，包括了"模块一"和"模块二"的学习内容。从学习方式和教学环节上看，基本按照自主学习—小组合作学习—全班分享—教师小结的顺序设计教学

步骤。同时，每项教学内容都标明了具体的教学操作步骤。

表3.9还为每项学习内容设计了对应的教学策略。一些基本的教学策略分别应用在不同的教学环节。如学生示范策略、教师示范策略、整体逐一分享评价策略，在多个学习活动中使用。

经过多年的教学实验，基于脑的语文教学为每个学习模块设置了"教学基本步骤"，对基本教学策略也冠予名称（详见"模块四 基于脑的语文教学实施"）。掌握了课堂教学操作的教师，在教学设计时，可以省略对教学步骤的具体描述，仅写"按模块教学基本步骤操作"；对所采用的教学策略，也不必陈述策略实施详情，只需要写下该教学策略名称即可。这样可以减轻教师备课的工作量。

综上所述，基于脑的语文课堂教学设计，需要根据教学模式设计教学步骤，对应"预习指引"的内容设计课堂教学的内容，需要根据学生的实际及其在课堂的"生成"考虑教学策略。基于脑的语文课堂中的教学内容绝大部分是课堂"生成"，正是因为课堂中有诸多"生成"，让学生的学习具有了新颖性和挑战性，提高了学生的学习兴趣，提高了课堂教学的质量。保护学生的课堂"生成"是课堂教学设计需要考虑的根本问题。

如果你想了解更多关于课堂"生成"的情况，请浏览以下的教学视频。

图片与视频三

视频3-1 分享思维导图

视频截图一：分享思维导图　　　　　视频截图二：评价思维导图

以上视频截图基本反映了分享思维导图的教学过程。在课堂教学中，学生首先展示并讲解自主学习过程形成的思维导图，多名学生评价所展示的思维

导图。接着，教师也展示自己的思维导图，多名学生评价教师的思维导图。最后，学生个人修改自己的思维导图。详细过程请看视频3-1分享思维导图。

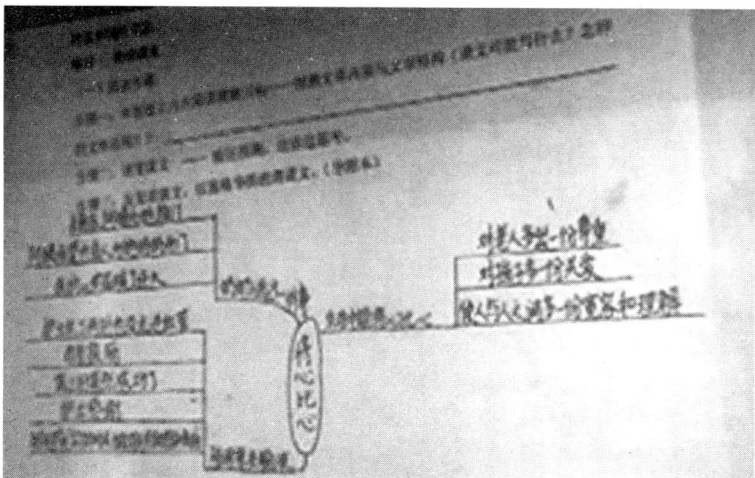

视频3-1　分享思维导图

视频3-1呈现的是人教版四年级课文《将心比心》的教学实况。上课的学生是珠海市香洲区第二小学四（3）班的学生，执教老师刘倩青，上课时间为2014年4月。学生在课堂上讲解自己的思维导图、评价同伴的思维导图、评价教师的思维导图，这一切都是课堂"生成"。

视频3-2　分享阅读思考

视频截图一：争相发言

视频截图二：分享阅读思考

视频3-2呈现的是人教版四年级课文《将心比心》的教学中学生分享阅读思考的片段。学生在课堂上大声思维，分享自己如何边读边思考，如何利用文章结构知识梳理课文内容与结构的过程。学生的大声思维就是课堂中的"生成"。本视频上课的学生、执教老师、上课时间与视频3-1同。

视频3-2 分享阅读思考

视频3-3 四年级学生小组合作学习

视频3-3展示的是珠海市香洲区第二小学四（2）班学生学习课文《鸟的天堂》时小组合作学习的实况。在小组合作学习中，学生需要完成以下学习任务：

1. 请用1~2个修饰语分别形容课文中的榕树和文中的小鸟。

（　　　　　）、（　　　　　　　）的榕树

（　　　　　）、（　　　　　　　）的小鸟

2. 选择课文片段朗读，把你的感悟通过声音的轻、重、缓、急表达出来。

3. 用简洁的语言概括课文内容。

视频截图一：分组讨论

视频截图二：朗读演练

以上视频截图反映了小组合作学习基本过程，具体实况请观看视频3-3。

视频3-3　四年级学生小组合作学习

视频3-3真实再现了学生小组合作学习的细节。视频中的小组合作学习有组织者、有记录员，每位学生都参与讨论，发表自己的意见，最后形成小组观点。合作学习中学生所发表的意见，所形成的观点，都是课堂"生成"。我们同时还能看到在小组合作学习中学生表现出的合作学习的意识及其合作学习的能力都非常不错，这一切其实也是课堂"生成"。

视频3-4　分享与评价小练笔

视频3-4展示了学生分享与评价小练笔的实况。其中"小练笔"是"生成"，评价小练笔也是"生成"。该视频上课学生为珠海市香洲区第二小学五（4）班学生，上课时间为2014年5月。

视频3-4　分享与评价小练笔

第四节　教材的解读与使用

"教材就是例子。"这是叶圣陶先生的名言。既然是"例子"，就可以用来说明A，也可以用来说明B和C。叶圣陶先生的话提醒我们，教材是可以灵活使用的，可以根据学生的学习需要灵活处理。同时也预示着相同的课文放在不同的教师手上会产生不同的使用结果。这与教师本人所拥有的教育教学理念及其对课程标准解读和执行的程度紧密相关。为了保证教学设计适合脑的学习并符合课程标准，基于脑的教学设计在使用教材时需要坚持三项基本做法。

一、深入解读课文内容

对课文内容的教学，教师个人在备课时需要认真钻研教材、深入理解课文内容。在课堂教学时则需要擅用学生资源，开放性地使用解读结果。

课文内容反映生活。学生学习课文，一方面从文字中解读文意，另一方面从自己对生活的认识及其生活的经验来解读文意。所以，一千个读者就有一千个哈姆雷特。因为"意义建构"是"很个人"的事情，外界的信息对个体是否产生"意义"与个体原有经验有着极大的关系。所以，从一个班整体来看，50名学生就有50个理解的角度，加上教师的理解就是51个角度，这对课文内容的解读是很丰满的。因此，教师在课堂上使用的绝对不仅是你个人或者教参的解读结果，你需要使用的是学生的资源，是51个角度的精华。本书之前呈现的视频（2）《卢沟桥烽火》教学片段和视频（6）《走遍天下书为侣》教学片段，就是在课文内容的教学过程中开放性地使用解读结果的展示。

在教学的真实情境里，只要没有太多生字词障碍，学生自己完全可以理解课文内容，学生对课文内容的理解不见得比老师的肤浅。而且，脑建构意义的原理告诉我们，教师讲授了知识并不等于学生建构了知识。而设计一个开放的平台，让学生展示各自的解读结果，其实就是为脑的意义建构激活了多重背景，提供了多种联结。这对于学生思维的发展，对于学生学习兴趣的培养都有着重要的意义。所以，教师在解读教材内容时需要深入钻研，首先拥有自己对内容理解的观点，在此基础上借助《教学参考》，充实自己的观点。在课堂教学时，千万不要以为这是唯一观点，是最好的观点。教师需要做的是以开放的心态让学生展示他们的解读，这样会使课堂流动的信息变得很丰满，能让学生在多重背景下建构意义。换句话说，这就是让脑的神经网络感受到"多元"与"深刻"的刺激，这有利于学生思维的深刻性、发散性、创新性的培养。

在基于脑的教学设计中，对课文内容的理解通常以"我的感悟"为主题设计系列学习活动。主要有：为课文重新拟一个题目、为×××加一个修饰语、为×××写一段颁奖词、为×××写一句广告语、用一两个词语表达你的读后感；用最简洁的语言概括课文主要内容；选择课文片段朗读，读出你对课文的感悟，等等。

比如，三年级语文《一面五星红旗》所设计的学习活动：为课文重新拟一个题目，表达你对课文内容的深度理解。三年级一个实验班的八个学习小组在课堂上为课文重新拟的题目分别有心爱的五星红旗、珍贵的五星红旗、国家的尊严、我爱五星红旗、心怀祖国、尊严无价、用尊严换尊敬等。学生重拟的题目告诉我们，他们已经把握住了课文所表达的主题，对课文内容的理解达到了一定的深度。而当学生在下一步的学习活动"质疑与评价"中结合课文内容陈述和解释各自重拟题目的理由时，全体学生对课文内容的理解会走得更高、更广，尤其有价值的是，这一切都发生在学生主动学习的状态下。所以，教师在解读和使用教材时切记：课文内容的理解程度与个人生活经验有关，相信学生能够理解课文内容。教师的智慧在于为学生在更广、更高的平台上理解课文内容而设计活动，并非将自己的解读结果简单告知或强加给学生。

对于课文内容的解读和教学，虽然有了一些相对稳定的学习活动，但是，这些活动形式不是绝对的，老师们可以在实践中丰富这些活动，有更多的创新。比如，随着信息技术的发展，可以让学生利用IPA的图画软件画出自己对课文解读的结果；可以用连环画表现对记叙文、故事、寓言等解读的结果；可以用图画表现自己对诗歌、散文意境的理解，等等。

二、发现课文结构的精妙

课文结构是学生未知的知识，需要教师在解读教材的时候发现其中的精妙，并围绕其关键点设计学习活动，让学生在体验与提炼中建构意义，进而掌握和运用。

教师首先要发现课文结构的精妙，并设计学习活动。下面以人教版五年级下册课文《再见了，亲人》为例来进行探讨（表3.10；表3.11）。

表3.10　《再见了，亲人》原文

再见了，亲人

大娘，停住您送别的脚步吧！为了帮助我们洗补衣服，您已经几夜没合眼了。您这么大年纪，能支持得住吗？快回家休息吧！为什么摇头呢？难道您担心我们会把您这位朝鲜阿妈妮忘怀吗？不！永远不会。八年来您为我们花了多少心血，给了我们多少慈母般的温暖！记得五次战役的时候，由于敌机的封锁，造成了暂时的供应困难。我们空着肚子，在阵地上跟敌人拼了三天三夜。是您带领全村妇女，顶着打糕，冒着炮火，穿过硝烟，送到阵地上来给我们吃。这真是雪中送炭啊！当时很多同志感动得流下眼泪。在您的帮助下，我们打胜了那次阻击战。您在回去的途中，累得昏倒在路旁了。我们还记得，我们的一个伤员在您的家里休养，敌机来了，您丢下自己的小孙孙，把伤员背进了防空洞；当您再回去抢救小孙孙的时候，房子已经炸平了。您为我们失去了唯一的亲人。您说，这比山还高比海还深的情谊，我们怎么能忘怀？

小金花，不要哭了，擦干眼泪，再给我们唱个《捣米谣》吧！怎么？心里难过，唱不出来？你一向是个刚强的孩子啊！那一回，侦察员老王到敌占区去侦察，被敌人抓住了，关在一所小房子里，有一个班的鬼子看守着。你妈妈知道了，带着你混进敌占区，偷偷地靠近了关着老王的那所小房子。你妈妈故意跟哨兵争吵，引出那个班的敌人。你乘机钻进屋里，解开老王身上的绳索，救出了老王。你回到村里，焦急地等待着妈妈。第二天传来噩耗，你妈妈拉响了手榴弹跟敌人同归于尽了。同志们伤心地痛哭起来，你却把脚一跺，嘴角抽动着，狠狠地说："妈妈，这个仇我一定要报！"小金花，你是多么刚强啊！可是今天，跟志愿军叔叔分别的今天，你怎么落泪了呢？

大嫂，请回去吧！看，您的孩子在您的背上睡熟了。山路这样崎岖，您架着双拐，已经送了几十里。就是您一步不送，我们只要想起您的双拐，也永远不会忘怀您对我们的深情厚谊。我们清楚地记得，那是1952年的春天，金达莱花开满山遍野的时候，您知道我们缺少蔬菜，就挎着篮子上山挖野菜。后面山上的野菜挖光了，您又跑到前沿阵地去挖。不料敌人的一颗炮弹在您的身旁爆炸，您倒在血泊里……伤好以后，您只能靠着双拐走路了。您为我们付出这样高的代价，难道还不足以表达您对中国人民的友谊？

再见了，亲人！再见了，亲爱的土地！

列车呀，请慢一点儿开，让我们再看一眼朝鲜的亲人，让我们在这曾经洒过鲜血的土地上再停留片刻。

再见了，亲人！我们的心永远跟你们在一起。

课文以第一人称直抒胸臆，倾诉了志愿军对朝鲜亲人的深情厚谊，并以第二人称为我们描绘了三位朝鲜妇女的形象。文章的布局谋篇表现为"分－总"的外在结构，夹叙夹议的内在构思（图3.3）。

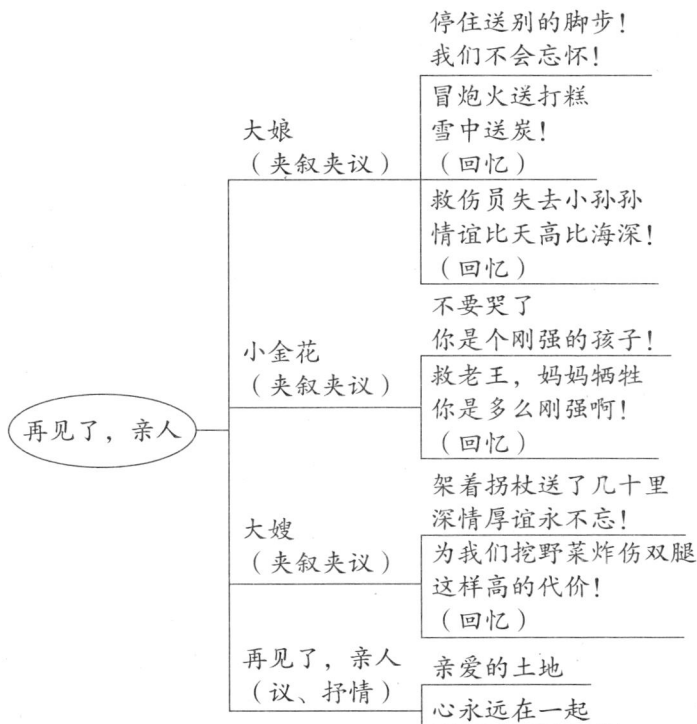

```
                          停住送别的脚步！
                          我们不会忘怀！

              大娘          冒炮火送打糕
            （夹叙夹议）     雪中送炭！
                          （回忆）

                          救伤员失去小孙孙
                          情谊比天高比海深！
                          （回忆）

              小金花        不要哭了
            （夹叙夹议）     你是个刚强的孩子！

                          救老王，妈妈牺牲
                          你是多么刚强啊！
                          （回忆）

再见了，亲人
                          架着拐杖送了几十里
                          深情厚谊永不忘！
              大嫂
            （夹叙夹议）     为我们挖野菜炸伤双腿
                          这样高的代价！
                          （回忆）

              再见了，亲人   亲爱的土地
            （议、抒情）     心永远在一起
```

图3.3 《再见了，亲人》文章结构

图3.3简明地告诉我们，课文篇章以三个并列的片段：大娘、小金花、大嫂分写朝鲜亲人，后面部分总书情感，夹叙夹议的写作构思体现在三个并列的片段中，并贯穿全文。

《再见了，亲人》构思精妙，有几处值得学生学习。其一，以第二人称为写作对象；其二，夹叙夹议的写法；其三，三个片段写作思路、布局谋篇相同：描述眼前人物的行为—抒情—再描述人物过去的行为—抒情。相同的片段结构，有利于学生比较学习和发现学习。教师可以以三个片段为重点，设计"批注"和"练笔"（表3.11）。

表3.11　《再见了，亲人》预习指引（模块三、四）

模块三　我的发现

一、精读课文第一段，完成以下学习任务。

1. 本文的描写对象是什么人称？圈出人称代词，你觉得用这样的人称来写作有什么好处或特点，将你的想法作为批注写下来。

2. 该段分为描述人物眼前行为和回忆人物过去行为两层，用"||"为标记，将内容分成两部分。

3. 对这两部分的内容，请用"_____"线画出描述人物行为的句子，用"_____"画出抒发情感或发表议论的句子，并对其中精彩的句子和词语做批注。

二、请用批注第一段的方法完成第二、第三段的精读，并归纳这三个片段布局谋篇的共同之处。

三、为课文最后三个自然段做批注。

提示：你可以就这三段在文中的意义做批注，也可以就其写作方法做批注，还可以针对其中精彩的句子和词语做批注。

四、浏览你的画线与批注，你发现本文的结构特点和布局谋篇的特点了吗？归纳你的发现，准备与同学分享。

模块四　我的小练笔

选择一个支持过你、帮助过你的人，或者是让你感动的人作为写作对象，以第二人称、夹叙夹议的写法写一个片段，题目自拟。只要按照上面的要求，你的练笔就达标了。如果你所写的片段包含了两个层次的内容，即先用两句话，夹叙夹议地概括，再夹叙夹议地回忆往事，这样你的小练笔就更出彩了。

小练笔评价量规

评价标准	评结果	
描写对象为第二人称		
采用夹叙夹议的写法		
"叙"的表述层次清楚，描述具体形象，包含人物行为或人物语言的描写		
"议"的表述情真意切，或直抒胸臆，或使用比喻、设问、反问等修辞方法		
没有病句，没有错别字		

表3.11是一个让学生动手、动脑的教学设计，这样的设计可以让学生经历以下的学习过程：学生根据设计要求精读第一段，发现并批注第二人称的写法，知道该段有两个层次，并动手用＿＿＿线画出描述人物行为的句子，用＿＿＿线画出抒发情感或发表议论的句子，同时对其中精彩的句子和词语做批注之后，对该段的基本结构及其夹叙夹议写法有了基本的认识。学生用相同的方法读完二、三两段，经过比较学习，发现这三个片段的布局谋篇相同，都是描述眼前人物的行为—抒情—再描述过去人物的行为—抒情，并且对以第二人称为写作对象、夹叙夹议的写法有了更清晰的理解。这个过程是学生自己在经历动手、动脑的学习之后归纳与发现，这就是我们所说的"提炼"。

对于语言形式的学习，在学生有了发现与提炼的体验之后，还需要运用。表3.12"模块四 我的小练笔"就是为学生的"运用"所设计的。教学设计要求学生将自己在模块三的学习中所发现与提炼的语言形式及其写作方法，运用到自己的表达之中，以第二人称为写作对象，以夹叙夹议的写法写一个片段。在这个环节的教学设计中，"评价量规"是重要的设计内容，它要为学生有效地自主学习提供具体指引，同时也为同伴学习评价提供指引。

学生完成上述学习任务的过程就是脑建立神经网络的过程，就是脑建构意义的过程，这就是让学生去理解、提炼、运用的学习过程，学生通过适合脑的学习活动去建构意义。这与"告知"学生知识，让学生接受学习是两种不同的学习方式。

对于语文教师来说，要发现课文结构的精妙并不是困难的事情，你只需要有文章结构的意识，从课文是"怎么写"的角度去钻研教材，坚持一段时间，就能得心应手。脑建构意义的规律同样适用于教师本人的教材解读过程，作为教师，你只要从文章结构层面去解读课文，一段时间之后，你发现一篇课文到你手上很快就能将内容及其结构分析清楚。

此外，教师在使用教材时，还需要有单元教学整体意识，设计一些学习活动，让学生通过单元内不同课文的比较学习，进一步建构文章结构图式。如设计图表让学生归纳比较。苏教版五年级第五单元的教学设计，让学生在图表的比较中归纳不同文体的阅读理解策略，学习和巩固相关知识（表3.12）。

表3.12　《莫高窟》预习指引（模块四）

模块四　找规律

本单元的三篇课文分别向我们介绍三个旅游景点，试比较三篇课文结构，并思考后面的问题，将思考结果与同学分享。

找规律

课文题目	篇章结构	主要段的结构	人与景的关系
黄果树瀑布			
鼎湖山听泉			
莫高窟			

问题思考

1. 从自己填写的表格中，你有什么发现吗？

2. 掌握了不同结构的文章结构对阅读理解有什么帮助？

这三篇课文中，《黄果树瀑布》和《鼎湖山听泉》的篇章结构是"所见所闻所感"，主要段的结构也是"所见所闻所感"，而且是人在景中。《莫高窟》的篇章结构是"概括与具体"，主要段的结构也是"概括与具体"，而人（作者）不在景中。让学生归纳、比较单元课文结构，可以帮助学生巩固文章结构图式，其中的"问题思考"还指引学生将文章结构知识运用到阅读理解中，帮助自己快速阅读理解。

又如，以思维导图呈现课文现结构，让学生比较学习。通过思维导图的比较发现不同课文结构及其关键点。例如，苏教版四年级下册第三单元课文比较学习（表3.13）。

表3.13　《祁黄羊》预习指引（模块四）

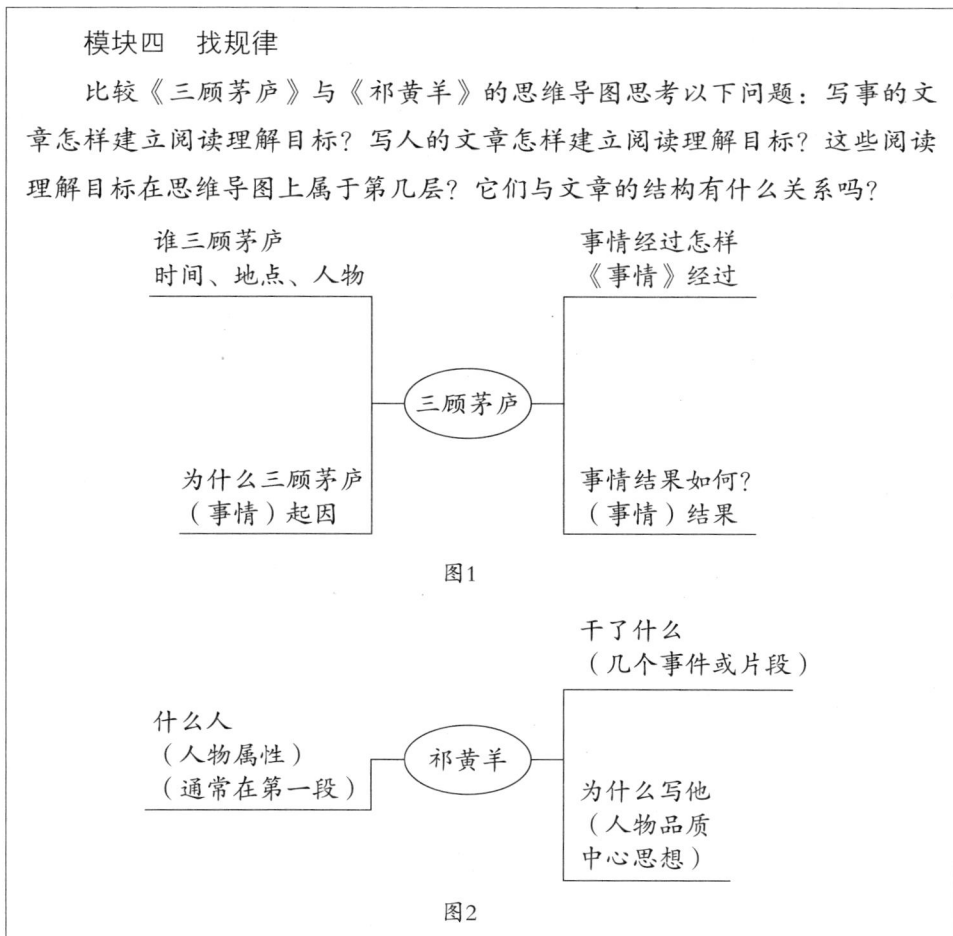

模块四　找规律

比较《三顾茅庐》与《祁黄羊》的思维导图思考以下问题：写事的文章怎样建立阅读理解目标？写人的文章怎样建立阅读理解目标？这些阅读理解目标在思维导图上属于第几层？它们与文章的结构有什么关系吗？

谁三顾茅庐
时间、地点、人物

事情经过怎样
《事情》经过

三顾茅庐

为什么三顾茅庐
（事情）起因

事情结果如何？
（事情）结果

图1

干了什么
（几个事件或片段）

什么人
（人物属性）
（通常在第一段）

祁黄羊

为什么写他
（人物品质
中心思想）

图2

103

写事和写人的文章结构在思维导图的第一层就显示出来，学生在比较中可以形象地建构文章结构。

还可以设计不同类型课文"阅读步骤"的比较学习，让学生掌握不同阅读材料的阅读思维方法。例如七年级下册第六单元有三篇现代文，一首诗歌，一篇文言文，可以在最后一篇课文言文《狼》的教学中设计以下学习活动（表3.14）。

表3.14 《狼》预习指引（模块四）

模块四　找规律 比较现代文、文言文学习步骤	
现代文学习步骤	文言文学习步骤
步骤一：审题建立阅读理解目标——预测内容与文章结构。 步骤二：浏览课文——验证预测，边读边思考。 步骤三：反复读课文，用思维导图梳理课文。	步骤一：审题建立阅读理解目标——预测内容与文章结构。利用教材提示和注释，建立"场景"。 步骤二：全文浏览——利用场景信息，验证预测，了解课文梗概。 步骤三：借助解释，联系上下文逐句读懂全文。
相点	
不同点	

教师在解读教材时发现课文结构的精妙之处，是为了让学生也发现这些结构精妙之处，进而运用这些结构知识去帮助自己阅读和写作。设计各种学习活动就是为了让学生在学习体验中发现这些结构的精妙，进而运用和掌握其中的精华，提高语文能力。

三、提供阅读理解指导

指导学生掌握阅读理解方法是基于脑的语文教学非常重要的学习内容，这项学习内容主要在"模块一 初读课文"中实施。"初读课文"是脑意义建构的第一步，脑神经网络的联结是否快捷，学习者是否能建构自身的意义，都发生在"初读课文"过程。在这个过程指导学生掌握思维方法，其实质就是指导学生在新信息进入大脑时，把无关联的信息片段聚合成一个大的信息模式，将不熟悉的信息与熟悉的信息挂靠，以突出其间的关系和相连。

心理学元认知理论认为，阅读质量与个体对阅读对象的有关知识掌握程度有关，包括对阅读活动的任务、目的、要求的了解程度，对阅读材料的结构特点、逻辑性、熟悉程度等方面掌握的程度有关。也与个体对阅读过程的监控调节能力相关，包括对阅读过程、阅读速度、阅读情绪、阅读策略运用情况的监控调节能力有关。为此，我们为具有不同特点的课文设置了不同的阅读步骤，让学生通过阅读步骤的训练，掌握阅读思维的方法，提高阅读水平。

现代文、文言文、诗歌作为阅读材料，其结构特点不尽相同，个体阅读理解的过程也不尽相同，所以需要设置不同的阅读步骤（详见表3.2）。其中诗歌与文章具有不同的结构特点，阅读步骤自然不同；而现代文与文言文虽然都属于文章，但是，由于文言文的词语和句式对于脑来说背景知识比较少，与现代文阅读理解的特点并不完全相同，所以也需要设计不同的阅读步骤。针对不同特点课文设计的阅读步骤，其实是将个体在阅读不同特点的材料时的阅读理解过程外显化、步骤化，让学生在步骤化的训练中学会边读边思考。

我们试以课文《姥姥的剪纸》（详见表1.1原文）为例，以拥有文章结构知识学习者的身份，根据"现代文阅读步骤"去经历一次阅读理解过程。

"我"根据"阅读步骤"开始初读课文《姥姥的剪纸》。

步骤一：审题建立内在阅读理解目标——预测内容与文章结构。

"我"预测课文可能介绍"姥姥的剪纸"（说明文）；可能叙述与姥姥剪纸有关的一件事（写事文章），"我"将根据这两个预测的目标去阅读课文。

步骤二：浏览课文——验证预测，边读边思考。

"我"开始浏览课文（想）：说明文通常是围绕"特征"从几方面介绍事物的；写事的文章都有四要素：时间、地点、人物、事件。这些要素通常会直接出现在第一自然段。

"我"浏览课文的第一段："大平原托着的小屯里，左邻右舍的窗子上，都贴着姥姥心灵手巧的劳作。""我"开始排除说明文的预测，因为第一段文字不像说明文的语体风格，内容也没有针对"剪纸"；同时也开始排除"写事文章"的预测，因为第一段没有出现"时间、地点、事件"等写事文章的相关要素。

"我"浏览完课文第三段，完全排除了"说明文"，因为课文不是围绕剪纸特征从形状、色彩、种类、工艺等方面介绍剪纸；同时也完全排除"写事文章"的预测，课文没有叙述事情明确的时间、地点、起因、经过。于是，"我"调整阅读理解目标：文章可能是"几个片段"的结构方式，因为课文已经呈现了几个没有时间关系的片段。

"我"继续往下读。读到第七、八自然段，进一步肯定了课文是几个片段的结构方式。因为课文接着又为我们描述了两个不同的生活片段。

最后"我"再次浏览全文，基本确定课文"几个生活片段"的外在结构方式。

当"我"用思维导图梳理课文内容，形成以下的思维导图的时候，课文的内容与结构已经非常清楚（图3.4）。

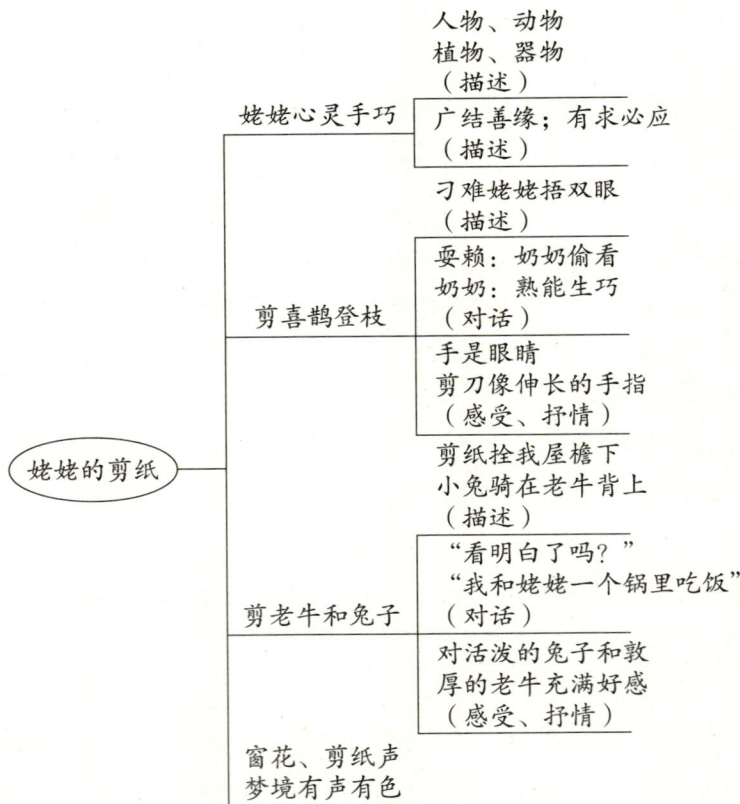

图3.4　《姥姥的剪纸》文章结构

这是通常情况下，拥有文章结构背景知识的个体在初步接触阅读材料时可能出现的阅读理解过程。学习者懂得建立内在阅读理解目标，懂得根据阅读理解目标边读边调整目标，并能运用文章结构知识帮助自己阅读理解，这是高质量的阅读过程。它与没有内在的阅读理解目标，缺乏文章结构知识，不懂得边读边调整的阅读思维过程有着本质的差别。

在基于脑的语文教学设计中，我们已经为不同特点的课文设置了不同的"阅读步骤"，教师对学生阅读理解的指导需要做好以下三方面的工作：

第一，自己必须经历阅读理解的全过程，认真初读课文，反复阅读课文，并记下自己阅读过程的思考。

第二，根据具体的课文，结合自己的阅读经历，为学生设计有针对性的"阅读提示"。试以七年级课文《走一步，再走一步》为例，分析在"阅读步骤"既定的情况下，如何设计有针对性的阅读提示（表3.15）。

表3.15 《走一步，再走一步》预习指引（模块一）

模块一 初读课文

（一）阅读步骤

步骤一：审题建立内在阅读理解目标——预测内容（写什么）与文章结构（如何写）。

阅读提示：看题目，你估计课文是写一件事还是写一个人？还是陈述一种观点？这就是预测。不同的写作对象，作者会采用不同的文章结构，这会导致你建立不同的阅读重点（目标）。如果是写一件事，那么时间、地点、人物、事件（起因、经过、结果）就是你的阅读重点（目标）；如果是写一个人，那么通过哪些生活片段表现某人什么性格就是阅读的目标。如果你已经从课文题目下的"提示"中确定了写作对象，你就直接以该对象的文章结构框架来梳理课文。这样你就能快速理解课文。

步骤二：浏览课文——验证预测，边读边思考。

阅读提示：你可以根据自己预测的阅读目标边读边排除与课文具体情况不相符的预测目标，将阅读目标调整到基本符合课文情况，并边读边验证自己的想法，边读边以相关的文章结构框架来梳理课文。

步骤三：反复读课文，以思维导图梳理课文。

提示：根据需要，可以长出更多枝桠，选出关键性的词语写在枝桠上。

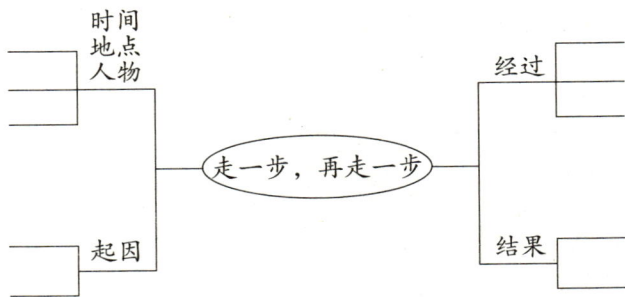

（二）阅读思考

1. 回忆自己的阅读过程，你最初的预测准确吗？如果有调整，课文题目下面的提示给了你什么启发，让你初步确定文章的结构？

2. 阅读过程遇到不懂的词语时，你是怎样想的？

表3.15初读课文的"阅读提示"是针对第一次使用"基于脑的学习模式"学习的学生设计的。该设计在"阅读步骤"每一步的下面都有"阅读提示"，指导学生在阅读过程可以怎样一边读一边想，可以怎样建立和调整内在的阅读理解目标，可以怎样利用文章结构知识帮助自己阅读。

第三，为学生设计有价值的"阅读思考"问题，让学生去反思自己的阅读过程，归纳阅读思维方法。

"阅读思考"的问题是针对阅读理解过程设计的。所设计的问题一般包括：如何建立内在的阅读理解目标，如何调整内在阅读理解目标，引导学生从内在阅读目标的建立和运用文章结构知识帮助阅读理解的角度归纳阅读思维方法。表3.12"阅读思考1"就属于这一类问题设计。此外，对于阅读理解过程遇到不懂的词语时该怎样处理，也是需要指导学生学习的。"阅读思考2"就属于这一类问题设计。

"阅读提示"和"阅读思考"，都必须是在教师自己经历课文阅读的基础上设计的，只有你自己经历了，你给学生设计的"问题"及其"提示"才是真实有效的。

"阅读提示"和"阅读思考"的设计，一方面从阅读思维过程着眼考虑所设计的问题，另一方面需要根据不同体裁的课文考虑所设计的问题。比如，诗歌与现代文体裁不同，所设计的"学习提示"与"思考问题"也有所不同。

"初读诗歌"的教学设计指导学生从"意境"的角度去欣赏诗歌，所设计的"阅读提示"和"思考问题"也围绕诗歌文学样式的特点展开，指导学生从"意境"的角度去欣赏诗歌，将情景交融的画面作为阅读理解的目标。

综上所述，设计初读课文的"阅读提示"与"阅读思考"有两个重要的切入点：第一，个体阅读理解过程的所思所想；第二，阅读材料的结构与形式特点。个体阅读过程的所思所想，包括如何建立与调整内在阅读理解目标、如何运用阅读理解策略、如何调整阅读情绪等内容；而阅读材料的形式特点与结构特点则属于阅读知识范畴。这两个教学设计的切入点，包含了高质量阅读的重要因素。

当学生比较熟悉"基于脑的语文教学模式"之后，"阅读步骤"中的"阅读提示"可以相对减少。当学生已经掌握了阅读思维的方法之后，"阅读提示"不必设计，甚至"阅读步骤"也可以不出现在"初读课文"的教学设计当中，因为学生已经形成了能力和习惯。

阅读课文的时候，感性的内容会在个体的脑中留下程度不同的痕迹。作为教师，我们需要让学生在阅读和积累这些感性材料的同时，"发现"阅读材料的特点，并"运用"这些特点；学会归纳自己在"发现"与"运用"当中的思维过程与方法，进而去更有效地阅读大量的材料，去更有效地表达自己。所以，指导学生掌握思维方法是基于脑的语文教学非常重要的教学内容，这是教师在解读与使用教材时需要提醒自己的。

第五节　现代文教学设计

在中小学语文教学中，现代文教学的分量最重。我们希望学生通过现代文教学，能掌握阅读思维的方法，掌握基本的文章结构知识，然后可以自由地在语言信息的海洋中遨游，大量、高效阅读，顺利表达。由此，我们形成了以下设计思路：第一，将阅读思维过程外显化；第二，将课文内容的学习置于"感悟、概括、表达"的框架内；第三，将课文形式的学习置于"体验、归纳、发现、运用"的框架内；第四，为学生的思维发展变通学习活动；第五，将基础知识的学习置于多样学习活动中。

一、阅读思维过程外显化

阅读思维过程是内隐的，教学设计的任务就是将阅读思维过程外显化，将个体内隐的阅读理解过程变得尽可能可视、可听，可操作，从而保证阅读思维训练的有效性。我们在"初读课文"的教学环节通过两项教学设计，基本实现了阅读思维训练的可操作性，这两项教学设计是"阅读步骤"和"阅读思考"。

我们首先探讨"阅读步骤"。

"阅读步骤"是将个体阅读理解中的思维过程步骤化、外显化。在"预习指引"的内容设置中，我们将"阅读步骤"放在"初读课文"的开端，让学生从接触课文题目开始就边读边思考，在阅读步骤的训练中掌握阅读思维的方法并形成自动化的动作。我们为学生设置的现代文阅读步骤如下：

步骤一：审题建立阅读理解目标——预测内容与文章结构。

步骤二：浏览课文——验证预测，边读边思考。

步骤三：反复读课文，以思维导图梳理课文。

以下试结合具体课文的教学设计来说明"阅读步骤"的设计意图及其使用情况（表3.16）。

表3.16　《只拣儿童多处行》预习指引（模块一）

模块一　初读课文
请你根据以下阅读步骤阅读课文：
阅读步骤
步骤一：审题建立阅读理解目标——预测内容与文章结构。

阅读提示：看课题，你可能会有以下问题：题目是什么意思？为什么要只拣儿童多处行？课文是写事还是状物写景？这些问题都可以作为你阅读理解的目标。

步骤二：浏览课文——将上述问题作为阅读理解目标初读课文，边读边思考，找到问题答案。

阅读提示：如果课文是状物写景的，我们曾经学过的状物写景的文体中，有两种结构："总分"与"所见所闻所感"。你可以一边读一边想，看看课文是属于哪一种。

步骤三：反复读课文，以思维导图梳理课文。

阅读提示：制作思维导图的第一层是难点，请你利用你所掌握的文章结构知识确定思维导图的第一层。

阅读思考

1. 课文是写事还是状物写景？按照什么思路写的？你的依据是什么？

2. 你读到课文什么地方就确定了文章的结构？

这是课文《只拣儿童多处行》"模块一 初读课文"的教学设计。我们先分析其中的"阅读步骤"。

步骤一： 审题建立阅读理解目标——预测内容与文章结构。"步骤一"指导学生从接触课文题目开始思考问题，通过题目预测课文的内容与文章结构，以此来建立内在的阅读理解目标。

人们常说文章的题目是文章的眼睛，是文章的窗口。确实，课文的题目可以传递很多课文里面的信息，通过题目所传递的信息我们可以预测文章的内容重点和结构特点。比如《紫藤萝瀑布》，题目可以引起我们思考的问题有：为什么是"紫藤萝瀑布"？是写紫藤萝还是写瀑布？还是紫藤萝像瀑布？这些疑问就成了课文内容的阅读重点。可能是状物写景？可能是陈述与紫藤萝有关的事情？这就是对文章结构可能性的预测，这些问题就成为预测文章结构的目标。

我们知道，有目标的阅读效果与没有目标的阅读效果是截然不同的。通常我们阅读一章书，或者阅读一篇文章，浏览一遍之后，发现后面有思考题，但是我们一般无法准确回答问题，必须回过头来反复阅读才能逐一回答那些问题。这是没有目标或者目的性不明确的阅读。假如对文章的结构、内容、阅读任务、阅读要求比较熟悉的人，从阅读一开始就会根据自己所拥有的知识建立阅读理解目标，知道什么地方、哪些内容是重点，需要重读，哪些内容可以略读，知道怎样边读边调整阅读理解目标。所以，有目标的阅读无论是阅读速度和阅读质量都会高于无目标的阅读。在现实生活中，我们需要阅读大量的材料，没有人给你建立阅读理解目标，所以，我们首先指导学生从内容和结构入手建立内在阅读理解目标。

在所预测的内容与文章结构两类目标中，内容目标属于自然性的目标，学生不需要专门的学习都能找到比较关键的问题作为阅读理解的目标。因为文章内容反映社会，反映生活，学生是社会生活中的人，脑拥有丰富的背景知识，相关的神经网络通道很多，新旧知识的连结比较容易；而建立文章结构的目标，脑的背景知识比较少，相关的神经网络通道不多，新旧知识不容易找到联结点，教师需要给予重点指导，需要特别提醒学生关注文章结构的阅读理解目标。《只拣儿童多处行》的教学设计在"阅读步骤"中提示学生：课文是写事还是状物写景？提醒学生以此建立文章结构的阅读理解目标。

一个拥有文章结构知识且掌握阅读技巧的人，如果看题目《只拣儿童多处行》，就会根据文章结构知识，确定不同的阅读理解重点。例如，预测课文可能写一件事，那么时间、地点、人物、事件（起因、经过、结果）将是阅读重点（目标）；预测课文可能是写人的，那么从哪几个生活片段写、表现某人什么性格，就是阅读重点（目标）；如果预测是状物写景的文章，他可能会从是"所见所闻所感"还是"总分"或"概括与具体"等文章结构特点来决定不同的阅读重点。文章结构的实质就是布局谋篇，而拥有文章结构知识的人在阅读时有意识地从布局谋篇来审视阅读材料并建立阅读目标，这对于快速阅读理解、深度阅读理解都是很关键的。

上述《只拣儿童多处行》的教学设计指导学生将三个问题作为内在阅读理解的目标：1. 题目是什么意思？2. 为什么要只拣儿童多处行？3. 课文是写事还是状物写景？其中问题1、2属于对课文内容的预测，问题3属于对课文结构的预测。指导学生将所预测的内容与文章结构作为阅读理解的目标，是为学生指引了一个阅读思考的范围，其实质就是激活个体脑中与阅读材料相关的背

景，使神经网络可以更快地找到联结点。

我们花了不少笔墨探讨建立内在阅读理解目标的问题，其实在真实的阅读情境中，建立内在阅读理解目标只是瞬间的事情，不过它需要知识、技巧、习惯来支撑。

步骤二：浏览课文——验证预测，边读边思考。"步骤二"在于指导学生怎样浏览课文，怎样一边读一边想。在这一步骤中《只拣儿童多处行》的教学设计将"验证预测，边读边思考"具体化为"将上述问题作为阅读理解目标初读课文，边读边思考，找到问题答案"；并且提示："如果课文是状物写景的，我们曾经学过的状物写景的文体中，有两种结构：'总分'与'所见所闻所感'。你可以一边读一边想，看看课文是属于哪一种。"这就是对怎样验证预测、怎样一边读一边想的具体指引。

以下我们试根据上述提示，以学生的身份去浏览课文（表3.17）。

表3.17　《只拣儿童多处行》原文（节选）

> 从香山归来，路过颐和园，看见成千盈百的孩子闹嚷嚷地从颐和园门内挤出来，就像从一只大魔术匣子里飞涌出一群接着一群的小天使。
>
> 这情境实在有趣！我想起两句诗："儿童不解春何在，只拣游人多处行。"反过来也可以说："游人不解春何在，只拣儿童多处行。"我们笑着下了车，迎着儿童的涌流，挤进颐和园去。

课文的第一段描写了作者"所见所闻"，第二段抒发了即兴的"所感"。学生浏览到第二自然段，基本可以确定文章结构是"所见所闻所感"，排除"总分"结构，于是按照"所见所闻所感"的结构继续往下阅读。在后面的阅读中，学生将进一步确认自己"所见所闻所感"的判断，继续按照"所见所闻所感"的结构阅读与思考，很快就能梳理清楚文意与结构。这种拥有了文章结构知识、掌握了阅读思维方法快速阅读理解的过程与结果，带给学生的是阅读的喜悦与成功感，它会在阅读教学中形成良性循环。

步骤三：反复读课文，完成思维导图。"步骤三"在于指导学生借助思维导图梳理课文，将阅读理解结果可视化，同时也让学生借助思维导图进一步学习文章结构知识。

　　思维导图是英国人东尼·博赞首创的、围绕主题发散思维的工具。组成要素有主题、线条、关键词。使用基本方法是：确定主题，以主题为中心，逐层发散思维；以线条显示层与层之间的关系；以关键词标记每一层的核心内容。思维导图的用途很广，可以梳理学科知识结构、梳理个人对某个问题的所思所想、快速便捷地做笔记、写文章提纲等。

　　我们让学生学会用思维导图来帮助自己学习，比如梳理课文结构、阅读名著时使用思维导图做笔记等。以下随机选取一张学生学习《只拣儿童多处行》画的思维导图，让你了解其中的情况（图3.5）。

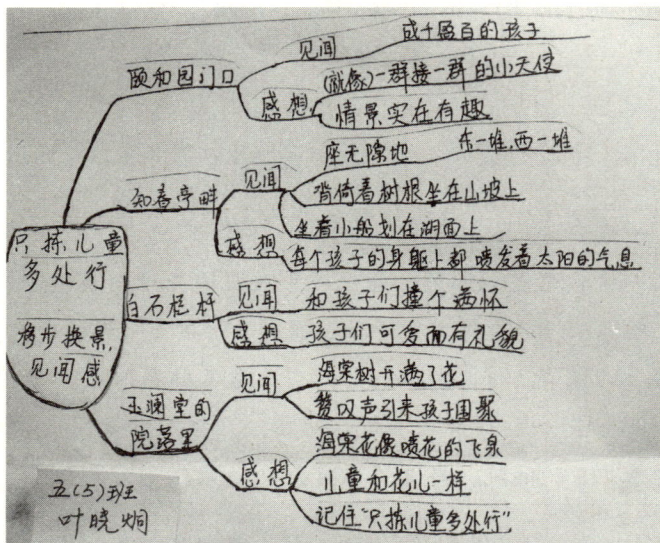

图3.5　《只拣儿童多处行》文章结构（学生思维导图）

　　从这张学生的思维导图，我们看到学生对课文的内容与结构已经梳理得非常清楚。

　　教学实践告诉我们，学生喜欢使用思维导图梳理课文。思维导图帮助他们快速梳理课文，成为学生做阅读笔记的一种形式，思维导图其实就是将学生阅读理解过程与结果外显化的工具。

　　需要强调一点的是，基于脑的语文教学用思维导图梳理课文内容与结构主要是用思维导图呈现文章的结构，让学生学会借助思维导图这个工具，从结构的层面把握阅读材料，从本质上提升阅读理解的质量。从图3.5我们看到，第一层呈现了文章片段并列的外在结构——游览的景点。第一、二层同时呈现了文章的布局谋篇——片段并列、所见所闻所感的写作思路。学生是从文章的结构、从文章的布局谋篇着眼来理解课文的。

从文章结构着眼梳理课文，就是用语言规律来处理阅读理解的信息。用语言规律来处理信息能提纲挈领地、快速地处理阅读理解的内容。例如，人教版五年级课文《金钱的魔力》比较长，如果运用文章结构来处理信息，其实很简单，只要判断课文是描写一个场面发生的事情，这个场面有两组人物在活动，很长的课文立刻就变得结构清晰（图3.6）。

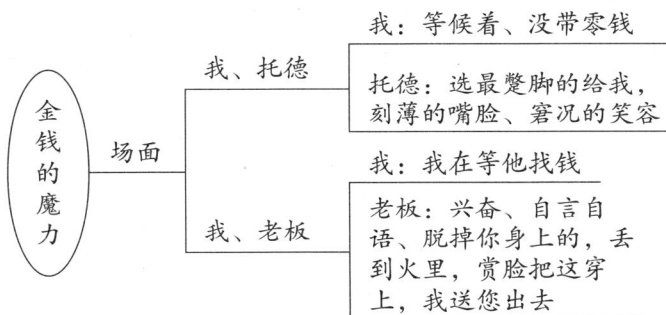

图3.6 《金钱的魔力》文章结构

为学生制定思维导图评价量规。为了让学生能有效地利用思维导图来梳理课文，我们为学生制定了以下思维导图评价量规（表3.18）。

表3.18 思维导图评价量规

评价标准	评价等级		
	A	B	C
结构清晰、完整、准确			
呈现2~3层结构			
关键词准确、简洁，与主要写作特点相关			
用自己喜欢的形式点缀思维导图，如色彩、图画			

教师在指导学生第一次使用"评价量规"时，是使用"评价量规"来评价教师自己的思维导图，以此作为范例，让学生对规范的思维导图有一个基本

的概念之后，再用"评价量规"评价学生的思维导图。

"评价量规"最后一条评价标准非硬性标准，教师根据实际情况决定是否出现在评价量规里。如果该项内容没有作为评价标准，而学生在思维导图上添加色彩、图画，教师要给予鼓励和支持，让学生以自己喜欢的形式制作思维导图。建议老师们在教学操作的时候，将该项内容作为评价量规的标准之一呈现给学生，但是老师自己所示范的思维导图并没有图画，这样让学生明白，"评价量规"的前三点标准是硬性的指标，最后一条标准是在思维导图中呈现自己的创意，让思维导图更有个性，更形象。

接下来，我们探讨"阅读思考"的教学设计。

"阅读思考"是为学生回顾与反思自己的阅读理解过程而设置的。通过"阅读思考"的引导，学生可以觉察自己阅读的情绪与感受，总结与归纳阅读理解策略，逐步掌握阅读思维方法，并进一步学习文章结构知识，进一步理解课文内容。

表3.16《只拣儿童多处行》预习指引所设计的"阅读思考"，围绕文章结构和阅读目标及阅读理解过程提出问题，学生如果按照"阅读步骤"阅读并按照"阅读思考"反思自己的阅读过程，就可能这样回答"阅读思考"中的两个问题：

1. 课文是状物写景的，是根据"所见所闻所感"的结构写的，因为文章结构是：描写一个景点的见闻，抒发一段感想，再描写一处见闻，再抒发一段感想。

2. 我读到第二段就确定了文章的结构。因为老师提示我们要注意学过的两种文章结构："总分"与"所见所闻所感"。课文第一段不像"总分"结构的第一段。第一段描写了见闻，第二段抒发感想。所以我读到第二段就确定了文章的结构。读完全文，我进一步确定了自己原先的判断。

这是假设的学生阅读过程和阅读结果。其实，在我们各年级的实验班这已经不是假设，学生的阅读反思完全可以达到上述水平。这也是我们希望实现的设计意图：学生知道怎样一边读一边想，学生的阅读思维始终围绕阅读理解的本质问题展开，文章结构知识得到巩固和运用。

"阅读思考"的教学设计一般从两方面提出思考的问题，第一是反思阅读理解过程，比如：你的预测正确吗？如果不正确你怎样调整？你什么时候确定文章的结构？依据是什么？遇到不理解的词语你是怎么想的？等等。第二是联系生活经验解读课文内容，比如：你生活中有这样（针对课文具体的内容）的经历吗？联系自己的经历，你怎样解读课文？将自己的想法记下来，准备与同学分享。这主要是针对写作意图比较隐晦或者哲理性比较强的课文设计的。

"阅读思考"的教学设计，在课堂教学中是通过学生在全班口头分享来实施的，这就将阅读思维过程变得更加可视、可听。如此，"阅读思考"就不仅是学生个体的反思学习，而是学习方法的同伴互相学习，更加有利于学生掌握阅读思维方法。如果开始学生未能说出自己的阅读思维过程，教师可以展示自己的阅读理解过程，大声说出自己是怎样想的，为学生提供阅读思维的范例，为学生提供具体的思维方法的指引（详见第四章"基于脑的教学实施"中"初读课文的教学策略"）。

在以往的阅读教学中，老师们经常告诫学生一句话：要边读边思考。但是怎样思考，思考什么，怎样思考才真正有效，老师们很少给予具体化的指引。当然，会有个别学生虽然没有教师的具体指引自己也会找到阅读的窍门，不过他需要很长的阅读积累。而不少学生，也许一直找不到窍门。"阅读步骤"和"阅读思考"的具体指引正在改变这种状况。

总之，阅读思维方法的学习是"初读课文"重要的学习内容，我们希望在"阅读步骤"和"阅读思考"的设计中，让学生学会建立内在阅读理解目标，学会运用文章结构知识帮助阅读理解，学会结合生活经验解读课文内容，学会用思维导图梳理课文，学会运用阅读策略调整阅读情绪、调整阅读速度、理解不懂词语等，让学生在诸多的"学会"中掌握阅读思维的方法。

二、课文内容的学习经历"感悟、概括、表达"

在基于脑的语文教学模式中，学生在"模块一 初读课文"根据所设置的阅读步骤完成初读课文的学习任务之后，对课文内容的理解早已超出"感知"，拥有了不少"感悟"。如何让学生呈现这些"感悟"并深化"感悟"？如何使呈现感悟与深化感悟的过程同时成为学生语文能力形成与语文学习兴趣培养的过程？成为学生思维发展的过程？在研究与实践中，我们找到了满足上述要求的学习模式：感悟、概括、表达。

"感悟、概括、表达"是学生学习与理解课文内容的途径与方法，或者说是学习过程的思维活动。所谓感悟，《辞海》的解释是受到感动而醒悟。在一篇课文的学习过程中感悟也许是点点滴滴，也许是顿悟，也许像涓涓流水般一路伴随，也许是最后的恍然大悟。无论是哪种情况，当你要将所感悟的东西准确、完整地表达时，需要概括与整理，需要借助语言形式。例如，有人这样表达读后感：太好了！我太喜欢了！我好感动！这是直接表达了感受，是没有概括与分析的表达，并没有表达出感悟。语文课的学习，需要发展学生的思维，提升学生读后感的表达层次。这就需要借助语言形式来训练，包括概括、分析能力的训练和语言表达能力的训练。由此，我们形成了将课文内容的教学置于"感悟、概括、表达"框架内的设计思路，探讨出以下教学设计系列：

1. 为课文重新拟一个题目；为×××加一个修饰语；选择几个关键词修饰×××；为×××写一段颁奖词；为×××写一节赞美诗；为×××写一段简介；为×××写一段简洁的导游词；为×××写一句广告语；用一两个词语表达你的读后感；给×××的手机发一则短信；给×××的QQ写一段留言等等，表达你对课文内容的深度理解。

2. 用简洁的语言概括课文主要内容。

3. 朗读课文（全文或片段），读出你对课文的感悟。

"学习活动1"包括了重拟题目，加修饰语，编写颁奖词、赞美诗、广告语等多项学习活动。通常在一篇课文的教学中只选择一项学习活动。这些学习活动一方面为学生提供了一个表达的平台，让学生在形式多样的活动中表达对课文内容的理解，表达个人独特的感受，表现各自的创新；另一方面这些学习活动包含了概括、分析能力、遣词造句等表达能力以及创新能力的训练。

"学习活动2"概括课文主要内容，属于理解课文内容的表述，也包含了概括能力、分析能力、遣词造句等能力的训练。

"学习活动3"朗读课文，属于感悟与理解的学习与表达，同时包含了朗读能力的训练。

上述教学设计，可以根据不同年龄段的学生选择不同的学习活动。比如，中低年级的学生，"朗读"更能表达他们的感悟，而且他们需要进行更多的朗读训练，所以该项学习活动是必需的，而且在课堂实施中占用较多的时间；类似"编写颁奖词、赞美诗"等学习活动比较适合高年级的学生，该项学习活动在高年级的课堂实施中也会占用较多的时间；而"给课文重拟题目、为×××加修饰语"可以在各类年级的教学中采用，而且这些学习活动在课堂实施时学生能比较充分地展示与陈述各自的观点。以下试通过具体的教学设计来说明其中的情况。

七年级语文《我的信念》

模块二　我的感悟

1. 请给居里夫人写一段颁奖词（80字以内），表达你对课文内容的深度理解。

2. 用简洁的语言概括课文主要内容。

3. 选择课文片段朗读，读出你对课文内容的深度理解。

五年级语文《珍珠鸟》

模块二　我的感悟

1. 给课文重新拟一个题目，表达你对课文内容的深度理解。

2. 用简洁的语言概括课文主要内容。

3. 选择课文片段朗读，读出你对课文内容的深度理解。

七年级语文《安塞腰鼓》

模块二　我的感悟

1. 给安塞腰鼓写一句广告语，表达你对课文内容的深度理解。

2. 用简洁的语言概括课文主要内容。

3. 选择课文片段朗读，读出你对课文内容的深度理解。

六年级语文《卢沟桥烽火》

模块二　我的感悟

1. 请用一个修饰语修饰卢沟桥事件，表达你对课文内容的深度理解。

2. 用简洁的语言概括课文主要内容。

3. 选择课文片段朗读，读出你对课文内容的深度理解。

在"模块二 我的感悟"的三项教学活动中，"活动1"的设计意图有两个，其一是让学生表达对课文内容个性化的解读结果；其二是训练学生的概括能力。在课堂实施时，该项学习活动的评价标准包括两个方面：一是对课文主题理解的程度；二是遣词造句的程度，即所展示的文采如何。在真实的教学情境中，学生很喜欢该项活动，每一次课堂展示都能表现出对课文内容深度的理解，视角独特且富有文采。多年的课堂实践还让我们感觉到，该项学习活动所达到的学习效果是深远的，不仅能很好地呈现学生对课文独特的理解与感受，而且对学生的写作构思、文章主题或观点的提炼等都产生了直接的影响。

"活动2"的设计意图是：让学生在加深对主要内容理解的同时训练其概括能力。在课堂实施时，该项学习活动的评价标准是简洁、准确。从发展的角度看，我们还希望学生在该项活动中得到更多，如从学会用简洁的语言准确地分享一篇课文的主要内容开始，逐步延伸到用简洁、准确的语言向他人分享一部小说、一部著作的主要内容。

"活动 3"的设计意图：一是朗读能力的训练；二是加深对课文内容的理解，并在朗读中陶冶情操、提高审美趣味。该项学习活动在课堂教学实施时的评价标准是学生能通过语音、语调的轻重缓急来传递对课文内容的感悟，且形成性评价贯穿该项学习活动始终。

以上三项学习活动中，"活动1"是必选活动，"活动2"和"活动3"是非必选活动，即可以根据教学的需要决定是同时选择这两项活动，或者只选择其中一项活动。

教师在进行"模块二"的教学设计时，需要注意以下四个问题：

1. 概括性与准确性。概括能力训练是"活动1"重要的学习内容，评价该项学习结果的重要指标是概括性是否强，学生所选择的词语、所重拟的题目、所编写的颁奖词和导游词是否概括了课文主要内容，是否准确表达出个人独特的感受，颁奖词、导游词等一般控制在80字以内；"活动2"概括课文主要内容，也以是否简洁、准确概括出课文主要内容为重要评价指标。这样做是为了保证学生个人概括能力与分析能力训练的质量和使用词语的准确性，同时也保证课堂学习活动的质量。在课堂分享与评价中，准确的概括、简洁的表达可以让更多的学生有机会分享，让课堂在有限的时间里流动更多的信息。同时，准确、简洁的语言能更有效地吸引同学们倾听，使师生互动、生生互动的效果更好。

2. 教师需要尝试。上述教学设计中重要的学习活动，教师自己必须亲自实践尝试。比如，你设计让学生写颁奖词，你自己得先尝试写一段颁奖词；让学生写广告语，你自己得先尝试写一句广告语；让学生重拟课文题目，教师自己也需要尝试给课文重新拟一个新题目；让学生用简洁的语言概括课文主要内容，教师自己也必须用简洁的语言概括课文主要内容。这样做一方面是深入备课，另一方面教师自己能从中体验到与学生共同成长的快乐。

3. 提供范例。类似于颁奖词、赞美诗、广告语等表达方式，教师需要根据学生的实际情况，事先为学生提供相关资源和范例，让学生知道怎样写颁奖词、怎样写赞美诗、怎样写广告语。同时教师自己所写的颁奖词、广告语、导游词及其对课文主要内容的概括，在形式上应该是规范的，并且在相关内容教学实施最后环节才呈现给学生。

4. 对学生的颁奖词、广告语、赞美诗、导游词持开放、欣赏的态度。颁奖词、广告语、赞美诗、导游词等是学生表达自己对课文内容理解的一种形式，并非学生在本节课中必须学习的表达方式，教师应需要从正面欣赏、鼓励、评价学生。对于个别不够完善的地方，教师在学生自己评价、同伴评价后指出不足。相信在教师的鼓励和欣赏下，在学生之间互相的评价中，学生能发扬优点、纠正不足、不断完善。教师无需盯住枝节问题不放，本末倒置。

三、课文形式的学习经历"理解、发现、归纳、运用"

语言是思维的工具，有限的语言结构形式承载着无限的思维内容，掌握基本的语言结构形式，可以顺利表达思想。基于脑的语文课堂重视语言形式的学习，倡导学生在理解与发现中学习语言结构知识，感受语言的奥妙与精彩。所谓"理解、发现、归纳、运用"是学生学习和运用语言形式的方法与途径，或者说是学习过程的思维活动。教师需要将语言形式的学习设计成便于学生理解、发现、归纳、运用的学习活动。

首先了解"理解、发现、归纳"的教学设计。"理解、发现、归纳"属于"模块三"的学习活动。所谓"理解、发现、归纳"是将需要学生学习掌握的语言结构知识和课文写作特点设计为学生动手、动口、动脑的学习活动，让学生自己操作体验，在活动中理解这些语言结构，发现其中的精妙，并归纳其中的特点与规律。例如，七年级语文短文两篇《第一次真好》的教学设计（表3.19）。

表3.19 《第一次真好》预习指引（模块三、四）

模块三　我的批注与发现

1. 反复读课文，将表达"感受"的段落和句子用＿＿＿线画下来，对其中触动你的词语或句子做批注。

2. 浏览全文，除了表达"感受"的段落、句子，剩下的内容是写什么的？请在这些段落和句子边上注明。

3. 将课文描写"见闻"和叙述"经历"中你认为精彩的描写用＿＿＿线画下来，并做批注。

4. 看一下自己的批注与画线，你发现课文的结构了吗？

模块四　我的练笔

学习课文的写法，试着把你印象最为深刻的"第一次"经历写下来，不少于500字。

练笔评价量规

评价要求	优	良	加油
用"见闻感"或者是"夹叙夹议"的构思布局谋篇			
描写"见闻"具体、形象			
叙述"经历"条理清晰			
感受真实独特，或者能给人启发			
没有病句，没有错别字			

《第一次真好》是一篇按照"所见所闻所感"（夹叙夹议）构思的课文。为了让学生理解并发现课文结构，所设计的学习活动是：第一，让学生画出抒发"感受"的段落和句子，并对其中感触深的句子做批注；第二，让学生浏览除自己画线的表达作者"感受"的段落和句子之外，发现课文还描述了"见闻"与"经历"，并对其中精彩的"描写"做批注；第三，浏览自己的画线与批注，归纳并发现文章的基本结构。这个过程，学生的思维是理解、发现与归纳同时进行的，或者说是在理解中发现并归纳课文的结构及其写作特点。

"我的批注与发现"是指导学生学习课文结构与写法常用的学习形式之一，也是指导学生学会"精读课文"的主要方法。此外，模块三的学习活动设计还有"我的幻灯片"、"我对×××的分析"、"我的电视剧本"、"我的演示文稿"、"他人眼中的×××"、"我眼中的×××"等。如六年级语文《最大的麦穗》的教学设计（表3.20）。

表3.20　《最大的麦穗》预习指引（模块三）

模块三　我的幻灯片

要求：1.为幻灯片拟一个题目；2.选取四个特写镜头，展示课文内容；3.为每个特写镜头起一个小标题；4.在镜头内写上旁白。

我的幻灯片

1小标题： 旁白	2小标题： 旁白
3小标题： 旁白	4小标题： 旁白

评价量规

评价标准	优	良	加油
题目能表达对课文内容的深度理解			
四张幻灯片能全面概括故事内容			
小标题概括准确			
旁白句子生动形象，可以选择课文中的句子			

"我的幻灯片"、"我的电视剧本"等学习活动，适用于叙事性的课文。例如"我的幻灯片"的设计，通常要求学生在记叙文的学习中，做四张幻灯片，将时间、地点、人物、事件起因放在第一张幻灯片，将事情的经过放在第

二、三张幻灯片，将事情的结果放在第四张幻灯片。让学生通过改编练习，进一步理解课文，巩固相关文章结构知识。

对于高年级的叙事性课文，可以直接让学生在电脑上制作演示文稿来呈现学习结果。例如，林海音的《爸爸的花落了》属于叙事文章，课文的静态样式是并列的几个生活片段，而文章的构思则像电影的镜头，在现实与人物意识之间来回跳跃。为了使学生认识这种构思，可以在教学设计中让学生制作"演示文稿"（表3.21）。

表3.21　《爸爸的花落了》预习指引（模块三）

> 模块三　我的演示文稿
>
> 请按照"评价工具"要求，将课文制作成演示文稿，通过6~8个镜头展示给同学看。例如：
>
> 镜头一：大礼堂里（现实）
>
> 坐满人，我坐在最前一排中间位子，襟上有一朵粉红色的夹竹桃。
>
> （画外音）妈妈："夹竹桃是你爸爸种的，戴着它，就像爸爸看见你上台一样。"
>
> 镜头二：医院里（回忆、昨天）
>
> 我："爸爸能不能起来，参加我的毕业典礼？"
>
> 爸爸哑着嗓子，拉起我的手笑笑："我怎么能够去？"
>
> 爸爸："没有爸爸，你更要自己管好自己，并且管好弟弟和妹妹，你已经长大了，是不是？"
>
> 镜头三：家里、早上、下大雨（回忆、六年前）
>
> 爸爸瘦瘦高高的，站到床前来，瞪着我："怎么还不起来，快起！快起！"
>
> "晚了！爸！"我硬着头皮说。
>
> "晚了也得去，怎么可以逃学！起来！"
>
> ……
>
> 爸爸从桌上抄起鸡毛掸子，把我从床头打到床角……
>
> 我号哭……

请你按照以上范例以及"演示文稿评价量规"完成其他镜头的制作。

演示文稿评价量规

评价要求	优	良	加
标明镜头的顺序，事情发生的时间、地点，注明镜头的情境属于现实还是回忆			
选择课文中的句子，描述镜头的情境			
选择课文中的句子，显示镜头中人物的对话			
属于人物的心理活动的语言描写，前面加上画外音			
不在现场的人物的语言描写，前面加上画外音			
可以为演示文稿配上插图			

我的发现：

在制作演示文稿的过程中，你发现作者的构思了吗？请注意你镜头中"现实"与"回忆"字样的顺序，你发现作者是怎样将现实与人物意识联系在一起，既有条理又有变化地叙述事情的？将你的想法与同学分享。

学生完成上述改编练习的过程，就是理解与发现的学习过程，不仅能有效地梳理结构比较复杂的课文，同时可以发现文章的构思特点。

其次了解"运用"的教学设计。所谓"运用"是让学生将自己在理解与归纳中发现的课文结构上的特点运用到自己的写作上来。该项设计属于"模块四"的教学内容。我们继续以《第一次真好》的教学设计为例说明具体情况（表3.19）。

《第一次真好》"模块四 我的练笔"的教学设计要求学生学习课文"描述见闻，抒发情感；叙述经历；抒发情感"的构思，叙述自己印象深刻的"第一次"。而这样的构思正是学生自己之前所"理解、发现、归纳"的。在这个环节的教学设计中，教师需要为学生设计"练笔的评价量规"，为学生的书面表达提供具体的指引。

需要说明的是，并非每一篇课文都需要设计书面表达训练，是否设计书面表达练习，视学习材料的情况和学生的实际情况而定。

四、灵活变通教学设计

在通常情况下，个体的阅读理解过程是：先解决"写了什么"的问题，然后解决"怎样写"的问题。我们通常都按照这个阅读理解过程设计教学活动，从内容到形式。不过，个体阅读过程中的内容理解与形式理解并非截然分开，两者通常融合在一起，互为因果。所以我们有一些教学设计并不严格区分课文内容教学与课文形式教学，而是根据学习内容的特点设计学习活动。例如，七年级语文《我的信念》的教学设计就是让学生在感悟—概括—比较的思维活动中完成学习任务的（表3.22）。

表3.22　《我的信念》预习指引

模块一　初读课文

（一）阅读步骤（内容略）

（二）阅读思考（内容略）

模块二　我的感悟

1. 请为居里夫人写一段颁奖词，表达你对课文内容的深度理解。

2. 用简洁的语言概括课文主要内容。

模块三　我的发现

认真看一下自己的思维导图，你发现《我的信念》与《行道树》在课文结构上有些什么相似之处？准备与同学分享。

模块四　基础知识操练（内容略）

学生如果完成上述"预习指引"的学习任务，其主要思维活动大致如下："第一模块"初读课文中产生了不少"感悟"；"第二模块"用颁奖词的形式概括并表达了自己的感悟；"第三模块"比较两篇课文的结构，进一步建构文章结构模式。"感悟、概括、比较"成为主要的思维活动，这就将教学设计置于了"感悟、概括、比较"的框架内。

又如，"名著阅读《童年》——外祖母性格分析"教学设计（表3.23）。

表3.23　"名著阅读《童年》——外祖母性格分析"预习指引

模块一　自主阅读

（一）阅读步骤

1. 阅读全篇。

2. 以思维导图做笔记，整理外祖母的相关信息。

（二）阅读思考

你是以什么为线索整理外祖母的信息的？为什么这样整理？准备与同学分享。

模块二　我的感悟

1. 以几个关键词概括外祖母的性格特点。

关键词：

2. 你的"关键词"都有哪些支撑的材料？准备与同学分享。

模块三　概括与具体的表达方式

1. 你当初选择的"关键词"是否全面、准确概括了外祖母的性格？整合同学们的意见，确定概括人物性格的关键词。

2. 综合同学和老师的意见，以概括具体的结构形式，写一段200字以上的人物分析。

表3.23的教学设计，模块一阅读梳理；模块二概括、分析；模块三表达练习。这就将教学设计置于了"感悟、概括分析、表达"的框架内。

总之，不管是将课文内容的学习置于"感悟、概括、表达"框架内，还是将课文形式的学习置于"理解、发现、归纳、运用"框架内，或者是为学生的思维发展变通学习活动，只是为满足学生学习中的思维发展需求而已。所谓"置于（　）框架内"是表明每一项活动设计都需要考虑学生高级思维活动，提醒教学设计者时刻不要忘记：教学设计的深层次问题是学生思维的发展问题。

五、基础知识的学习形式多样

所谓基础知识的学习指课文生字词、文学基础知识的学习掌握，课文有关人文知识的收集与学习。在基于脑的语文教学中，基础知识的学习由学生根据"预习指引"的要求，通过自主学习来完成。对于学习者来说，课堂中的基础知识学习是知识的巩固学习，教学设计主要是设计学习活动，将基础知识的学习置于多样的学习活动中，基本学习形式有小组学习活动和全班分享活动。其中，小组学习活动包括各种识字游戏、同伴互教互学、互相检测、互相评价等形式；全班分享活动通常有各种竞赛游戏、小组间基础知识大比拼、小组间的挑战与应战等。

至此，你也许看明白了基于脑的语文教学设计是一个基于学生"怎样学"的教学设计，其基本做法是以学生对不同学习材料的思维特点为基础设计形式多样的学习活动，让学生体验并建构"意义"，并通过学习活动将"意义"转换成能力，力图让学生在能学、会学、乐学的状态下完成学习任务。

第六节　诗歌教学设计

诗歌教学设计与现代文教学设计都在基于脑的学习模式框架内进行，两者设计思路相同，主要区别是诗歌教学突出"意境"的学习与欣赏，突出朗读，淡化课文结构的学习。下面我们将按照基于脑的学习模式中学习模块的顺序，逐一介绍诗歌的教学设计。

一、欣赏诗歌的思维过程外显化

诗歌的形象性、象征性及其强烈的情感性决定了好诗可以塑造出情境交融的画面，可以给读者创造深远的意境。指导学生学习诗歌，需要根据诗歌的特点为学生设计学习步骤。我们在"模块一　初读诗歌"为学生设计的诗歌学习步骤是：

步骤一：审题建立学习目标——预测"景"与"情"。

步骤二：浏览诗歌，边读边思考，找到问题的答案。

步骤三：想象诗歌为你塑造的画面反复诵读诗歌。

"步骤一"将学习目标锁定在"景"与"情"，让学生的学习一开始就抓住诗歌学习的本质问题，有针对性地学习与欣赏。

"步骤二"的边读边思考，是以形象思维为主的思考过程。针对诗句所描绘的"画面"，所蕴含的"情感"，引导学生通过联想和想象，重建画面，解读并建构诗歌的意境。

个体在诗歌欣赏中的联想和想象与自身脑的背景知识紧密相关。假如诗歌描写了"海"，学习者所联想的"海"的画面是不尽相同的。没见过"海"的学习者与见过"海"的学习者重建的画面不同，见过"海"的学习者与常在大海航行的水手重建的画面不同。此外，不同的人生经验，对诗歌所蕴含的"情"的理解程度也有差异，不过这都不影响学习者对诗歌基本"意境"的解读和领悟。只要学生懂得以"景"与"情"为目标展开联想与想象，无论脑的背景知识和经验有什么差异，只要能展开联想与想象，边读边思考的问题都可以顺理成章，不影响个体对诗歌的理解和感悟。

"步骤三"中的"想象"已经包含了联想，是在对诗歌意境解读或领悟后的诵读。

我们试结合七年级语文《在山的那边》"模块一 初读课文"的教学设计来说明具体的情况（表3.24；表3.25）。

表3.24 《在山的那边》原文

在山的那边

一

小时候，我常伏在窗口痴想
——山那边是什么呢？
妈妈给我说过：海
哦，山那边是海吗？

于是，怀着一种隐秘的想望
有一天我终于爬上了那个山顶
可是，我却几乎是哭着回来了
——在山的那边，依然是山

山那边的山啊，铁青着脸
给我的妄想打了一个零分！

妈妈，那个海呢？

二

在山的那边，是海！
是用信念凝成的海！

今天啊，我竟没想到
一颗从小飘来的种子
却在我的心中扎下了深根
是的，我曾一次又一次地失望过
当我爬上那一座座诱惑着我的山顶
但我又一次次鼓起信心向前走去
因为我听到海依然在远方为我喧腾
——那雪白的海潮啊，夜夜奔来
一次次漫湿了我枯干的心灵……
在山的那边，是海吗？
是的！人们啊，请相信——
在不停地翻过无数座山后
在一次次地战胜失望之后
你终会攀上这样一座山顶
而在这座山的那边，就是海呀
是一个全新的世界
在一瞬间照亮你的眼睛……

表3.25　《在山的那边》预习指引（模块一）

模块一　初读课文

（一）学习步骤

步骤一：审题建立学习目标——预测"景"与"情"。

阅读提示：看题目之后，你可能会想：山那边是怎样的？作者为什么要写山那边？或者山那边蕴含了作者怎样的感情？这些都可以作为你阅读理解的目标。

步骤二：浏览诗歌，边读边思考，找到问题的答案。

步骤三：想象诗歌为你塑造的画面反复诵读全诗。

（二）学习思考

1. 在诵读诗歌的过程中，你联想或想象的是一些怎样的画面？记下来准备与同学分享。

2. 你觉得诗歌中的"山"和"海"蕴含着什么意思？

3. 回想自己读诗过程，你认为欣赏诗歌要抓住什么？

表3.25"预习指引"的设计，首先通过"学习步骤"将欣赏诗歌的思维过程外显化，同时以"阅读提示"的形式将思维具体化，引导学生这样建立学习目标："看题目之后，你可能会想：山那边是怎样的？作者为什么要写山那边？或者山那边蕴含了作者怎样的感情？这些都可以作为你阅读理解的目标。"这些具体的提示让学生知道怎样预测"景"与"情"。

其次，通过"学习思考"指引学生反思学习过程，让学生从自己的读诗经历中归纳出学习诗歌的思维方法。例如，"在诵读诗歌的过程，你联想或想象的是一些怎样的画面？记下来准备与同学分享。"指引学生记下自己读诗所联想和想象的画面。如果学生围绕"景"与"情"来浏览诗歌，那么在读诗过程中，重现在学生脑海的"画面"：也许是伏在窗前凝望远山的"我"；铁青着脸的崇山峻岭；在崇山峻岭跋涉、满脸沮丧和失望的"我"；历尽失败后登上山顶、眺望波涛汹涌大海的"我"等等。而课文中一些直抒胸臆的诗句："在山的那边，是海！是用信念凝成的海！""在一次次地战胜失望之后　你终会攀上这样一座山顶"、"而在这座山的那边，就是海呀　是一个全新的世界　在一瞬间照亮你的眼睛……"这些诗句与脑海中的"想象"一起构成了情景交融的画面，这就是诗歌的"意境"。在这个基础上让学生读懂"海"和"山"的象征意义，并让学生初步归纳学习诗歌的方法已经是水到渠成的事情。

与现代文的教学设计一样，初读诗歌的步骤是既定的，教师在教学设计时只需要根据诗歌中的学习内容和学习者的特征，设计"阅读提示"和"学习思考"的问题。学生经过一段时间的训练，已经掌握了读诗的步骤并形成了习惯之后，学习步骤可以在"预习指引"中取消。

二、"感悟、概括、表达；朗读、升华"的学习途径

"感悟、概括、表达；朗读、升华"的学习途径及其思维活动是针对"模块二 我的感悟"所设置的。学生通过概括思维，将初读诗歌中的感悟以语言形式表达出来，进而在诗歌朗读中陶冶与升华情感。朗读是诗歌教学重要的内容，其目的是让学生在朗读中加深对内容的理解，进而陶冶情操、升华情感，同时训练学生的朗读能力。我们继续以课文《在山的那边》"模块二 我的感悟"在"预习指引"和"课堂教学计划"的教学设计为例，让你进一步了解这种情况（表3.26）。

表3.26 《在山的那边》教学设计（节选）

预习指引 模块二 我的感悟 1. 请给诗歌重新拟一个题目，表达你对诗歌内容的深度理解。 题目： 2. 再次诵读诗歌，读出你的感悟。 **课堂教学设计** （一）小组合作学习 1. 请给诗歌重新拟一个题目，表达你们对诗歌内容的深度理解。板书小组重拟题目（在黑板上）。 2. 诵读诗歌，读出你们的感悟，准备在全班分享。

（二）全班分享

1.分享与评价板书

2.分享与评价朗读。

（1）小组选择片段分享、组间评价与示范、全班练习朗读。

（2）全班练习朗读全诗、评价与示范、提升。

《在山的那边》模块二的教学设计包含了两项学习活动：（1）为诗歌重拟题目；（2）朗读诗歌。我们首先了解为诗歌重拟题目的学习中学生所经历的学习活动。学生在完成"模块一　初读诗歌"的学习活动之后，对诗歌意境已经有所"感悟"，他需要提炼与概括这些"感悟"，并借助语言形式表达出来，而为诗歌重拟题目就是满足学生这些学习需求的教学设计。在这个学习过程中，学生的思维经历了"感悟、概括、表达"，全班50名学生的感悟、概括、表达是不尽相同的，重拟题目的教学设计就为理解和表达诗歌的解读结果提供了一个开放的平台。当学生个人将自己重拟的题目在小组分享，讨论确定代表小组意见的重拟题目时，个人对意境的解读就上了一个台阶。当全班各小组板书各自的重拟题目并陈述与评价这些重拟的题目时，学生个体对诗歌意境理解的深度和广度会再上一个台阶，其"感悟、概括、表达"的思维水平也会再上一个台阶。

学生思维所经历的"感悟、概括、表达"思维过程，正是"模块二　我的感悟"基本的教学设计思路，围绕这个教学设计思路，"模块二　我的感悟"的教学设计还可以有其他的样式，如"为×××添加一个修饰语"、"用几个关键词概括×××"、"为×××写一段颁奖词"、"为×××写一句广告语"等。只要能满足"准确概括、语言简练"的条件，教师们可以创新更多的形式来设计该项学习活动。比如，随着信息技术的发展，在安装了直播系统的教室，当学生人手拥有Ipad的情况下，可以让学生运用图画软件将解读结果用画面的形式表现出来。如此，学生对诗歌意境的理解会更上一个台阶。

其次，我们了解"朗读诗歌"的课堂实施。"朗读诗歌，读出你的感悟"的设计思路是"朗读、升华"，此时的诗歌朗读其实也是一种表达，通过朗读，表达所感悟的。让学生在感悟诗歌的意境中朗读，在充满情感的朗读中陶冶情操，是该项学习活动设计的宗旨。该项学习首先是学生个体读，然后是小组集体读，最后在全班分享的学习活动中展示。在全班分享朗读的过程中，通常通过同伴评价与示范，提升朗读的层次与水平。可以借助多媒体为诗歌配上视频与背景音乐，可以设计小组读、个人读、全班读；片段读、全诗读、表演读，营造出与诗歌意境相一致的氛围，让学习者陶冶其中。该项学习活动在课堂教学的设计中通常需要安排足够的时间。

三、发现诗歌"意境"在字里行间的布局

解读与欣赏诗歌的"意境"是学习诗歌的主要任务，学生学习诗歌的质量如何，也是以对诗歌意境领悟的程度来衡量的。所以，指导学生学习并发现诗歌意境的奥秘，能有效地提升学生欣赏诗歌的水平。这项学习活动安排在"第三模块"。以下继续以《在山的那边》教学设计为例，说明相关情况（表3.27）。

表3.27　《在山的那边》预习指引（模块三）

模块三　我的批注与发现

1. 诗歌的词语耐人寻味，如果你认为诗中某个词语或者句子写得很精彩，你可以在词句下画线，在书的侧面空白处做"批注"。

提示：如"当我爬上那一座座诱惑着我的山顶"一句，你可以给"一座座"批注：表明了追求信念的路途坎坷遥远。

又如"一次次漫湿了我干枯的心灵"，你可以给"漫湿"批注：形象地描绘了海水对"干枯心灵"的滋养；还可以给"干枯"批注：形象地描绘了一颗渴望"新世界"的心，一颗在追求渴望的过程中屡受挫折的心等。

2. 找到你认为是描写情景的诗句，用___线做标记；找到你认为是抒发作者情感的诗句，用___线做标记。从自己的画线中你发现了什么？

3. 根据你的批注与画线，结合"山"与"海"的象征意义，你认为这首诗有什么写作特点？

　　《在山的那边》模块三的教学设计思路是：将学习置于"理解、发现、归纳"框架内。活动1，引导学生读诗时要关注词语中所描述的形象及其所蕴含的情感，并为学生如何做批注提供具体的帮助和支持，让学生动手操作；活动2，根据本诗的特点，有意识地让学生分别对描写情景的诗句和直抒胸臆的诗句画线做标记，让学生从自己的画线中发现本诗的文字包含了"景"与"情"两大部分的内容；活动3，最后让学生浏览自己所有的画线和批注，发现本诗的写作特点，发现"意境"的奥秘。这个过程就是学生自己动手、动脑操作的过程，是理解、发现归纳的学习过程。上述教学设计的意图是希望学生有以下发现：第一，发现诗歌一是有形象，二是有感情，好的诗歌是情景交融的画面，这就是意境；第二，发现用生动的词语、诗句描绘形象，给事物赋予象征意义是诗歌塑造形象的特点；第三，发现诗中的抒情，有的是直接表露于字面，直抒胸臆，有的情就融在所描绘的形象当中。

　　该项教学设计首先安排在"预习指引"中，让每一位学生都动手操作，有所发现。也许作为学生个体，在"预习"中不一定能有很全面、很完整的发现。不过这没关系，对于该项学习活动，个体还要经历小组合作学习和全班分享学习，这些学习过程可以让个体不断得到及时、具体的反馈，从中完善自己的学习，最后还可以从教师的学习小结中得到反馈。尤其重要的是当学生多次经历和体验类似的学习活动之后，学习与欣赏诗歌的能力可以逐步形成并提高，自主学习的品质也得以提升。

四、模仿诗歌小练笔

　　"模块四 我的小练笔"针对诗歌的形式为学生设计仿写小练笔。模块四的教学设计与模块三的教学设计紧密相连，两个学习模块一起构成对诗歌语言形式的学习，其整体的设计思路是将学习置于"体验、归纳、发现、运用"的框架内。"运用"环节放在第四模块来实施。如果所学诗歌的形式适合学生模仿练习，当学生发现了诗歌的结构和表达方式的特点之后，需要设计学习活动让学生运用这些表达方式去表达自己，表现生活。以下继续以《在山的那边》的教学设计为例（表3.28）。

表3.28　《在山的那边》预习指引（模块四）

模块四　我的练笔

以"我终于见到了大海"为题写一段话（可以是诗歌的形式）。

提示：这个海可以是自然的，也可以是生活的；可以是甜美的，也可以是苦涩的；可以是宁静的，也可以是狂暴的；可以是开朗的，也可以是阴郁的……

要求：要有海的形象描写，海的形象与所表达的情感相一致。

练笔评价量规

评价标准	优	良	加
描绘一幅情景交融的画面。可以是一段话，描写"所见所闻感"；可以是诗歌，塑造情景交融的画面			
有对海的描写，具体、形象、传神			
有情感抒发。可以在海的描写中寄托自己的感情，融情于景，也可以直抒胸臆			
没有病句，没有错别字			

　　上述教学设计与其说是让学生学习诗歌的表达方式，不如说是让学生学习诗歌的基本构思——借助一种形象，融进某种观点或情感，让学生学习"情景交融画面"是如何构思的。所以小练笔可以是诗歌，也可以是一段话。学生能具体地描写海的形象并融进或表达自己的情感，能初步描绘出一幅情景交融的画面就达到了学习目标。这种小练笔，其实也是对"意境"的构思与创造。就诗歌的创作而言，所谓的"意境"也就是作者的"构思"。

　　诗歌的"运用表达练习"除了意境之外，还有"诗句及其结构"的学习运用。例如三年级课文《听听，秋的声音》第四模块的教学设计（表3.29）。

表3.29　《听听，秋的声音》预习指引（模块四）

模块四　我的小练笔

学习诗歌的结构及其句式，以"听听，春的声音"为题目，完成诗歌创作。

《听听，秋的声音》原文节选	《听听，春的声音》练笔
听听， 秋的声音， 大树抖抖手臂， "刷刷"， 是黄叶道别的话音。	听听， 春的声音， ＿＿＿＿＿＿＿＿＿， ＿＿＿＿＿＿＿＿＿， ＿＿＿＿＿＿＿＿＿。
听听， 秋的声音， 蟋蟀振动翅膀， "㘗㘗"， 是和阳台告别的歌韵。	听听， 春的声音， ＿＿＿＿＿＿＿＿＿， ＿＿＿＿＿＿＿＿＿， ＿＿＿＿＿＿＿＿＿。
秋的声音， 在每一片叶子里， 在每一朵小花上， 在每一滴汗水里， 在每一颗绽开的谷粒里。	春的声音， 在＿＿＿＿＿＿＿， 在＿＿＿＿＿＿＿， 在＿＿＿＿＿＿＿， 在＿＿＿＿＿＿＿。

练笔评价量规

评价标准	优	良	加
能完成三节诗歌的创作			
能形象地描写每一种动物或者植物的动作			
能传神地写出每一种动物或者植物的声音			
能准确地告诉大家是怎样的声音			

　　无论是哪一种"运用表达练习"，都要为学生设计"练笔评价量规"，为学生提供具体的指引。

　　至此，你对诗歌的教学设计也许已经有了初步的认识。与现代文教学设计相比，诗歌教学设计强调"意境"在理解和欣赏过程中的意义，有别于现代文重视文章结构在阅读理解中的意义；诗歌教学设计将课文内容学习置于"感悟、概括、表达；朗读、升华"的框架内，突出诗歌的朗读，有别于现代文教学设计将学习置于"感悟、概括、表达"框架内；诗歌教学设计强调让学生发现"意境"在字里行间的布局，有别于现代文教学设计强调发现文章结构及其写作特点。

第七节　文言文教学设计

现代文是从文言文发展而来的，但是经过漫长的演变之后，现代人要读懂文言文比较困难。学生学习文言文，需要认识一些现代汉语中已经不使用或者很少使用的字词，理解一些古今含义不尽相同的字词，认识古代汉语的句式，并对古代社会的相关信息有所了解等等，对于脑来说这些都是新知识的建构。不过，因为现代汉语是从古代汉语发展变化而来，古今有着千丝万缕的联系，所以，对于脑来说，学习文言文也有不少相关的背景知识。

基于对文言文学习的上述认识，我们对文言文的教学设计在遵循现代文学习一般规律的基础上，强调了以下两项内容的教学设计：第一，"模块一 初读课文"的教学设计增加建立"场景"概念的阅读指导，让学生学会在清晰的背景下建构意义。第二，凸显以词语、句子解读为基础的文言文阅读理解方法的学习。首先，"模块一 初读课文"让学生在初读课文之后，记录暂未理解的词语，准备请教同学。同时"模块一 初读课文"在课堂实施时，设置学生讲解活动，学生自己讲解词语、句子，呈现初读课文的学习结果。其次，在模块三的学习中，让学生通过"批注"加深对字词句的理解，归纳文言语法现象。再次，在"基础知识操练"中加强文言词语的巩固学习。

一、建立"场景"概念

与现代文阅读理解相比，文言文阅读理解需要更清晰的场景概念支持。所以，文言文的教学设计要指导学生建立"场景"概念，让学生在清晰的背景下阅读理解。如课文《曹刿论战》就在"公曰"与"对曰"中完成了事件的叙述。阅读该文如果没有场景概念，弄不清人物称谓及其关系，难免有不少困惑。如果了解战国历史，知道写的是长勺之战，明确这是鲁庄公和曹刿之间的对话，这就建立了清晰的"场景"概念，在这样的概念之下阅读理解就减少了许多困惑。所以，指导学生利用相关资源建立场景概念，成为模块一重要的教学内容。我们试通过下面的"文言文阅读步骤"了解相关情况。

步骤一：审题建立阅读理解目标——预测内容与文章结构，利用教材提示和注释，建立"场景"。

步骤二：浏览课文——利用场景信息，验证预测，了解课文梗概。

步骤三：借助词语解释，联系上下文逐句读懂全文。

文言文阅读步骤与现代文阅读步骤基本相同，都是1.审题建立阅读理解目标，2.浏览全文，验证预测，3.梳理全文。区别之一是文言文阅读需要指导学生学会建立"场景"概念；区别之二是文章结构知识仅作为阅读理解的背景知识支持阅读理解，不作为学习的新知识。

阅读文言文在预测文章内容时，需要指导学生学会将所预测的内容具体化，建立"场景"的概念。所谓场景，一是指文章内容的时代背景；二是指文章内容所呈现的具体的情境，如什么环境、什么事、什么人、关系如何等。例如，九年级课文《出师表》，课文题目下有这样的提示："诸葛亮为蜀汉基业'鞠躬尽瘁，死而后已'，蜀汉建业五年（227），他率师北上伐魏，在出师前写下这篇传诵千古的表文……学习时要反复诵读，体会作者的思想感情。"学习者根据上述提示以及课文的注释可以建立这样的场景：文章的时代背景是三国，作者是诸葛亮。诸葛亮为蜀汉基业鞠躬尽瘁死而后已，刘禅与诸葛亮虽是君臣关系却情同父子，诸葛亮要带兵出征北上伐魏，临行前向刘禅陈情言事。所陈之情，所言之事，就在这个场景的概念之下。

我们结合课文《狼》的具体内容，进一步说明这种情况。课文中有一段话："屠惧，投以骨。一狼得骨止，一狼仍从。复投之，后狼止而前狼又至。"这段话以非常简洁的语言描述了屠户的心态及其行动，也分别描述了两只狼的行为反应。但是，其中所表示的称谓及其行为关系的一些语句如"一狼得骨止"、"一狼仍从"、"后狼止而前狼又至"等，如果没有清晰的场景为依托，要看明白比较费劲。如果让学生利用教材的提示："本文写了两只狼与一个屠户之间的一场较量，文笔简练，情节曲折。狡诈的狼想吃掉屠户，却最终双双毙命于屠户刀下"，明确课文所呈现的情境是两只狼和一个屠户之间的较量，这就是场景信息。在这个场景下，再去解读具体的文字："屠户害怕以骨投喂之，一只狼得到骨头停止前进，另一只狼继续尾随，屠户再以骨投之，后面得到骨头的狼停止前进，而之前得到骨的狼又继续尾随"，如此，就能减少阅读中的困惑。所以，所谓建立"场景"就是让脑先建构一个与课文内容相关的情境，在这个场景下解读具体的信息，就能在比较清楚的背景下解读文字，建构意义。

我们所设置的文言文阅读步骤是既定的，为了让学生建立"场景"的概念，通常针对具体的课文内容，以"阅读提示"和"阅读思考"的形式提出问题，指引学生建立课文的"场景"。如《狼》的相关教学设计（表3.30）。

表3.30　《狼》预习指引（模块一）

> 模块一　初读课文
>
> （一）阅读步骤
>
> 步骤一：审题建立阅读理解目标——预测内容与文章结构，利用教材提示，建立"场景"。
>
> 阅读提示：课文可能介绍动物狼？可能叙述与狼相关的故事？这些预测都可以成为你阅读理解的目标。请你注意课文题目下面的提示，关注课文内容的"场景"信息——地点、时间、谁与谁之间发生的故事？
>
> 步骤二：浏览课文——利用场景信息，验证预测，了解课文梗概。
>
> 步骤三：借助词语解释，联系上下文逐句读懂全文。
>
> （二）阅读思考
>
> 1. 阅读中你遇到不懂的词语是怎么解决的？结合具体的例子，将你的方法告诉同学。
>
> 2. 课文的"场景"信息让你知道了什么？对理解内容有什么帮助？（举例说明）
>
> 3. 将自己学习文言文感到困难的地方整理一下，准备向同学、老师请教。

《狼》预习指引（模块一）在三个地方指导学生建立并利用场景信息。

　　"步骤一"　审题建立阅读理解目标——预测内容与文章结构，利用教材提示和解释，建立"场景"。该步骤提醒学生预测内容与文章结构时需要利用教材的提示和解释帮助自己建立与课文内容相关的具体情境，进而通过"阅读提示"具体指导学生建立场景：请你注意课文题目下面的提示，关注课文内容的"场景"信息——地点、时间、谁与谁之间发生的故事？

　　"步骤二"指导学生：浏览课文——利用场景信息，验证预测，了解课文梗概。该步骤提醒学生在浏览课文时，利用场景信息可以有效帮助自己理解课文内容。

　　"阅读思考1"提出与场景相关的思考问题：课文的"场景"信息让你知道了什么？对理解内容有什么帮助？让学生在反思中体会阅读理解过程可以怎样建立场景信息、可以怎样利用场景信息。

　　"阅读步骤"、"阅读提示"、"阅读思考"分别为学生设计了建立"场景"、利用"场景"的学习指引。在课堂实施时，"阅读思考"中的问题还需要学生在全班分享。当个别学生分享自己的阅读思考过程时，对别的学生而言，就是建立"场景"思维方法的学习。比如学生可能这样分享自己的阅读思考：我阅读课文时看到这段话"屠惧，投以骨。一狼得骨止，一狼仍从。复投之，后狼止而前狼又至。"开始不大明白它的意思。后来想，课文是叙述一个屠户和两只狼的故事，那么这段的意思就是：屠户害怕，将卖剩的骨头扔给狼。一只狼得到骨头停止不前进了，另一只没有得到骨头的狼继续尾随着他（往前走）。屠户再扔去骨头，后面上来的狼得到骨头停止前进，而前面（吃完骨头的狼）又尾随往前走。这种思维方法互相学习的策略，是学生自主学习能力培养的有效途径与方法。

　　此外，就预测文章结构而言，古今的文章结构基本相同，学生利用现代文学习中积累的文章结构知识，对于文言文的阅读理解同样很有意义。《狼》课文题目下的提示中有一句话：这个故事所表现的狼与人的争斗，是意味深长的。句中"故事"一词就意味着这是写事的文章，那么，故事的起因、经过、结局就是阅读重点，这对于顺利、快速阅读理解课文内容也是很有帮助的。

　　需要注意的是，文章结构知识在文言文阅读中作为内在阅读理解目标，其作用只是利用学生在现代文学习中的已有文章结构知识帮助个体阅读理解文言文，因为古今文体的结构大致相同。但是，文章结构知识并非文言文阅读中需要学习的内容，所以文言文阅读"步骤三"与现代文阅读"步骤三"学习内容并不完全相同。现代文阅读"步骤三"是用思维导图梳理课文内容与结构，文言文阅读"步骤三"是借助词语解释，联系上下文逐句读懂全文。

无论如何，"场景"、"文章结构知识"都是脑可以被激活的背景知识，激活这些背景就等于为脑的意义建构打开了更多联结的通道。我们试通过另一篇课文《童趣》的教学设计进一步说明这种情况。

《童趣》教材有一段阅读提示：一种平常的景象或事物，通过想象和联想，会变得美丽而又奇特，从中可以获得许多"物外之趣"。你在童年时代有过这样的体会吗？课文是用文言文写的，只有二百多字，要仔细体会这种语言简洁的特点。利用"教材提示"，为学生设计模块一的学习活动（表3.31）。

表3.31　《童趣》预习指引（模块一）

模块一　初读课文

（一）阅读步骤

步骤一：审题建立阅读理解目标——预测内容与文章结构，利用教材的提示和注释，建立"场景"。

阅读提示：童趣——题目告诉你，课文可能写童年的人和事、情与景。这些预测都可以成为你阅读理解的目标。

请你利用课文题目下面的提示建立课文的场景。例如，"童年"、"平常的景象和事物"、"联想和想象"等关键词语很可能与课文所描写的情境相关，通过这些关键词，为自己初步建立课文内容的场景。

步骤二：浏览课文——利用场景信息，验证预测，了解课文梗概。

步骤三：借助词语解释，联系上下文逐句读懂全文。

（二）阅读思考

1. 课文为你描述的是一些怎样的景象？是哪些信息告诉你的？

2. 阅读过程遇到不懂的词语你是怎样解决的？除了借助词语解释，是否还有别的方法？

3. 将自己学习古文感到困难的地方整理一下，准备向同学、老师请教。

上述教学设计"步骤一"下的提示：首先引导学生借助题目建立阅读理解目标，并进一步指引学生利用课文题目下的提示，抓住关键词为课文建立场景：童年、通过想象与联想使平常的景象变得美丽而奇特。让学生在这样的场景下浏览全文，梳理文意。

阅读文言文强调建立"场景"，目的是让学生初读课文时能有效激活相关背景知识，让神经网络可以在相对清晰的框架内建构意义，尽可能避免或减少学生学习过程的无助感，这对于提高阅读质量和培养语文学习兴趣都是极其重要的。

二、在"理解、归纳、发现"中学习

由于古今句式、词义的差异，我们要求学生阅读文言文时要逐词逐句弄懂理解；由于文言中的遣词造句有自身的规律，我们希望学生能归纳并发现这些规律，进而能举一反三，从根本上掌握学习文言文的方法，提升学习阅读文言文的能力。于是，我们将第三模块的教学设计置于"理解、归纳、发现"的框架内，让学生主要以批注的形式经历这个阅读理解的思维过程。我们继续以《狼》的教学设计为例说明具体情况（表3.32）。

表3.32　《狼》预习指引（模块三）

模块三　我的批注与发现 　1. 课文有四处地方出现了"止"字，在每一个"止"字边上注释。它们所代表的意思一样吗？发现什么规律吗？准备与同学分享你的发现。 　2. "其"字在课文多处出现，为"其"分别注释。"其"在课文中所代表的意思有规律吗？将你的发现与同学分享。 　3. 将课文中描述"狼的狡猾"的句子和"屠户的机智"的句子用＿＿＿线画下来。请注意描写行为和神态的词语，给你认为使用精彩的词语做批注。比如：一狼洞其中。批注：将名词"洞"用作动词"打洞"，语言简洁。 　4. 将作者对事件议论的句子用＿＿＿线画下来。将你的理解或感受作为批注写在边上。 　5. 浏览自己的画线与批注，你觉得课文在写法上有些什么特点？准备与同学分享。

首先，上述教学设计是以词语理解和积累为基础的学习设计。例如，让学生在阅读文本中通过自己的批注了解和理解词语"止"和"其"的意思及其不同的用法。"止"在本课四处出现，有三处通"只"。学生在具体的文字情境中批注，不仅可以理解"只"在不同句子中的含义，还积累了通假字的概念，并体验到通假字在文言文中的常见现象。

其次，让学生归纳与分析文言文中词语、句式、篇章等各种现象，并归纳本文写作特点。上述教学设计让学生归纳与分析的现象是多方面的。一是文言文中古今词义和用法有差异的词语及其规律的归纳分析，第1、第2题属于这种情况；二是古今词性有差异，名词用作动词现象及其规律的归纳分析，第3题属于这种情况；三是由学生从自己对词语、句子、段落的批注中分析归纳课文结构与写法，第1到第5题都属于这种情况。

第三，发现规律。让学生经历了动手、动脑的批注及其归纳分析之后，发现其中的规律并发现本篇课文的写作特点。该项学习涉及上述教学设计第1至第5所有题目。对这些规律与特点的发现，不要求学生书面记录，但是必须有所思考，准备口头与同伴分享。

从理解到归纳分析，再到发现规律，这是学生在第三模块学习中所经历的思维发展过程。第三模块的学习活动不限于上述教学设计，可以有更多的形式，不过所有学习活动的背后，都要针对文言文阅读理解的特点，满足学生思维发展的需求，以保证学习的有效性。

三、词语、句式的学习有更多联结通道

与现代文的学习相比，文言文的学习需要强化词语、句子的学习，需要对课文所涉及的文学知识、作家及其时代背景有所了解或者有所掌握。为此，我们在"基础知识操练"的学习模块增加了相关的学习内容。我们继续以《狼》的教学设计为例介绍相关情况（表3.33）。

表3.33 《狼》预习指引（模块四）

模块四 基础知识操练
1. 给画线的字注音并注解
（1）途中两狼，缀行甚远。（ ）
（2）屠大窘，恐前后受其敌。（ ）
（3）场主积薪其中，苫蔽成丘。（ ）
（4）屠乃奔倚其下，弛担持刀。（ ）
（5）狼不敢前，眈眈相向。（ ）
（6）身已半入，止露尻尾。（ ）
（7）狼亦黠矣。（ ）
2. 解释下列画线的词
（1）顾野有麦场，场主积薪其中，苫蔽成丘。（ ）
（2）一狼径去，其一犬坐于前。（ ）
（3）转视积薪后，一狼洞其中，意将隧入以攻其后也。（ ）（ ）
（4）乃悟前狼假寐，盖以诱敌。（ ）（ ）
3. 搜集《聊斋志异》及其作者的信息，准备与同学分享。

　　上述教学设计，其实是对基础知识的强化学习活动。在前面的模块学习中，学生对这些知识已经有所理解或者有所掌握，在模块四让学生进行基础知识反复练习，其实是让学生复习巩固相关知识。而在课堂实施时，基础知识操练的学习活动通常以基础知识竞赛、学习小组互相PK的形式进行。这样，脑对于基础知识的学习，就形成了更多的精细加工活动，这对于知识的深入理解和知识的巩固都是有意义的。

　　总之，与现代文学习相比，文言文的教学设计需要强调词语、句式的学习积累，需要考虑如何激活学生已有的相关背景知识，考虑如何指导学生发现并归纳文言文的语法现象及其规律。

第八节　综合性学习教学设计

语文综合性学习是不在基于脑的语文教学模式框架内的学习，教学设计不必按照基于脑的语文教学模式中的程序设计学习活动。在基于脑的语文教学中，语文综合性学习教学设计主要有两种情况：第一，根据教材的内容设计具体的学习活动；第二，根据学生的生活设计学习活动。

一、根据教材内容设计学习活动

根据教材内容设计学习活动通常从以下两方面着手：

一是根据学生的实际情况，整合、变通教材内容。比如七年级语文第一单元的综合性学习"成长的烦恼"的活动设计变通为"活动一 写一写我的烦恼"、"活动二 说一说我的烦恼"、"活动三 解决烦恼我有招"。

二是为学生的学习活动搭建学习支架。比如七年级语文下册综合性学习"黄河 母亲河"有两项学习活动：召开一次以"黄河之忧"为主题的调查报告会；针对黄河流域和水污染的生态危机设计一则公益广告。针对这些知识性比较强的学习活动，教师要为学生的学习搭建学习支架。比如，为学生撰写调查报告提供"调查报告大纲"，提供"调查报告评价量规"，还可以提供一些调查报告的范例，让学生知道调查报告包括哪些内容，好的调查报告应该是怎样的等等。同样，也要为设计公益广告提供学习支持，比如"广告评价量规"、"公益广告范例"，并提供相关网址，让学生在网上浏览更多的公益广告范例。

二、根据学生的生活设计学习活动

人脑喜欢沉浸于生活的学习，脑在现实生活中以多种形式学得最好。这是脑科学的研究成果，也是人类生活中的普遍现象。它们都在提示我们，学校教育中的语文学习除了追求课堂高效学习之外，还需要将目光投向课外的语文学习，投向生活中的语文学习。

根据学生的生活设计学习活动有三个要点：首先，让学生在生活中学习；其次，体现综合性与实践性；第三，需要使用其他的学习方式来开展学习活动。

三、把目光投向语文课之外的时间与空间

当我们的阅读教学已经形成"基于脑的语文教学模式"，保证了课堂学习的高效之后，我们需要将目光投向学生课堂之外的生活，为语文综合性学习找到空间与时间。比如学生的假期生活、学校的大型活动，现实世界中的问题等，都是我们可以利用的时间和空间。以下是我们为小学生设计的寒假作业"基于春节的学习活动"的其中两个主题活动（表3.34；表3.35）。

表3.34　基于春节的学习活动一：我是理财小专家

主题一　我是理财小专家
活动一　家庭理财
活动内容
（一）家庭春节开支预算
年前，与家长沟通，为春节开支提出自己建设性的意见。为家里的春节开支做预算，在"春节家庭开支一览表"中填写预算款项。
（二）与家人一起办年货
1. 主动参与家庭办年货活动，主动与家人到市场、商场购物，学习如何做精明的消费者。
2. 逐项记录春节期间家庭各项费用支出，将支出款项填在"春节家庭开支一览表"上。
（三）家庭春节开支结算
1. 年后，统计春节期间家庭开支情况。
2. 分析统计表的情况：思考统计表让你发现了什么？你有什么建议？
（四）写出春节理财报告
填写理财报告表格内容，完成春节理财报告的撰写。
（五）向家人公布春节理财报告
说明：根据学生的实际情况，可以选择其中一项春节开支来预算、结

算和写报告。比如年三十晚餐；新年家居布置（购买对联、鲜花等）。

活动二　压岁钱的管理

活动内容

（一）压岁钱的统计与使用

1. 自己制作一张统计表。

2. 记录压岁钱在寒假的收入与支出情况。

（二）压岁钱的使用计划

1. 分析压岁钱的收入与支出情况，为剩余的压岁钱做管理计划。

2. 将计划与家人分享。（可以做书面计划，也可以口头向家人汇报）

表3.35　基于春节的学习活动二：春节家务我能行

主题二　春节家务我能行

活动一　我为过节做准备

活动内容：

1. 节前，至少独立承担家里1~2项清洁卫生打扫工作。

（低年级的学生能够协助家人完成至少1~2项清洁卫生打扫工作）

2. 为家里布置祥和喜庆的春节环境出谋划策，参与春节家庭环境布置工作。

（1）购买年桔、鲜花、对联、窗花（可以自己动手写对联、剪窗花）。

（2）将自己最欣赏的家庭环境一角拍成照片，给照片做注解，说明这是你家中的什么地方，你为照片中的环境干了些什么，有什么感受。

活动二　我是小厨师

活动内容：

1. 在春节期间为家人做一两道菜：自己设计菜谱；自己采购材料；自己下厨。

2. 将所做的菜拍成照片。

3. 为自己所做的菜分别设计广告语，附在照片上面，准备与同学分享。

4. 有条件的同学可以将自己做菜以及家人品尝的过程拍成DV，准备与同学分享。

上述活动设计选自我们为小学中、高年级学生设计的基于春节的项目学习。它基本体现了我们的设计理念：让学习沉浸于生活，体现语文学习的综合性和实践性。既然是渗透于日常生活，那么语文综合性学习的主要时间和空间就不在课堂。于是，着眼于学生语文课堂之外的学校生活和家庭生活设计学习活动，便成为我们实践大语文观的主要的途径。上述教学设计便是渗透于学生假日生活、家庭生活的学习活动。此外，学习活动还可以渗透在学生学校生活的各个方面，如"英语节"、"科技节"、"校运会"等活动，都可以渗透语文学习。下面是我们为"校运会"设计的其中两项学习活动（表3.36；表3.37）。

表3.36 基于"校运会"的学习活动一：我们是班级啦啦队

主题一 我们是班级啦啦队

活动一 招募啦啦队员

1. 设计招募广告

发起人（2~3名）用大白纸通过图画、广告语等形式将啦啦队的理念、要求呈现出来，将招募广告粘贴在班级内。

2. 接受报名登记。

活动二 我们的口号与道具

1. 所有队员集中开会，确定相关口号，确定道具（装饰）、Logo，选出总指挥与副总指挥。

2. 人员分工。将人员分为若干小分队（以便本班运动员同时在不同的项目比赛时能有啦啦队的助威）。选出各小分队指挥、副指挥，明确各小分队任务。

3. 彩排（啦啦总队彩排，小分队彩排）。

活动三 现场实施与现场描述

1. 按照分工开展活动。

2. 休息时间，啦啦队员集合，总结经验，以利再战。

3. 将感受最深的一次啦啦队活动采用场面描写的形式描述下来。

表3.37 基于"校运会"的学习活动二：我们是小记者

主题二 我们是小记者
活动一 成立记者团
1. 设计招募广告
发起人（2~3名）用大白纸通过图画、广告语等形式将记者团的理念、要求展示出来，将招募广告粘贴在班级内。
2. 接受报名登记。
活动二 采访前的学习与分工
记者团成员集中
1. 制作记者标志牌。（自己设计，自己采购卡纸，自己制作）
2. 按照评价量规的要求学习如何做记者，如何采访提问。记者团成员互相演练。
3. 分工。
活动三 采访与发稿
1. 现场采访。
2. 以海报的形式发稿，及时发布运动会各项比赛新闻。
3. 以广播稿的形式发稿，在学校广播站广播。
4. 现场拍照，为照片撰写说明、题词等。举办专题照片展。

四、体现语文学习的综合性与实践性

语文综合性学习需要体现综合性与实践性。我们认为，所谓综合性，是大概念的综合性，既包括语文知识的多方面综合，更包括各学科知识、生活常识和品德教育等。因为在这样一个大的框架内学习，更适合脑的学习。所谓实践性，重点是在生活中运用语文。两千多年前孔子就说过：学而时习之不亦乐乎。孔子所说的意思是：学习了，而所学知识经常在生活中得到运用与验证，是一件很快乐的事情。今天，我们从脑科学的角度看待学习与生活，进一步认识到：人脑之所以喜欢沉浸于生活的学习，是因为生活是丰富多彩的，是复杂的，它具备了脑学习所喜欢的新颖性和挑战性，它可以打开更多神经网络联结的通道。所以，设计语文综合性学习，需要有大综合的概念，需要有大的视野，需要体现"运用"与"实践"。

例如，春节活动设计中"我是理财小专家"的主题活动，撰写"理财报告"是语文知识的学习与运用，"统计表"的计算是数学知识的学习与运用，在完成统计表的预算、统计、分析过程中，学生需要与家人沟通，参与家庭购物，为家庭理财出谋划策等，其实已经将学生多种能力的培养及其品德教育渗透其中。

例如，我们将学生社会化进程中可能碰到的一些基本问题作为学习主题，设计"主题学习"活动，让高年级的学生以研究性学习的方式探讨人生、探讨社会、探讨世界，并以论文的形式呈现学习研究的结果，让学生在更广阔的领域，在更深层次的思维空间里学习与思考。到目前为止，我们设置的主题包括"爱与被爱"、"权利与义务"、"人与自然"、"战争与和平"。围绕"主题"开展研究性学习，是基于脑的语文教学的必然产物。其一，在基于脑的学习模式下，学生的语文能力迅速提高，他们不需要花太多的时间去学习教材的内容，他们需要在更广阔的空间里探讨人生，探讨世界；其二，随着语文能力以及思维品质的提升，他们需要学会使用更多的表达方式去完整地、深入地表达自己的观点，表达自己对世界、对人生的看法。基于上述的原因，基于脑的语文教学水到渠成地形成了围绕主题开展研究性学习，以论文的形式呈现学习研究结果的语文综合性学习项目。

我们对语文综合性学习的教学设计，主要是"基于项目的学习"和"研究性学习"这两种学习方式的教学设计。

五、基于项目学习的教学设计

基于项目的学习是语文综合性学习的重要学习方式之一。我们从学习方式的角度去认识和设计语文综合性学习，在基于项目学习的框架内设计语文综合性学习，就从本质上把握了语文综合性学习的特点，并且使学习设计变得简单明了。

在现代汉语词典中，项目是指事物分成的门类。学界对基于项目的学习常见的描述如下：项目一般是指在特定的时间内，为了实现与现实相关联的特定目标，把需要解决的问题分解为一系列相互联系的任务，以便群体间可以相互合作，并有效组织和利用相关资源，从而创造出特定产品或提供服务，包括物质产品、创意、简报、发明建议等多种形式。把项目应用于教学领域，则成了基于项目的学习。基于项目的学习有六个构成要素，它们分别是：

目标：项目学习的教学目标

角色：学生在项目中所扮演的角色

对象：项目所服务的对象（为谁做的项目）

情境：项目实施的背景和环境

产品：项目实施后所要达到的成果

标准：评价项目成果的标准

我们试通过"基于春节的学习活动"中"我是小厨师"的活动设计说明六要素（表3.38）。

表3.38　"我是小厨师"活动设计

"我是小厨师"主题活动

目标：能以家庭小主人的身份，为家人烹调一两个菜式；能将菜式拍成照片，并设计广告语。

角色：小厨师

对象：家人

情境：家庭日常生活

产品：（1）自己动手烹调的一两款菜式；（2）菜式的照片及广告语。

标准：

标准一：小厨师评价量规

标准	自评			家长评		
	优	良	加油	优	良	加油
能自己设计菜式						
能自己购买材料						
自己动手烹调						
色、香、味俱全						
请家人品尝						

标准二：广告语评价量规

标准	自评			家长评		
	优	良	加油	优	良	加油
能体现菜的特色或者感受，若两者包含其中最佳						
语言准确，能吸引人的眼球						
没错别字，没有病句						

在基于项目学习的六要素中，"目标"和"标准"是重点和难点。"目标"的设计要求与本章第二节的内容"清晰具体的学习目标"是一致的，此处不详谈。"标准"的设计通常是以"评价量规"或者表格的形式，将学习目标进一步具体化或者量化。尤其是知识性比较强的产品，例如广告语、春节理财报告、压岁钱管理计划、招募广告、场面描写、新闻稿件等等，这些产品其实就是语文知识运用的结果，所以通常需要通过评价量规、模板、范例等形式，为学生提供具体的指引（详见第六章 教学设计实例）。

六、研究性学习的教学设计

研究性学习就是学习如何做研究。基于脑的语文教学以研究性学习的方式，让学生围绕主题开展学习研究。学生在研究性学习过程中需要围绕问题收集资料，整理分析资料，提炼观点，形成结论，撰写论文，并且需要与同伴讨论、分享、评价每一项学习内容及学习成果。

研究性学习的教学设计包括两项内容：第一，设计自主学习指引。这是指导学生个体按照研究步骤开展学习的活动设计。第二，设计研究性学习实施方案。这是实施研究性学习的行动计划，内容包括学生的个体学习、小组合作学习、全班学习活动和教师的教学指导和教学策略。

研究性学习的教学设计首先需要做好两项工作。

第一，选择与确定学习主题。因为是以"学习主题"为内容对象开展研究性学习，所以选择怎样的主题，成为教学设计需要考虑的首要问题。我们以社会、人生的基本问题作为学习研究的主题。社会问题主要是国内、国际现实生活中的问题，人生问题主要是学生"社会化"过程碰到的问题。比如，爱与被爱、权利与义务、人与自然、战争与和平等等。社会、人生的基本问题通常与学生的社会生活以及成长经历紧密相关，这就为学生提供了沉浸于生活的学习，就能激发学生的学习兴趣。另外，研究社会与人生的基本问题，答案通常都不是唯一的，有利于学生学习如何做研究。学生可以通过收集、整理资料，分析、归纳得出结论，写出论文等步骤，拓宽视野，提升思维的品质，逐步学会辩证地看问题，从而在价值观和人生观的形成过程中得到更多正能量。

第二，制定"研究性学习基本步骤"。"研究性学习基本步骤"是教师指导学生开展研究性学习的基本框架。一方面通过这个基本框架来保证研究性学习的科学性，另一方面又以这个基本框架来指引学生有效学习（表3.39）。

表3.39　研究性学习基本步骤

步骤一　收集资料与储存资料

（一）收集资料

方法1：根据"自主学习指引"提出的问题，以问题为单位收集与储存信息；

方法2：设计问卷，调查与收集信息，分类保存信息。

（二）根据"收集资料评价量规"检查、完善个人所收集的资料

（三）小组成员互相检查、互相学习

步骤二　分析资料并形成结论

（一）分析资料并形成结论

方法1：以问题为单位收集与储存信息。分析每个问题所收集的资料，用一句话或一段话记下自己对每个问题的感受或观点；归纳所有问题所形成的观点，推导研究结论。

方法2：设计问卷调查与收集信息。统计数据，以所统计的数据为依据，分析问题，得出结论。

（二）制作"演示文稿"分享资料、分享研究结论

（三）小组成员分享与评价"演示文稿"

（四）全班分享与评价"演示文稿"

步骤三 以论文形式呈现研究结论

（一）学习论文结构形式

1. 学习分析范文，了解论文结构特征

2. 小组成员讨论"论文结构特点"

3. 全班分享"论文结构特点"

（二）撰写论文提纲

（三）分享、评价"论文提纲"

（四）撰写论文

（五）修改论文

表3.39所呈现的是研究性学习的基本步骤，在每一个步骤的学习中，学生都要经历自主学习与同伴学习的过程。

步骤一：收集资料与储存资料。通常包括两种情况：其一，指导学生以问题为单位收集信息，以问题为单位储存信息，让学生从中学会分类收集与储存信息，并通过同伴互学反馈学习结果。其二，指导学生设计问卷调查，并展开调查，将收回的问卷作为收集的重要信息保存并通过同伴互学反馈学习结果。

步骤二：分析资料并形成研究结论。通常也包括两种情况：其一，围绕问题收集资料的情况下，首先让学生根据每一个问题分类储存的信息概括出自己的感受或观点，接着归纳所有观点推导出结论性的观点。然后制作演示文稿来呈现该项学习结果，最后让学生互学与评价演示文稿。教师在这个过程中要指导学生学习如何整理信息，如何提炼观点，如何推导结论，如何使观点与材料相吻合，如何使结论的推理过程符合逻辑。其二，围绕问卷调查收集资料的情况下，让学生统计数据，从数据分析对比中得出研究结论。教师要指导学生学习如何设计问卷，如何统计数据，如何分析数据，得出结论。

步骤三：以论文形式呈现研究结论。包括以下教学内容：其一，指导学生学习范文，让学生了解与掌握论文结构。其二，指导学生撰写论文提纲，让学生在同伴的相互学习与分享中进一步学习如何确定论点与分论点、筛选论据，完善布局谋篇，进而确定自己的论文提纲。其三，学生撰写论文与修改论文。

　　"研究性学习基本步骤"为学习做研究搭好了框架并指出了路径，学生可以根据规定的学习步骤开展学习，并在这个过程中学会做研究。指导学生按照规定的步骤开展学习研究，可以保证学习研究的科学性。

（一）"自主学习指引"的设计

　　"自主学习指引"的设计其实就是将研究性学习基本步骤具体化。表3.39呈现的"研究性学习基本步骤"为学习研究搭好了基本框架，为了让学生能有效开展学习研究，还需要将学习研究的步骤具体化。我们试结合"人与自然"为主题的活动设计，分别了解每个学习步骤的具体内容（表3.40）。

表3.40　"人与自然"自主学习指引（步骤一）

人与自然——研究性学习

　　人类生活在社会环境的同时也生活在自然环境中，人类社会在经济高速发展的同时，自然环境也在迅速变化，你关注到自然环境的变化了吗？自然环境对人类的生存有多大影响你知道吗？我们今天探讨的话题就与自然环境有关。

　　请根据以下步骤开始学习。

　　步骤一：收集资料与储存资料

　　（一）请你逐一思考下列问题，并围绕问题收集和储存信息

　　1. 什么是自然环境？请用文字和图片说明。

　　A. 你身临其境看到过的自然风光有哪些？请将自拍照片放进文件夹。

　　B. 请选择国内外一处有名的自然景观，广泛收集相关资料，包括地理位置、动植物种类、气候环境、历史变迁等。将有关图片、文字说明放进文件夹。

　　2. 自然给人类生活带来哪些影响？

　　A. 自然给人类生活带来的好处有哪些？（请广泛收集相关资料，用具体的例子和数据回答）

　　B. 自然灾害给人类生活带来哪些影响？（请广泛收集相关资料，用具体的例子和数据回答）

　　3. 近年来，人类生活的自然环境发生了不少变化（包括水、空气、土壤等），这些变化是必然的吗？为什么？

请收集国内外相关资料，包括你身边的相关资料用具体的例子和数据回答问题。

4. 我们可以改变自然吗？

请将你的观点和相关资料打包放进文件夹里。

5. 人类可以怎样与自然相处？

请将你的观点和相关资料打包放进文件夹。

6. 其他相关资料。你可以根据自己的兴趣和理解增加其他资料。

7. 请根据"评价量规"检查自己是否按要求完成了搜集资料的任务，完成的质量如何？请在相应的空格内打勾。

学习提示：

A. 请你在自己的电脑里新建一个文件夹，命名"人与自然"，用来储存所收集到的信息。你可以"自主学习指引"的问题为单位分别建立子文件夹，建议你在"人与自然"的文件夹里围绕上面1~5的问题，分别建立5个子文件夹并命名。再增加一个"其他资料"命名的文件夹，总共以6个文件夹分类储存你所收集到的资料，这样可以方便自己今后提取信息和整理资料。

B. 记住在所保存的资料后面写下资料的来源（出处）和日期。

（二）请你根据以下的"评价量规"检查、完善自己所收集的资料

收集资料评价量规

评价内容与标准	A	B	C
1. 收集了"什么是自然环境"的资料，能用图片口头清楚地陈述 A. 有自拍的身临其境看到过的多处自然风光的图片，有图片地点和拍摄时间 B. 有国内或国外一处有名的自然景观相关资料，包括地理位置、动植物种类、气候环境、历史变迁等具体资料			
2. 围绕自然给人类生活带来哪些影响收集资料，包括： A. 自然给人类生活带来的好处有哪些 B. 自然灾害给人类生活带来哪些影响 能广泛收集相关资料，用具体的例子和数据回答问题			

续表

评价内容与标准	A	B	C
3. 围绕人类生活的自然环境发生的变化收集资料（包括水、空气、土壤等） A. 能从所收集的国内外相关资料，包括身边自然环境资料中显示这些变化 B. 能用所收集的资料明确回答"这些变化是必然的吗"，并能结合所收集的资料向同伴充分说明"为什么"			
4. 我们可以改变自然吗 A. 有明确的观点 B. 能用图片和文字材料举例充分说明			
5. 人类可以怎样与自然相处？ A. 有自己的观点和想法 B. 能用图片和相关资料举例说明			
6. 其他相关资料（没有相关资料可以不做该项评价）			
7. 所有搜集的资料有具体出处			

自主学习指引"步骤一"主要学习内容是围绕问题收集资料，学会分类储存信息。为学生所搭建的学习支架包括：学习步骤、不同层次的问题、学习提示、评价量规。

收集资料是研究性学习的第一步。表3.40提出了层次不同的问题，让学生围绕问题开展学习研究，其实就是指引学生围绕事物的本质，循序渐进地进行深入的思考与研究；指导学生以问题为单位分别收集资料，储存资料，其实就是指导学生分类储存信息；以"评价量规"检查资料搜集情况，则是进一步指引学生学习怎样收集资料，怎样思考问题。

自主学习指引"步骤一"回答了以下的问题：第一，在开放性的学习中，如何保证学生学习研究内容的全面性、深刻性与有效性；第二，如何指导学生学会收集信息与储存信息。

我们接着了解"步骤二"的情况（表3.41）。

表3.41 "人与自然"自主学习指引（步骤二）

步骤二：分析资料形成研究结论

你所收集的资料也许不少，请根据以下的步骤来处理你所收集的资料。

（一）整理资料，明确观点

在收集资料和整理资料的过程中，你也许有不少思考和感触，而且有些问题你已经有了自己明确的答案。经过同伴分享与评价之后，请你进一步整理、完善每一个文件夹的观点与资料。

提示：

你的每一个观点的形成，都是需要有充分依据的。你所收集的材料能充分印证自己的观点吗？请你对自己的每一个观点都问一个"为什么"，看看自己的材料是否能回答"为什么"。如果你觉得自己的回答（依据）还不够充分，请你继续收集资料，使自己所收集的资料能充分说明自己的观点。

（二）归纳观点，得出结论

1. 请你将自己分析每一个问题和资料所形成的观点整理在一个文档里，综合这些观点和所有资料，归纳出你的研究结论。

2. 对于"人与自然"的学习研究你得出什么结论？将你的结论用一句话或者几句话概括出来。

研究结论：

提示：

你的研究结论是综合你收集的所有资料，以及你对每一个问题观点的总结归纳，你的研究结论是否满足了以下条件：

第一， 要有足够的资料证明你的结论；

第二， 结论与所有问题观点是相吻合的，没有相互矛盾的地方。

如果你的研究结论尚未满足以上条件，请根据以上条件完善与修订。

如果你的研究结论都已经满足了以上条件，请进入"演示文稿"的制作。

（三）制作"演示文稿"，准备和同学分享

1. 请你为每一个文件夹做不少于两张幻灯片，幻灯片里包含文字与相关图片资料，包括你所形成的观点；

2. 请你单独以一张幻灯片展示你的所有感受与观点，并在后面呈现研究结论；

3. 请你在最后一张幻灯片里呈现你的资料来源（具体的出处）。

演示文稿评价量规

内容与标准	A	B	C
包括了"搜集资料评价量规"里的所有内容，不少于十二张幻灯片			
能围绕"问题"呈现资料			
每个"问题"的资料翔实，能用简洁的语言概括自己的观点			
有单独呈现所有观点和研究结论的幻灯片，观点鲜明，结论符合逻辑			
有单独呈现资料来源（出处）的幻灯片，出处具体			
幻灯片版面清晰，布局合理，没有错别字			

自主学习指引"步骤二"主要学习内容是分析资料，推导出研究结论，并用演示文稿呈现研究过程与结果。为学生所搭建的学习支架包括学习步骤、学习提示、评价量规。具体的学习内容有：其一，学生个体在"步骤一"学习研究的基础上，以问题为单位，进一步分析资料，提炼观点，并根据自己的观点补充材料。其二，归纳整理所有观点与资料，得出研究结论。其三，用演示文稿呈现研究过程与结果。

自主学习指引"步骤二"是学习研究方法的重要教学环节。在研究性学习中如何让学生学会研究的思维方法？"步骤二"的教学设计做出了有价值的探讨。它通过具体的、分层次的归纳、分析与综合的思维活动，指导学生学习研究的思维方法，这是重要的提升学生思维品质的学习过程。

我们继续了解"步骤三"的学习内容（表3.42）。

表3.42 "人与自然"自主学习指引（步骤三）

步骤三：以论文形式呈现研究结论

（一）学习论文的结构形式

请阅读"范文"，完成以下学习任务：

（1）为范文画思维导图，梳理内容与结构。

（2）范文"内容提要"所写的内容在具体的内容中能找到吗？试用____线标记。你发现"内容提要"与本文内容的关系了吗？将你的发现作为批注写下来。

（3）"关键词"是怎么来的？将你的意见与同学分享。

（4）范文是怎样提出观点的？你认为提出观点还可以有其他形式吗？将你的意见与同学分享。

（5）范文有三个小论点，你觉得小论点与文章的大观点是什么关系？分论点有什么好处？将你的意见作为批注写下来。

（6）精读每个小论点的第一段和最后一段，为它们分别做批注。

提示：你的批注可以写：这些内容是写什么的，在文中的意义是什么。

（7）整理范文给你的启发，开始构思你的论文。

（二）布局谋篇

1. 初步构思

我们围绕问题搜集资料，分析资料，得出了研究结论，接下来我们将要把自己的研究结论用论文的形式呈现出来。

研究结论通常就是论文的论点。你可以通过以下提示，综合、分析自己的研究结论和相关资料，为自己的论文布局谋篇。

提示：

A. 有的研究结论比较简单，结论就是论点。可以直接提出论点，用二三个论据就可以印证所研究的结论。

B. 有的研究结论需要通过不同层次的表达才能清楚地论证。比如：要说清楚是什么？为什么？怎样做？那么请你对每一个层次的内容都详细考虑：这个层次需要说清楚哪些问题？需要用哪些论据来论证？怎么开头？怎么结尾？

C. 有的研究结论需要通过几个小论点从不同方面来论述和印证，这就需要思考几个小论点分别是什么？并准备好对应的论据。

D. 论文可以直接用你的观点作为题目，也可另拟题目。

2. 撰写提纲

（1）请你用思维导图理清自己的思路，思维导图就是你的论文提纲。

（2）以下思维导图，可以为你提供论文结构的参考。

参考大纲（1）

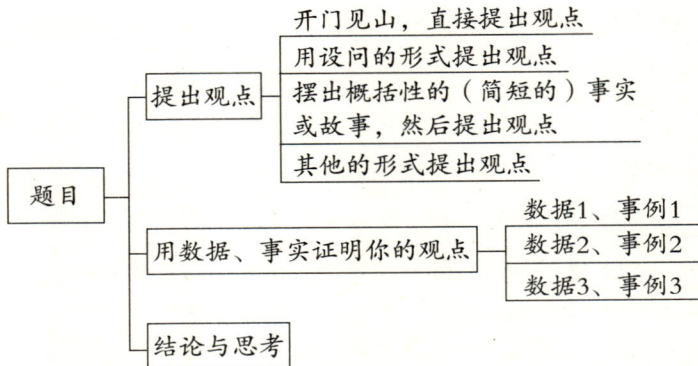

提示：

如果你对问题的思考包含了多个角度，或者你觉得你的观点需要从多方面论述，请参考下面的论文大纲。

参考大纲（2）

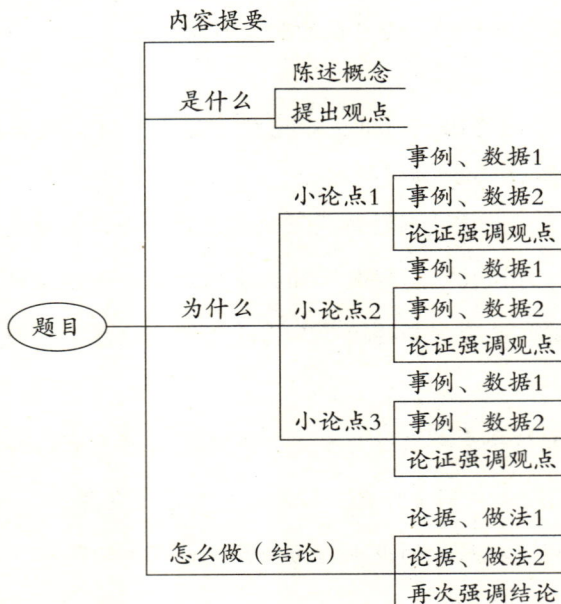

参考大纲（3）

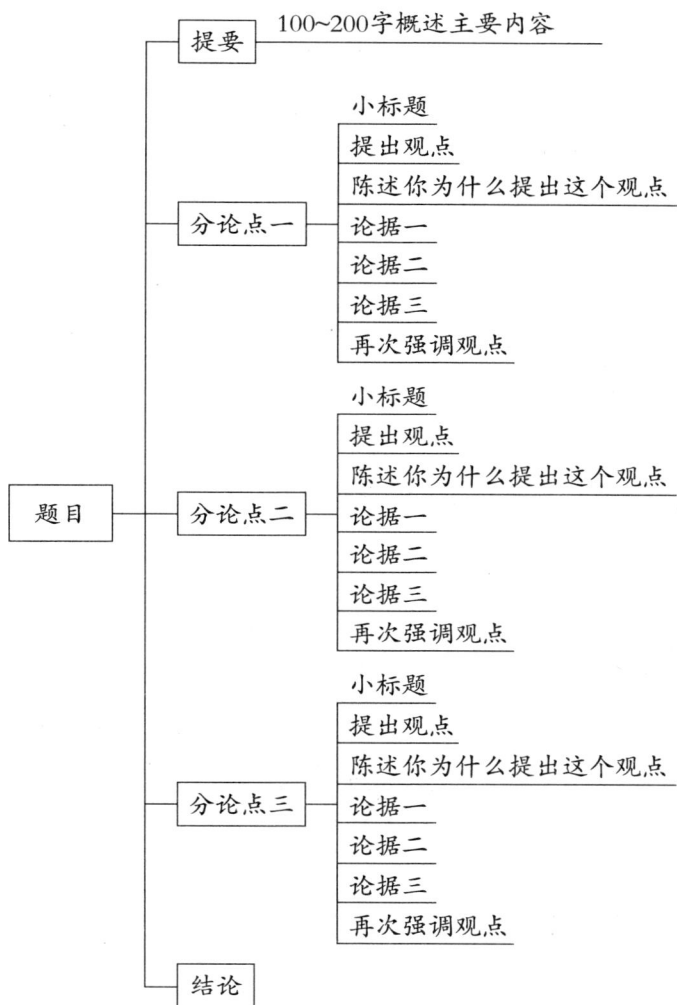

提示：

1. 你可以整合大纲（1）、大纲（2）、大纲（3）以及范文的结构，形成自己的论文提纲。

2. 在你的论文提纲中，请明确具体的观点，并用简单的词语概括论据。

（三）撰写论文

（四）对照"论文评价量规"修改论文

论文评价量规（一）

评价内容	评价等级		
	A	B	C
观点鲜明			
论据充分，有多个事实论据，论据与论点紧密相关			
论证过程有条理，逻辑性强。论据能充分论证观点，上下文之间有必然联系，文章层次分明			
语言流畅，没有病句，没有错别字			

论文评价量规（二）

评价内容	评价等级		
	A	B	C
有内容提要，有关键词。内容提要概括、全面；关键词准确			
观点鲜明，有分论点			
论据充分，有多个事实论据，有理论论据，论据与论点紧密相关			
论证过程有条理，逻辑性强。论据能充分论证观点，上下文之间有必然联系，文章层次分明			
语言流畅，没有病句，没有错别字			

　　自主学习指引"步骤三"：以论文形式呈现研究结论。主要的学习内容包括论文形式的学习；论文的撰写与修改。为学生所搭建的学习支架包括：学习步骤、论文范例、分析范例的学习提示与指引、论文结构参考图、评价量规等。具体的学习内容有：其一，学习范文，掌握论文结构。其中阅读、分析范文，是让学生在范文的学习中感知论文的结构，并提炼出论文结构特征。其二，布局谋篇，编写论文提纲。首先，为学生提供"初步构思"的提示，指导

学生进一步提炼、完善观点，理清观点与材料之间的关系，为撰写论文提纲做准备。其次，为学生提供参考论文的思维导图，为学生提供撰写论文提纲的学习支架。其三，撰写论文。其四，修改论文。

论文写作是研究性学习的难点。上述教学设计为学生写论文提供了很多学习支架，对如何指导学生写论文做了有意义的探讨。

综上所述，你也许已经发现，为学生设计研究性学习的"自主学习指引"，其实就是将研究性学习的步骤具体化的过程。所谓具体化就是为每一个学习步骤设计具体的学习活动，为每一项学习活动搭建学习支架，或者以学习支架的形式呈现学习活动，让学生能学、会学、乐学。

（二）"研究性学习实施方案"的设计

实施方案是在真实的教学情境中落实学生学习活动的教学方案。"自主学习指引"是针对学生个体学习设计的，而设计实施方案还需要在学生个体学习基础上设计小组学习活动和全班学习活动，并设计教师的指导活动与指导策略。下面以"人与自然"的实施方案为例说明具体的情况（表3.43）。

表3.43　研究性学习"人与自然"实施方案

"人与自然"研究性学习实施方案

一、学习目标

1. 能以问题为单位搜集资料和储存资料。

2. 能按照"搜集资料评价量规"检查并完善资料的收集与整理。

3. 能从资料的整理中概括提炼观点。

4. 能在分析与综合资料以及各类问题所形成观点的基础上推导出研究结论。

5. 能用演示文稿和同学分享资料和研究结论，演示文稿符合"评价量规"要求。

6. 能积极参与小组分享活动，和小组成员互帮互学。

7. 能积极投入班级辩论会，发表自己的观点。

8. 能按照"评价量规"的要求撰写、修改论文。

9. 在小组讨论和班级辩论会上初步表现出以辩证的观点看待人与自然的关系。

二、学习时间：一学期

三、教学主要内容与策略

1. 以混合式学习的方式开展学习。课堂学习与课外学习、面对面学习与在线学习相结合；自主学习、小组合作学习、教师指导下的学习相结合。

2. 采用"教师示范"教学策略指导学习。教师自己以学生身份完成学生学习活动中的所有学习，为学生提供示范。

（1）示范演示文稿，讲解怎样搜集资料、分类整理资料，怎样提炼观点。

（2）示范论文，讲解怎样布局谋篇。

4. 采用"学生优秀作品示范"策略指导学习。

（1）以学生作品（演示文稿）及学生自己讲解的方式，示范信息储存与整理，并探讨怎样提炼观点。

（2）分享优秀学生论文，提供学习范例。

5. 采用同伴互教互学的教学策略。学生在小组合作学习中，在全班分享与评价中互帮互学。

6. 采用评价策略。根据评价量规，评价资料的搜集情况，评价演示文稿，评价论文。

7. 采用整合信息技术的教学策略。在线讨论学习，在线互帮互学，在线分享与评价作品。

四、实施计划

"人与自然"研究性学习实施计划表

时间、地点	学生学习内容与步骤	教师指导内容与策略
第2周 第一课时 （教室）	1. 自主阅读资料 2. 听教师讲解 3. 小组讨论：资料收集与储存	指导内容：布置学习任务；示范、讲解资料收集与储存；提供网络资源 指导策略：同伴互教；教师讲解与示范、个别指导

续表

时间、地点	学生学习内容与步骤	教师指导内容与策略
第3周 第二课时 （机房）	1. 个人网上搜集信息，储存信息 2. 小组成员互帮互学	指导内容：资料搜集与储存 指导策略：同伴互教；教师个别指导
第3周至第6周 （课外、在线）	1. 继续搜集、整理资料 2. 组员在线异步、同步讨论 3. 组员根据评价量规自评与互评资料收集情况	指导内容：资料分类储存；资料与思考问题是否对应；是否形成观点 指导策略：学生互教；教师个别指导、在线指导
第7周 （课外在线）	1. 制作演示文稿 2. 小组选出代表在全班分享	指导内容：与上同 指导策略：同伴互教；同伴评价；教师个别指导
第8周 第三课时 （教室）	1. 小组代表全班分享演示文稿 2. 学生评价	指导内容：观点是否成立；材料是否充分；结论是否符合逻辑 指导策略：学生示范；逐一分享、评价
第8周 （课外、在线）	1. 个人完善材料，修订观点 2. 小组成员在线探讨	指导内容：观点是否成立；材料是否充分；结论是否符合逻辑 指导策略：学生互教；教师个别指导、在线指导
第9周 第四课时 （教室）	1. 小组代表继续分享演示文稿 2. 学生评价	指导内容：观点是否成立，材料是否充分；结论是否符合逻辑 归纳学生中互相对立或有矛盾的观点；布置辩论准备工作 指导策略：学生示范；逐一分享评价

续表

时间、地点	学生学习内容与步骤	教师指导内容与策略
第9周 （课外、在线）	1. 个人准备辩论材料 2. 小组成员、全班学生在线交流，为辩论做准备	指导内容：观点与材料是否对应；论据是否充分，结论是否符合逻辑 指导策略：学生互教；教师个别指导、在线指导
第10周 第五、六课时 （教室）	不同观点逐一辩论	指导内容：观点是否成立；材料是否充分；陈述是否有条理 指导策略：分享评价；学生示范
第11周 第七课时 （课外、在线、教室）	1. 学生个体学习范文 2. 小组讨论分享范文学习结果 3. 全班分享学习结果	指导内容：整合学生学习情况，明确论文的结构；内容摘要、关键词、观点的提出；使用理论证据与事实证据；有条理地陈述等基本要素 指导策略：学生分享、教师小结
第11周-12周 第八课时 （课外、在线、教室）	1. 个人撰写论文提纲 2. 小组成员分享与评价论文提纲 3. 全班分享与评价论文提纲	指导内容：与上同 指导策略：教师个别指导、学生示范与评价，教师示范、教师小结
第12-14周 论文写作 （课外、在线）	1. 个人撰写论文 2. 同伴在线探讨	指导内容：与上同 指导策略：教师个别指导
第15周 （课外、在线）	1. 小组成员在线分享论文，选出代表全班在分享 2. 小组代表论文在线分享	指导内容：与上同 指导策略：学生示范；教师个别指导、在线指导
第15周 第八课时 （机房）	优秀论文欣赏与评价	指导内容：与上同 指导策略：学生互评、教师点评
第16、17周 （课外）	论文修改、提交	指导内容：批改论文 指导策略：教师个别指导
第18周 （课外、在线）	优秀论文在线展示、欣赏	指导内容：论文批改与反馈 指导策略：教师个别指导；学生互评

　　实施方案的内容包括学习目标、学习时间、教学内容与教学策略、实施计划表。在实施方案中，学习目标、学习时间、教学内容与教学策略为教学实施设置了基本框架，是实施方案中的基本内容。"实施计划表"则是基本内容的具体化，将实施方案的基本内容落实到每一个学习活动、每一个教学环节，关注了教学实施的细节。

　　为了让教师的指导具体而有效，我们倡导在研究性学习时教师与学生共同成长，教师身体力行参与学习研究。例如，让学生研究"战争与和平"，教师也研究"战争与和平"，教师自己也按照"自主学习指引"的要求开展学习研究，和学生一路走来，一起体验，共同成长。我们现在的中小学教师，多数没有研究性学习的背景知识，很有必要亲身经历研究性学习，只有这样才能很有底气地讲解和示范如何搜集、整理资料，如何提炼观点得出结论，如何撰写论文；才能在学生小组学习、在线交流时为学生提供及时具体的反馈，并为有需要的学生提供有效的个别指导。

　　研究性学习教学设计的核心内容是让学生在联系实际的研究中学会做研究，其内在的思维训练是明显的。学生在一段比较长的时间里，面对一系列材料与问题，着实经历了"分析—归纳"、"综合—分析"的思维训练，这对学生思维品质的提升特别有意义。

（三）研究性学习的拓展学习设计

　　研究性学习的时间跨度长，学生投入的精力多，收获也多。作为语文综合性学习，要充分利用好相关的资源，让学生有更多的成长。研究性学习的拓展学习设计，就是利用同一主题的研究性学习资源，让学生有更多成长的教学设计。

　　研究性学习的拓展学习是指选择一种文学艺术表现方式呈现同一主题研究性学习的内容。基本学习步骤是：

　　步骤一：学生根据"评价量规"的标准创作"作品"。

　　步骤二：小组成员分享与评价作品，选出展示的作品。

　　步骤三：全班分享与评价小组代表作。

　　具体教学设计如下（表3.44）。

表3.44 "人与自然"拓展学习

自主学习指引

"人与自然"拓展学习

请你采用以下其中一种表达方式,呈现你在研究性学习中的结论或感悟:

1. 用诗歌的形式表达你的观点

A. 想象与自然有关的画面或形象。

B. 用诗歌的语言描述这些画面与形象,表现你的观点。

诗歌评价量规

评价内容	评价等级		
	A	B	C
有画面或者形象,形象生动鲜明			
运用了修辞手法			
语言精练,准确、押韵			
没有病句,没有错别字			

2. 用小说的形式表达你的观点

A. 构思人物。

B. 为人物创设一个环境。

C. 描写人物的行为、语言、动作、心理,描述他们之间的故事,通过这些人的表现来陈述你的观点。

小说评价量规

评价内容	评价等级		
	A	B	C
有人物形象,形象鲜明			
有人物的外貌、神态、动作、对话、心理等描写,描写符合人物身份			
有环境描写,环境描写能看出人物所生活的时代			
没有病句,没有错别字			

3. 用漫画、连环画、动画视频的形式表现你的观点

A. 构思人物或画面。

B. 通过图画的形式表达你的观点（一幅画或连环画均可）。

漫画、动画视频、连环画评价量规

评价内容	评价等级		
	A	B	C
有人物形象，形象鲜明			
有人物的外貌、神态、动作、对话、心理等描写，描写符合人物身份			
人物活动的环境能看出人物所生活的时代，并与该时代人物形象吻合			
动画视频、连环画有故事情节；故事情节有趣、符合情理			
画面醒目，色彩和谐			

4. 用小话剧的形式表现你的观点

A. 构思人物。

B. 为人物设计一个场景。

C. 在剧本的开头标明时间、地点、人物（姓名、身份）。

D. 以台词（人物对话）展开情节，表现人物性格。

E. 人物对话以外的叙述，属于舞台提示，请你使用括号将这些提示显示出来。

F. 舞台提示通常包括：人物上下场的提示，人物心理独白，人物表情、神态、动作等。

剧本评价量规

评价内容	评价等级		
	A	B	C
剧本开头标明时间、地点、人物			
以人物对话展开情节，表现人物性格			
人物对话描写符合人物身份			
有清晰的舞台提示（人物上下场、心理独白、神态动作描述）			
语言流畅，没有病句，没有错别字			

剧表演评价量规			
评价内容	评价等级		
	A	B	C
演员表演认真、严肃			
所扮演的人物形象真实且惟妙惟肖			
演员表演声音响亮，语言抑扬顿挫，符合人物身份			
记住台词，脱稿表演			

表3.44指导学生选择自己喜欢的一种文学艺术表达方式呈现研究性学习的结果或者感受。为学生所搭建的学习支架包括学习步骤与评价量规。活动设计的意图是让学生通过多种表达方式来传递感悟与研究成果，让学生对语文学习有更多的感悟与兴趣。

至此，教学设计的内容已经陈述完毕。下面这段话将作为本章内容的结束语：基于脑的语文教学设计是一个指导学生怎样学的设计。作为教学设计者，我们需要站在学生的位置来思考问题：假如我是学生，当我拿到一篇课文的时候，我怎样才能迅速地梳理文意与结构；假如我是学生，当我需要表达的时候，我怎样才能条理清晰地陈述自己的所思所想；假如我是学生，我需要得到怎样的支持……如此，我们的教学设计才能让学生能学、会学、乐学。

小　结

基于脑的语文教学设计是一个指导学生怎样学的教学设计。无论学习什么内容，也无论采用哪一种学习方式，教学设计的主要任务就是为学生的学习搭建"学习支架"，让学生能学、会学、乐学。

在阅读教学设计中，围绕语文知识概念结构的意义建构为学生设计"预习指引"。为不同体裁、不同类型课文的阅读设置不同的阅读步骤，将阅读思维过程外显化，让学生学会阅读理解的方法，掌握元认知。让学生经历"感悟、概括、表达"的学习过程，在对课文内容进行深入思考的基础上有条理地陈述观点。让学生在"理解、归纳、发现、运用"的学习中发现语言结构及其布局谋篇的精妙，并在迁移中进行书面表达练习，让学生在形式多样的学习中掌握基础知识。"课堂教学设计"以尊重学生的学习经历为前提，对应学生的预习设计课堂教学内容，为鼓励课堂有更多的"生成"设计对应的教学策略。

　　"基于项目学习"的教学设计要与学生的生活实际紧密结合，为学生的学习活动设计评价量规，让学生在沉浸于生活的学习中创造出有质量的产品。

　　"研究性学习"教学设计的核心内容是指导学生学习做研究并用论文的形式呈现研究结果。要为教学过程制定"研究性学习基本步骤"以保证学习研究的科学性；要为学生设计"自主学习指引"，以此来指导学生个体能有效开展学习和撰写论文；还要为研究性学习的全过程设计"研究性学习实施方案"，使教师的指导具有明确的目标任务，同时让学生学习过程的每一步都能得到及时的帮助和支持，保证实施的有效性。

第四章　基于脑的语文教学实施

> 本章探讨在基于脑的语文教学模式下的课堂教学中师生互动方式和教学策略。主要从教师行为及助学技能的角度来探讨师生互动方式，分别介绍六项教学基本策略和每个模块教学的基本步骤与具体策略。

教学实施是教学理念、教学设计的落实过程，它需要通过课堂结构与程序、师生互动方式及其教学技术和教学策略来落实。基于脑的语文教学模式已经明晰了课堂教学基本结构与程序，也确定了学生的学习方式和教师基本的行为模式，本章内容所探讨的是课堂教学过程中师生互动方式及其具体的教学策略，分析基于脑的教学理论及其教学设计在课堂实施时的具体情况。

第一节　师生互动方式

一、学生是课堂的主人

在基于脑的语文教学模式中，学生是学习的主人。

从教学程序上看，学生是学习活动与学习过程的主体。教学程序即：教师按照学习模块的内容和程序为学生设计好"预习指引"—学生自主学习完成"预习指引"的学习任务—学生在小组分享学习结果、讨论形成小组意见—学生在全班展示小组意见、同伴互相评价学习过程与学习结果—教师小结。教学程序中的每一个教学环节，每一项学习活动的主体都是学生。最后的教学环节"教师小结"虽然主讲人是教师，不过，教师所讲述的内容均以学生的学习表现和学习结果为对象，而且教师的作品还要接受学生的评价，学生仍然是学习主体。

从教学内容上看，课堂教学的主要内容是学生的课堂"生成"。基于脑的语文课堂教学内容以学生自主学习结果为对象和依据，即教师在"预习指引"要求学生学什么、怎么学，课堂教学内容就以此为基础上课，不随意增加另外的学习内容。这首先是对学生的尊重，对学生学习经历的尊重。课堂教学内容针对"预习指引"的学习结果反馈学习，让每一项学习得到具体、及时的反馈，一方面是满足了脑的学习需求，另一方面也为课堂"生成"创造了条件。学生在课堂展示与评价自己的学习结果与行为表现、质疑问题、评价老师的作品，课堂所呈现的全是学生"生成"的内容，学生是课堂的主讲人，他们在课堂上演绎无限的精彩！

二、教师是放下身段的指导者

教师是放下身段的指导者，是指在教学中教师与学生的地位是平等的。首先，教师放下身段，有利于教师站在学生的角度来设计教学；其次，教师放下身段，有利于在课堂上教师站在学生的角度来彼此对话沟通；再次，在互联网时代，教师不是知识的拥有者和传递者，有一些知识教师确实需要和学生一起去学习，一起共同成长；最后，教师放下身段，更能发现学生的精彩，有利于自己向学生学习，教学相长。

教师给学生的指导首先体现在教学设计上。基于脑的语文教学第一项工作就是教师为学生设计"预习指引"。设计"预习指引"就是指导，"预习指引"不仅需要凸显与学科概念结构相关的知识点，更包含学习方法的指导，它指引着学生能学、会学、乐学。教师的指导除了体现在"预习指引"的设计，还体现在课堂教学的设计上，比如，用什么策略来管理小组合作学习？哪一项学习内容教师需要做好"大声思维"的准备？哪项学习活动可以转换成小组成员的集体表演？平时发言比较少的学生可以在哪些教学环节给予展示与鼓励的机会？学生分享的哪些内容可能需要借助"追问"来引导和提升？这些都属于课堂教学设计中需要考虑的问题。当教师不再是知识的讲授者时，教师的教学指导需要更明确、更周全、更具体地预设在教学设计中。

在基于脑的语文教学中，教师要经常通过示范来指导学生，要以学生的身份完成"预习指引"的学习任务。比如，教师要求学生画思维导图，教师自己也要画思维导图，教师要求学生做"批注"，教师自己也要做"批注"并在课堂上展示。教师通过自己的示范来指导学生，也通过自己的示范来激励学生。实践告诉我们，教师的作品及其课堂行为给学生所示范的主要是"规范"。教师的展示一般不如学生精彩，不如学生有创意，这对学生来说是一种激励"暗示"——原来我们可以做得比老师好！我们可以这么棒！

课堂上，教师的指导体现为对学生学习思维的引导以及学习情绪和情感发展的激励。小组合作学习和全班分享学习及学生互评等学习活动，是学生自主学习的反馈和深化，是以"预习指引"为基础的课堂"生成"，是学生个性和创意的展示。这时候，教师对学生的指导是通过与学生的平等对话来实施的，虽然有答疑解惑的成分，但更多的是学习思维的引导和学习情绪、情感的理解与尊重。教师对学生的尊重与理解是基于脑的语文课堂教学师生互动关系的基础，是平等的师生关系的前提，也决定了师生互动方式的质量。如果说教师为学生设计了能学、会学、乐学的学习活动使师生之间初步形成了良性的互动关系的话，那么在课堂上如何与学生平等对话，通过思维方法的引导和教师的尊重与理解，促使学生能学、会学、乐学的状态往纵深发展，就成为保证课堂教学质量的关键。

三、教师需要掌握助学技能

在通常情况下，一种学习方式就既定了教师的教学方式及其教学行为。只是目前不少教师习惯于"接受学习"教学方式，在学生的学习方式需要变化或者已经变化的时候，教师自身的教学方式与教学行为不容易转变。由于教师自身教学方式和教学行为不转变，直接制约了"接受学习"之外的其他学习方式的有效使用。所以，我们探讨教学中师生互动方式时，首先需要强调教师教学行为的改变。

在基于脑的语文教学中，教师无需充当知识传授者，"接受学习"中需要通过教师口头传授的知识多数已经设计成学生能学、会学、乐学的活动，而且随着学生自学能力的增强，学生会学得更多、更深。面对不是以传授知识为己任的课堂教学，面对无法预设的学生"生成"，面对超越自己的学生，教师的教学行为必须改变，由原来的讲解课文、控制课堂，转变为通过助学技能来促使学生的全面发展。下面从"倾听与接纳"、"肯定与追问"、"示范与讲解"等方面来探讨教师行为的变化及其助学技能。

1. 倾听与接纳

"接受学习"的教学，教师以传授知识为己任，在课堂上以"讲课"为主。基于脑的语文教学，教师更多的时候是"倾听"。倾听学生的学习反馈，感受学生的学习收获与困惑，对学生的反馈给予回应与指导。因此，我们在这里探讨的"倾听"，是指学生在课堂发言时教师尽力去听并给予回应所表现出来的一切反应。我们对这些反应及其要求归纳如下：

第一，当学生发言的时候，眼睛看着学生，专注地听学生的发言，而不是东张西望或干别的事情。倾听的背后是尊重。假如当学生发言时，教师在教室里走来走去，或者板书，或者维持课堂纪律，这些举动的实质就是对发言者的不尊重。

第二，不仅听出学生发言的表面意思，还要听出背后的意思，听出学生的困惑，还包括从学生的非言语信息（肢体语言、表情）中听出需求。这是深度倾听。我们试通过以下的课堂教学情境说明这个问题。

一名学生将自己的思维导图投影出来与全班同学分享。他的思维导图画得很详细，但是文章的结构层次不是很清楚，显得有点凌乱。但他的讲述是简洁、清楚的。

两位同学代表各自的小组对他的分享进行评价，评价都有一个共同的意见："思维导图画得很详细，发言讲得很清楚。"

老师对两位评价的同学说："你们都说他画得很详细，讲得很清楚，是不是还想说他画得没有讲得清楚？"

两组学生异口同声回应："对呀！如果他不说，我们根本看不清楚。"

老师对分享思维导图的学生说："对同学的意见，你有什么想说的吗？"

回答："我已经知道自己的问题在哪里了。刚才我在分享的时候就发现自己没有将第一层画好，所以后面的内容就乱了。"

教师回应："你后面一句话点出了问题的关键，请重复一遍。"

学生："我发现自己思维导图的第一层没画好，所以后面的内容就乱了。"

教师："讲得真好！第一层的内容不够准确，会导致后面的内容凌乱。"

在这个案例中，教师有一句话是深度倾听后的回应："你们都说他画得很详细，讲得很清楚，是不是还想说他画得没有讲得清楚？"这是关键性的回应，它传递给学生的信息是：你们所有的发言我都听到了，你们的发言都很重要，你们发现了问题的关键。

第三，对学生的发言，要给予积极的回应，包括肢体语言和表情的回应。倾听是信任，是在传递尊重与理解。教师对所有学生的发言都要给予积极回应以传递教师对学生的尊重与接纳。积极的回应还包括肯定的眼神，鼓励的目光，微笑的点头，亲切地走到发言者的跟前拍拍肩膀等等。上面的案例，教师对学生的肯定及其积极的回应表现在以下几方面：

（1）相信学生有能力解决问题。对分享思维导图的学生说："对同学的意见，你有什么想说的吗？"伴随口头回应，还有鼓励与肯定的目光，亲切的微笑。这是信任，是接纳与尊重的回应，学生从教师的非言语回应中得到肯定的、积极的反馈。

（2）用学生自己的话将肯定具体化。学生回答："我已经知道自己的问题在哪里了。刚才我在分享的时候就发现自己没有将第一层画好，所以后面的内容就乱了。"教师马上让学生重复一遍自己的话："你后面一句话点出了问题的关键，请重复一遍。"这是用学生的资源肯定学生，给学生积极的回应，同时也传授知识与方法。

（3）换词语重复学生原话的意思，强调学生观点的重要。当学生重复自己的发言："我发现自己思维导图的第一层没画好，所以后面的内容就乱了。"之后，教师换词语重复学生原话意思："讲得真好！第一层的内容不够准确，会导致后面的内容凌乱。"教师的回应及其强调，不仅让发言的学生觉得自己很重要，也让全班学生强化了相关知识点。

接纳与倾听是两个紧密联系在一起的行为。在真实的教学情境中，学生的发言并不一定与教师预设的相吻合。所谓接纳，就是不管学生的意见如何，教师首先需要接纳。接纳并不等于认同，但是对学生来说，最好的帮助一定是从接纳开始的。我们试以六年级语文《最大的麦穗》的教学情境来说明这个问题。

六年级语文《最大的麦穗》教学中有一个讨论问题是：你们认为课文中最大的麦穗是指什么？各小组讨论后在黑板板书自己的讨论结果。学生的板书分别有"机遇 机会"、"人生最好的机会"、"最好的机遇"、"美好的理想"等。其中有一个小组的答案是"实实在在的麦穗"。最大的麦穗是指"实实在在的麦穗"，这显然不是好的答案。

对于这样的答案，一种处理方法是教师直接否定，告诉学生："最大的麦穗是指实实在在的麦穗，连句子都是不通顺的，如果是考试填空题的话，就是0分！"教师拒绝这种答案。

另一种处理的方法是接纳：

教师对学生说："请说说你们的答案是怎样得来的。"

教师倾听，学生陈述："……我们认为拿在手上的实实在在的麦穗才是最大的。"

教师："哦，拿在手上的、实实在在的才是最大的！"

教师继续："如果联系生活实际来表达，'实实在在的麦穗'是指什么？"

学生澄清了自己的问题，回答说："最大的麦穗就是实实在在的东西。"

教师："哦，你们原来想表达的是'最大的麦穗是实实在在的东西'。这是个非常好的答案！"

在这段对话中我们看到，接纳与倾听是紧密相关的。教师发现学生不大准确的答案时，需要倾听学生的理由，而倾听的前提是接纳。一个人是否愿意接纳与自己意见不同的观点，而不是一开始就拒绝或否定是需要有理念支撑的。这个理念就是尊重，对人的尊重！

尊重学生是通过教师非常具体的行为来实现的，而倾听与接纳就是表示尊重最直接的行动。所以，面对学生不同的意见与观点，教师需要提醒自己：

学生之所以是这样，一定有他的道理，而你自己就一定正确吗？以此作为我们自己倾听与接纳的基本理念。教师只有接纳的心态才能倾听学生，而只有倾听，才能有针对性地指导。教师的倾听与接纳，让学生感受到被尊重。一个人感到被尊重时，特别能接受意见与建议。所以说最大的帮助是接纳！

2. 肯定与追问

"肯定"在这里也可以换一个词：欣赏。肯定也罢，欣赏也罢，都是需要用心去发现的。因为肯定学生不等于简单地说：你真棒！还需要将"你真棒"具体化，让学生明确自己哪一点最棒。表达肯定与欣赏的方法是很多的，比如，直接告诉学生他哪一句读得最传神，他哪一个比喻用得最恰当，他哪一个词用得最准确，老师最欣赏的是他哪一个举动等等。也可以让学生在发言过程中重复最精彩的几句话，以表示你对他的肯定。除了言语表达你对学生的肯定与欣赏外，微笑的表情，鼓励的眼神，欣赏的目光，肯定的点头等，都是对学生的肯定与欣赏。你还可以通过其他同学的发言来传递肯定与欣赏。肯定与欣赏并不难，但是需要倾听，需要用心去发现。前面的个案"学生分享思维导图"，为我们在真实的情境中如何具体去肯定学生，给学生积极的回应提供了范例。

追问是在倾听、接纳、肯定基础上让学生澄清问题，深入思考的助学。或者说追问是在整合倾听过程所有信息的基础上进行的发问。比如之前引用过的一段师生对话，如果说第一句"请说说你们的答案是怎样得来的"是对学生不准确答案的接纳，那么第二句"哦，拿在手上的、实实在在的才是最大的"就是对学生的肯定；而第三句"如果联系生活实际来表达，'实实在在的麦穗'是指什么"则是在整合之前所有信息基础上的追问；最后一句"你们原来想表达的是'最大的麦穗是实实在在的东西'，这是个非常好的答案"则进一步强调了肯定。

可见，教师的倾听、接纳、肯定、追问等行为激励着着学生的畅所欲言，引导着学生的思维发展，并促进着学生积极的情绪和情感发展，这就形成了良性循环的师生互动关系。所以良好的师生互动关系取决于教师的行为，而教师行为的背后，是教师的教育理念与学生观。如果你觉得每一位学生都是重要的，教育就是为了让每一位学生做最好的自己，你就为自己掌握倾听、接纳、肯定、追问等助学技能奠定了良好的基础。

3. 示范与讲解

最好的教育是示范。在基于脑的教学模式当中，教师较少说教，较多示范。其一，是尊重与理解的示范；其二，是大声思维的示范；其三，是语言规范的示范。

其一，尊重与理解的示范。尊重与理解的示范主要渗透于教师本人"倾听、接纳、肯定、追问"的行为过程。教师在教学时，以自己的行为为学生示范如何尊重与理解，如何与人沟通。这种示范是潜移默化的，在课堂上会导致师生互动关系的良性循环，促进学生积极的情绪和情感的发展，并会对学生的人格形成产生积极的影响。

其二，大声思维的示范。教师大声思维，将自己如何一边读一边想的过程展示给学生。基于脑的教学关注学生思维发展，其中教学重要的策略就是教师的大声思维示范。例如，老师可以这样为学生示范如何建立内在阅读理解目标，如何边读边思考："我们知道，根据目标阅读可以快速阅读，提高阅读质量。人的一生要阅读大量的资料，没有人会为你建立阅读的目标，为了提高阅读的速度和质量，我们只能自己为自己建立阅读目标。这就是建立内在的阅读理解的目标。刚才大家已经浏览了一遍《郑和远航》这篇课文，现在老师将自己在阅读《郑和远航》时是怎样建立阅读理解目标，怎样一边读一边想的告诉大家。请大家一边听老师讲，一边看着课文。"

老师：请大家准备好，听听老师看到题目时会想些什么。当我看到题目"郑和远航"时，我预测课文内容可能与郑和有关，与远航有关，可能写郑和怎样远航。因为题目有动词，我可以用为什么远航、经过怎样、结果如何等来提出问题，所以我预测这可能是一篇写事的文章。我接着想，如果是写事的文章，那么时间、地点、事件的起因、经过、结果就是我阅读理解的重点。但是我又想，课文的题目有人名"郑和"，会不会是写人的文章？如果是写人的文章，那么，描述了哪些事情或者哪些生活片段、反映了郑和什么性格就是我阅读理解的重点。我开始阅读课文，验证我的预测，调整我的阅读理解目标。

我开始阅读课文的第一段，看到第一句：1405年7月11日，天气晴朗……35岁的三保太监郑和即将率领船队第一次出使西洋。我进一步肯定了"写事"

的文章结构，因为写事的文章开头第一段一般交代时间、地点、人物和事件。而写人的文章开头交代人物属性。我不放心，迅速扫读全文，注重每一段的开头第一句，"两百多艘船只整齐地停靠在码头边"、"将近中午"、"船队出了长江口"、"然而这次航行也充满了凶险"，我确定课文是在写一件事。于是我排除了"写人"的文章结构，以写事的结构作为本文阅读理解目标。

教师通过大声思维，向学生展示"如何进行阅读思考"的示范。

第三，语言规范的示范。基于脑的语文课堂为学生的学习提供了一个开放的平台，学生在这个平台上畅所欲言，分享各自的感悟，表达各自的思想。在真实的教学情境中，学生的学习感悟和思想的创新可能会超越教师，但是他们在语言规范方面通常有所欠缺，所以教师要向学生示范语言的规范，包括口头表达语言的规范和书面表达语言的规范。例如，学生给课文重拟题目，用词语或者广告语表达自己对课文的理解，以某种文章结构、段的结构进行书面表达等等，学生表达的内容也许十分精彩，很有创意，但是语言形式不见得十分规范，教师通常需要呈现自己的作品，以示规范。

"讲解"作为传授知识的重要形式，在基于脑的语文教学中必不可少，但是需要巧用。所谓巧用，就是用在适当的时候，讲解关键的内容。当教师讲解时学生的状态是全神贯注，渴望倾听。

教师的讲解一般都在学生的学习活动之后。学生经历了自主学习、小组学习、全班分享与评价之后，我们设置了一个教学环节：教师小结。这个教学环节就是教师讲解的适当时候。例如，教师不首先讲解课文的写作特点，而是设计学习活动，让学生在精读中画线、批注，从自己的画线、批注中归纳、发现写作特点，之后在同伴的分享与评价中整合知识点。此刻，学生也许已经基本完成了"意义建构"，也许还有一些疑惑，他需要准确的反馈来确认。这时的学生处于主动学习的状态。这就是我们所说的适当的时候。

讲解除了选择适当的时候，还必须讲解关键的内容。所谓关键的内容包括知识点和学生疑惑之处。学生在自主、合作、探究学习过程，会展示出不少亮点，也会呈现一些错误和缺陷，这些就是需要讲解的关键内容。而所谓的巧用讲解，就是针对学生学习的现状讲解，是画龙点睛的讲解。准确地说，巧用讲解是在学生自主、合作、探究学习基础上的肯定、析疑、点拨。

学生经历了自主学习、同伴分享与评价之后，一般的知识点都基本掌握，剩下的疑惑多为难点。对学习者来说，这个时候他渴望得到老师具体、及时的反馈。因为我们的脑有一个伟大的反馈系统，能够操纵反馈，包括内部反馈和外部反馈。脑确定在一个水平上接受什么，取决于在这一水平所发生的内部反馈和外部反馈。换言之，我们的整个大脑是自我参考的，它根据刚才完成的动作决定下一步做什么、怎么做，需要对自己的学习有明确反馈。所以，教师的讲解选择在学生自主、合作、探究学习之后，针对学生学习过程和结果的现状讲解，可以换来学生的全神贯注、认真倾听。

教师的讲解在学生的自主、合作、探究学习的分享与评价之后，其实，就是将"讲解"的权利和责任首先交给了学生，表明了学生作为学习主人的地位，促使学生主动学习，也促使学生承担责任。例如，我们在文言文的教学中，通常让学生在完成"预习指引"的学习之后，每个学习小组承担一定的讲解任务：可能是重点句子及其关键词的讲解，可能是文言文词语、句式规律的讲解等等。每当这个时候，学生都非常积极地投入小组讨论，非常专注地听取别组的发言，也不时提出质疑。这是学习主人的地位及其责任感所至。学生越是积极参与投入，脑的神经网络打开的通道就越多，此刻，学生自然是渴望得到明确的反馈，希望倾听教师的点拨。所以，在基于脑的语文教学中，提倡教师巧用讲解。

"倾听与接纳"、"肯定与追问"、"示范与讲解"等都是基于脑的语文教学中教师的基本行为，也是教师的助学技能。教师这些助学技能的水平决定了课堂教学中良好的师生互动方式的质量。教师的"倾听与接纳"换来学生的侃侃而谈，积极投入；教师的"肯定与追问"换来学生的大胆质疑，深入思考；"教师的示范"导致学生的效仿与规范；教师的"讲解点拨"换来学生恍然大悟，深层思索。这就是基于脑的语文教学中师生互动的基本方式，这是一种尊重与理解的良性循环的师生互动关系。从教师专业的角度看，"倾听与接纳"、"肯定与追问"以及"示范与讲解"对教师专业提出了很高的要求。

第二节　基本教学策略

一、基于脑的语文教学策略概述

关于教学策略的定义国内外学界没有统一的结论。有的观点认为教学策略是在一定的教学理论指导下，为实现某种教学目标，从原理、目标、内容、过程直至组织形式和方法的整体的、系统的操作样式。有的观点认为所谓策略，是相对于方法而言，是一种内部的控制过程，将教学策略理解为操作性、技术性的程序和手段。

笔者以为，广义的教学策略，包括教学模式的教学程序、教学环节及其教学实施的具体策略；狭义的教学策略则指教学实施中具体的策略。本书探讨的是狭义的教学策略。

基于脑的语文教学在多年的实践中形成了一个比较完整的教学策略系统。基于脑的语文教学策略系统，是在神经脑科学及其相关学习理论指导下，以发展语文能力为核心同时促进学生思维、情感、身心健康全面发展为目标，涵盖原理、目标、内容、过程，包括师生互动方式、教学组织方式与具体的教学策略体系。该系统包括三个层次的内容。

第一层次：核心教学策略。核心教学策略是从宏观上把握原理、目标、内容与过程的策略。这些策略包括：在语文知识概念框架情境中理解知识；让学生用提炼和应用的方式将知识编织到更加完整理解的结构中；让学生掌握自我监控技能；营造心理安全的学习环境。本书第一章详细陈述了这些核心教学策略。

第二层次：基本教学策略。基本教学策略是在教学过程中普遍使用的教学策略，是核心教学策略的具体化与普遍化。基本教学策略渗透于教学实施全过程，可以根据教学实际在任何教学环节、任何教学内容中使用。比如，"倾听与接纳"、"肯定与追问"、"示范与讲解"既是教师的助学技能，也属于基本教学策略；此外，本章第三节将要介绍的"积极的情绪策略"、"评价策略"、"学习契约策略"、"教师示范策略"、"学生示范策略"与"整体学习，逐一分享与评价策略"，就是所有教学环节与教学内容都可以使用的基本教学策略。

第三层次：具体教学策略。具体教学策略针对每个具体的教学模块而言，是每个教学模块具体的教学步骤与教学策略。比如，针对某个教学环节所采取的具体步骤，针对某项教学内容所使用的具体措施等。本章第三节将逐一介绍每个模块具体的教学步骤和教学策略。

在基于脑的语文教学实施中，有一些教学策略可以在教学过程中被普遍使用，贯穿在每个教学环节，可以在多项学习活动中操作，这些教学策略我们称之为基本教学策略。以下，我们逐一介绍这些教学策略。

二、积极的情绪策略

积极的情绪策略是指采用各种手段和方法，让脑在学习的过程伴随积极的情绪感受。好心情可以产生学习兴趣，可以提高学习效率，这是常识。因为"尽管认知和情感发生在不同的脑区，但它们总是互相联系、互相影响的。如果学生对所学的内容有非常好的情绪感受，那么，他们将更容易在以后回忆起这些内容，并渴望就此学得更好"[1]，所以我们要为学生的学习加上积极的情绪联结。积极的情绪策略在基于脑的语文课堂中，既是宏观的谋略，也是具体的策略，它渗透于基于脑的语文教学的各个环节，基本操作如下。

1. 在基于脑的语文教学模式中开展学习活动

在基于脑的语文教学模式中开展学习活动，可以保证课堂教学在适合脑的学习框架内进行，学习的有效性与成功感能给学习者带来积极的情绪联结。

首先，按照"基于脑的语文教学模式"所既定的学习模块及其顺序开展学习，具有挑战性、新颖的学习活动会给学生的学习带来积极的情绪刺激。其次，语文知识概念结构建构过程产生的新旧知识成功对接产生的身心极度愉悦感，能给学生带来积极的情绪联结。最后，在基于脑的学习模式中，每一个具体的学习活动都按照学生分享—互相评价—教师小结的步骤进行教学，这种及时的反馈系统满足了学习者的学习需求，也可以为脑提供积极的情绪联结。

---

[1]［美］Eric Jensen著，北京师范大学"认知神经科学与学习"国家重点实验室脑科学与教育应用研究中心译：《适于脑的策略》，中国轻工业出版社2006年版，第10页。

2. 为学生营造一个心理安全的学习环境

所谓心理安全的环境是指学生能在民主、宽松的学习氛围中学习，他不用担心因为犯错给自己带来自尊心的伤害，他能经常体验到因为自己的努力带来的成功和喜悦。他的自我感常常在正面的、积极的鼓励与暗示中得到提升，他的学习潜能因此得到发掘，学习兴趣得到培养。这样的学习环境对学生而言就是心理安全的环境。而"倾听与接纳"、"肯定与追问"等教师行为及助学技能，就是为学生营造一个安全学习环境的具体的教学策略。此外，在班级内打造好的班风、学风，师生之间、生生之间和谐相处。打造互相学习、互相尊重的学习小组团队，让小组成员互相帮助、荣辱与共等相关措施都属于积极的情绪策略。

特别提醒老师们注意的是，不管我们花多少努力来营造安全的学习环境，我们首先要做的是剔除环境中的消极刺激。"所谓消极的刺激包括尴尬、指指戳戳、不现实的时间期限、强迫学生在放学之后还留在学校、羞辱、讽刺挖苦、不提供帮助资源或者只有单纯的恐吓。"[1]比如，当学生在课堂上发言不如我意时，对学生说："以后注意了，老师没有问的问题不要回答。"再比如对学生说："听好了，如果谁继续出错，罚抄20遍，直到记住为止。"或者对学生的发言不置可否等等，都属于消极刺激，都是应该消除的。因为"没有任何证据表明，威胁是实现长远学习目标的有效途径"[2]，所以当我们实施积极的情绪策略时，千万注意必须剔除消极情绪的影响。

3. 让学生充满感情地学习

语文课本来就充满感情色彩，课文内容本身充满情感，让学生感受其中的情感并有所升华，就为脑提供了积极的情绪联结。具体的教学策略是让学生有足够的时间与空间解读课文、有足够的时间表达自己的感悟。一些适合朗读的课文，让学生通过自己的诵读来体会情感、陶冶情操、渲染气氛都是非常不错的具体策略。

----

[1] [美]Erie Jensen著，北京师范大学"认知神经科学与学习"国家重点实验室脑科学与教育应用研究中心译：《适于脑的教学》，中国轻工业出版社2005年版，第36页。
[2] 出处与[1]同。

积极的情绪策略是基于脑的语文教学基本谋略，它代表着一种理念引领教师行为的改变，它渗透在所有教学环节以及各种不同的具体的教学策略当中。

三、评价策略

评价策略是基于脑的语文教学另一项基本教学策略，贯穿于课堂教学始终。自我评价、同伴评价、教师评价贯穿于教学的每一个环节。评价策略主要通过以下操作来实施。

1. 设计评价量规

设计评价量规，为学生的学习和互相评价提供指引，是实施评价策略的第一项工作。对于重要的学习内容，学习能力及其学习行为，需要为学生设计"评价量规"，通过"评价量规"的设计和使用，凸显评价的指导功能和反馈功能。

2. 让学生学会评价

首先，训练学生学会利用"评价量规"指导自学。具体做法是每一项重要的学习，都以既定的"评价量规"进行"他评"或者"师评"，促使学生自觉形成以"评价量规"作为自学的指引，养成将"评价量规"作为学习目标的习惯，保证自主学习的有效进行，进而提升学生自主学习的品质。

其次，训练学生懂得如何评价他人。具体做法是：（1）让学生知道"评价量规"就是评价的标准，只要有"评价量规"的作业，都需要按照"评价量规"来进行评价。同时还要不断指导学生学会以"评价量规"为依据进行评价。（2）向学生提供评价同伴的语言格式。比如，请按照以下的语言形式评价同伴：我（们）最欣赏的地方是……；假如我（我们组）来做，我（我们组）会这样……；某某同学（小组）请解释一下你们的发言（板书），等等，让学生清楚地知道评价别人要先肯定优点，然后提出改进意见；（3）通过"教师示范"与"学生示范"指导学生学会评价。在评价实施过程，除了为学生提供语言格式外，可以通过肯定做得好的学生树立榜样，还可以通过教师自身的行为来示范如何评价（具体内容请看本节"学生示范策略"与"教师示范策略"）。

3. 按照"分享—评价"的步骤开展学习

所谓按照"分享—评价"的步骤开展学习，是在课堂教学中，每一项学习内容都按照"分享—评价"的步骤开展学习活动，每一项学习活动都得到即时的评价。一般情况是：一组分享，几组评价；或者一人分享，几人评价。让每一项学习活动在一个开放的平台土进行，让每一项学习都得到具体、及时、多角度的评价反馈。

4. 评价蕴涵了学习方法与学习指引

评价策略可以有多种形式：同伴互评、评价教师作品、师生作品对比评价等。无论哪一种形式的评价都蕴涵了学习方法与学习指引。

同伴互评能让学生得到具体及时的学习反馈，互相学习，自我反思。学生同伴互评是主要的评价形式，例如，生字词学习互评、思维导图互评、批注互评、朗读互评、小练笔互评等。

评价教师作品能让学生释疑解惑、懂得规范，同时也能看到自己的优势，也培养了自信。在实施评价策略的过程中，学生要对教师的相关作品给予评价，例如评价教师的思维导图、评价教师的"修饰语"、评价教师的"小练笔"等等。

比较评价能让学生发现问题，深入思考。在实施评价策略过程中，当教师展示自己的作品，学生评价教师的作品之后，教师必须进一步利用评价策略指导学生进行比较评价——比较师生作品，做进一步评价。这个过程就是比较学习的过程，也是学生个体发现问题、整理知识、深入思考的过程，是对学生思维深刻性的指导。

评价（evaluation）是布鲁姆认知领域里教育目标的最高层次。当学生要评论同伴、评价教师、师生作品比较评价的时候，他的思维就不仅是凭借直观的感受或观察的现象做出评判，而是理性、深刻地对事物本质的价值做出有说服力的判断，它需要综合内在与外在的资料、信息，做出符合客观事实的推断。其实，评价是对学生高级思维的训练，它蕴涵多种学习方法与学习指导于其间。所以，评价策略成为贯穿基于脑的语文教学始终的教学策略。

四、学习契约策略

所谓学习契约就是学习约定或者学习协议。学习契约策略是将学习过程中师生需要遵守的一些规则和奖惩措施事先告知学生，或者师生共同拟定学习约定，然后大家共同承诺遵守约定，按照学习约定规范教学行为的教学管理方法和措施。在"接受学习"的课堂，教师控制所有的教学步骤和环节，学生每一个细小的行动都听从教师的安排，以此来管理课堂教学。在基于脑的语文课堂，学生在主动与开放的状态下学习，这并非教师可以通过"控制"来管理的课堂，于是，学习契约便成为应对"开放"状态的课堂教学重要的管理策略。

1. 学习契约的制定

针对学习者在课外和课堂所经历的学习过程及其学习方式，我们为自主学习、小组合作学习和全班分享学习分别制定了学习契约。

（1）"自主学习契约"。自主学习是基于脑的语文教学中学生重要的学习方式，从学习内容上看，学生需要独立完成"预习指引"所有的学习任务，准确地说，学生个体需要初步先学几乎所有的教学内容。从时间和空间上看，自主学习不限于课堂，它延伸到课外。我们对自主学习的管理主要从以下三方面入手：其一，设计学生能学、会学、乐学的"预习指引"；其二，实施"学习契约"策略；其三，实施"评价策略"。在真实的教学情境中，我们将"自主学习约定"转换成"自主学习评价量规"，将"评价"与"契约"融为一体，便于同学之间开展"互评"。因为"自主学习评价量规"需要事先发放给学生学习和征求意见，之后作为自主学习规范大家共同遵守，并作为评价工具指导同学之间互评，所以"自主学习评价量规"同时具备了学习契约的性质。如以下的"自主学习评价量规"（表4.1）。

表4.1　自主学习评价量规

评价项目	评价标准	自评			他评		
		A	B	C	A	B	C
初读课文	能完全按照阅读指引的步骤进行阅读并深入思考						
	看课题能预测内容与文章结构，并能借助题目下面的提示建立阅读理解的目标，边读边思考，逐步学会运用文章结构知识帮助阅读理解						
	能运用思维导图梳理课文内容与结构，并逐步将思维导图运用在其他方面的学习						
课文内容	能按照"预习指引"的要求用词语、句子、重拟题目等形式概括课文内容，表达自己独特的感受						

评价项目	评价标准	自评			他评		
		A	B	C	A	B	C
课文形式	能完成"预习指引"的各项学习任务，会做"批注"，能发现课文的写作特点						
习作	能根据评价量规的要求完成习作并评价同伴的习作						
基础知识	能独立完成生字词学习，全部检测过关；能按照"预习指引"的要求掌握课文中重要的基础知识						
完成任务	能按时完成所有自学任务						

上述"自主学习评价量规"根据"预习指引"的学习任务设置评价项目和评价标准，所针对的是"预习指引"学习的基本情况，并非针对具体的课文教学内容设定评价标准，所以它可以作为"契约"制约学生每一次"预习指引"的学习行为，同时也对自主学习的基本过程和目标进行指引。

（2）"小组合作学习契约"。小组合作学习也是基于脑的语文教学中重要的学习方式，在课堂上，多数学习任务要经历小组合作学习。我们对小组合作学习的管理策略包括：其一，异质分组，每组4~6人，保证全班所有学习小组能有效开展学习；其二，建立小组合作学习激励机制，激励小组成员荣辱与共，互相帮助。激励机制以"学习契约"的形式告知学生；其三，运用"评价策略"。在真实的教学情境中，我们也是将"小组合作学习约定"转换成"小组合作学习评价量规"。与"自主学习契约"的情况相似，"小组合作学习评价量规"需要事先发放给学生学习和征求意见，之后作为小组合作学习的规范，大家共同遵守并作为评价工具。所以"小组合作学习评价量规"同时具备了学习契约的性质。如以下的"小组合作学习评价量规"（表4.2）。

表4.2　小组合作学习评价量规

评价项目	评价标准	自评			他评		
		A	B	C	A	B	C
预习	全组成员按时完成"预习指引"的学习任务						
	每一位小组成员能在小组内认真分享自己的预习结果						

续表

评价项目	评价标准	自评			他评		
		A	B	C	A	B	C
合作学习步骤	能完全按照小组合作学习的步骤进行小组合作学习						
基础知识学习	小组成员之间能认真检测生字词的学习结果						
	小组成员能互相帮助，保证每一个成员基础知识学习过关						
小组讨论	每一位成员能认真倾听其他成员的发言						
	每一位成员能积极参与讨论，提出自己的见解						
	组员分工合作，每一位小组成员都有机会在全班发言						
全班分享	发言的成员声音响亮，全班同学都能听见						
	评价别人时能说出同学的优点是什么，并能告诉别人假如你来做你会怎样做						
	当别的小组成员发言时，全体成员能认真倾听，没有人私下讲话						

　　上述"小组合作学习评价量规"将小组合作学习所涉及的重要学习内容以及合作学习的技能、目标等分解成评价项目及其评价要求，事先发放给学生，并且约定好该评价量规是今后小组合作学习的过程与结果的评价工具。

　　（3）"课堂活动约定"。全班分享学习是基于脑的语文教学一项基本的学习活动形式，它参与的人多面广，内容丰富，学生不同观点的碰撞会在此刻呈现，知识的重点、难点的学习也需要在此刻得到准确的反馈。所以，非常需要通过课堂规范来管理教学。我们管理该项教学活动的基本策略包括：其一，实施"小组合作学习—全班分享与评价—教师小结"的教学步骤；其二，执行"课堂活动约定"。如以下的"课堂活动约定"（表4.3）。

表4.3　课堂活动约定

　　一、积极参与全班分享活动，积极主动发表自己的意见。

　　二、尊重他人，认真倾听别人的发言。

　　三、每一轮全班分享活动中，各组都有表现机会，先举手的小组获得优先发言权。

四、对同伴的评价意见，我们从以下两方面表达自己的观点：

1. 说说我最欣赏的地方。

2. 说说假如我来做，我会如何做。

五、教师给每个发言者所在小组积分，积分方法如下：

1. 在一节课中，第一人发言积1分，以后不同的人发言1+1分，同一人发言1分。

2. 在单项活动中（比如出版物、复习设计与展示、组员互相帮助、小组在课堂整体表现最佳）表现突出的小组，视活动难易程度给小组适当的加分。

3. 当别的小组发言和老师发言时私下讲话，每次扣1分。

（以上积分先由小组自记，课后上报）

4. 每周计算总分。前三名的小组可以选择以下其中一项形式的奖励：

A. 获老师寄语　　　　　B. 单元考试卷加分

C. 和校长合影　　　　　D. 品一次美食

上述"课堂活动约定"对学生个人和小组在课堂上的行为表现提出了明确要求，并明确了相关的激励措施。其中奖励的形式可以丰富多彩，根据学生的需求不断创新。基于脑的语文教学不主张对个人的行为外加物质类的奖励，但是提倡对小组团队的奖励。不过，随着学生课堂行为的规范和小组合作学习的规范以及相关习惯的养成，积分奖励可以逐步取消。

所有的学习契约，不管是针对自主学习，还是合作学习，或者是课堂活动，都是根据学生的学习需要而制定的，本书所呈现的学习契约仅作为参考，在真实的教学情境中使用时可根据需要有所调整。

2. 学习契约的执行

学习契约的执行是实施学习契约策略的重要环节，它包括以下具体策略：

策略一："事先告知与讨论"策略。所有"学习契约"都要事先发放给学生学习，征求学生的意见，与学生协商修订后确定并承诺执行。通常采用逐一学习、确定、承诺的方法。

具体操作如下：

开始实施基于脑的语文教学时，先花一二节课的时间，完成以下工作：告知学生我们将开始一种新的教与学，这是一个开放的课堂，一个主动学习的课堂，在这样的课堂上，你可以展示你所有的精彩，但是，它同时也需要所有参与者自律，大家遵守规则。

首先，将"自主学习评价量规"与第一次上课的"预习指引"同时印发给学生，指导学生对照"预习指引"了解"自主学习评价量规"，在小组内学习讨论，提出修订意见，然后在集中全班各小组意见后修订、确定"自主学习评价量规"的内容，并承诺执行。

其次，将"小组合作学习评价量规"和第一次上课的小组合作学习任务同时发给学生，指导学生对照合作学习任务了解"小组合作学习评价量规"，在小组内学习讨论"小组合作学习评价量规"，提出修订意见，最后确定"小组合作学习评价量规"的内容，并承诺执行。

最后，将"课堂活动约定"发给学生，指导学生结合"自主学习评价量规"和"小组合作学习评价量规"在小组内学习讨论，提出修订意见，确定"课堂活动约定"的内容，并承诺执行。

策略二：小组成员互评，执行"自主学习契约"策略。"自主学习契约"的执行主要在小组成员之间。小组成员根据"自主学习评价量规"相互评价"预习指引"的完成情况，并将互评结果报告给老师。

策略三：学习过程互评，执行"小组合作学习契约"和"课堂活动约定"策略。在课堂教学过程中，学生之间、小组之间随时对代表小组的学习活动或者学生个人的学习活动进行评价，通过评价规范学习行为，促进学生发展。比如，学生个体代表小组的发言声音不够响亮，其他同学听不到，学生可以评判是否积分；当老师或者同学发言时有别的小组成员私下讲话，学生决定是否扣分；当个别学生精彩的发言换来全班学生自发的掌声时，直接给发言的学生小组特别加分等等。通过学习过程的学生互评，体现学生是契约的制定者，也是契约的执行者的权利。

策略四：教师评价，执行"小组合作学习契约"与"课堂活动约定"策略。在教学过程中，教师执行"小组合作学习契约"和"课堂活动契约"，对优秀的学习小组给予积分。比如，对按时完成学习任务的小组、积极投入讨论的小组、在学习中有创意的小组、敢于质疑的小组、互帮互学的小组给予积分。教师可以经常让这些小组分享学习方法，分享合作学习的技巧，树立小组合作学习的榜样，进而提高小组合作学习的质量。

关于学习契约的执行策略，在实施过程中可以根据实际情况探讨出更多新的操作方法。

学习契约策略是在学生的学习方式发生变化之后有效的课堂教学管理策略。教师不必担心开放的课堂难以管理，学生作为学习契约的制定者和执行者，他们会以主人的姿态维护课堂纪律，演绎更多的精彩。在"接受学习"的课堂，学生非常"听话"，一切听从老师安排，那是被老师训练出来的。当学习方式发生变化之后，学生也完全可以通过训练，学会在学习契约的激励和约束下有效学习，而且学得更好。

五、教师示范策略

教师示范策略是基于脑的语文教学中重要的教学策略，它包含若干具体的策略，可以在所有教学环节和教学活动中使用。

1. 教师作品示范策略

在基于脑的语文教学中，教师通常以学生的身份完成各种作业。比如，思维导图、批注、基于项目学习的产品、研究性学习的各项作品等。教师将这些作品展示出来，就为学生提供了示范。教师作品的示范其教学意义是巨大的。首先，教师作品的范例，可以为学生提供怎样做的指引，并示范何为"规范"；其次，一旦学生知道了怎样做及其"规范"之后，学生的作品比教师的作品更有创意，比教师更精彩，这就对学生的学习产生巨大的正向暗示，让学生体验到其实自己很棒，可以做得比老师好。这对学生自信心和学习兴趣的培养都很有意义。

2. 教师评价示范策略

评价是贯穿基于脑的语文教学全过程的教学策略，让学生学会评价是其中重要的学习内容，而教师通过示范来展示如何评价，就是非常好的教学策略。

（1）示范评价的"欣赏性"和"客观性"。教师在评价学生的作品或行为的时候，首先评价学生作品或行为的优点和亮点，接着提出建议，而且所指出学生的亮点或优点都是具体的。比如，在《晏子使楚》的教学中，一个平时很少发言的学生分享了他的批注。教师是这样评价的：

师：××同学今天勇敢地挑战自己，为我们分享他的批注。老师很欣慰，很激动！他批注了两个描写楚王的"笑"的词语，一个词语是"冷笑"，他的批注是：很形象！一个词语是"赔笑"，他的批注是：很传神！他的批注简洁、准确地表达了自己的感悟。重要的是选择这两个词语来批注，非常有意义！这两个"笑"确实很传神地写出了楚王的心理变化和行为变化。给你个小建议（走到该生面前，面对该生），在你这两个"批注"的后面分别加上一句话："仿佛让我看到了……"这样，你的批注就会既准确又具体，你的批注又上了一个新台阶，你觉得可以吗？

生：可以的。我现在就加。冷笑——很形象，仿佛让我看到楚王的嚣张。赔笑——很传神，仿佛让我看到了楚王的尴尬。

全班掌声。

师：非常感谢××同学的分享，他为同学们提供了一个很好的范例。

这是教师对一个平时比较少在全班发言的学生所做的评价。老师先欣赏学生，欣赏他的勇敢发言，欣赏他所批注的两个词语抓住了人物性格的关键，所写的批注用词简洁、准确。然后客观地指出需要完善的地方，并给予具体的指引。这是对评价的欣赏性和客观性很好的示范。该学生原来的"批注"在五年级学生的一般水平之下，不过老师发现其中的亮点，发自内心地给予欣赏，并为学生的改进搭建了一个学习支架——"仿佛让我看到了……"，于是点燃了该学生智慧的火花。这就为学生示范了评价的"肯定性"与"客观性"。

（2）示范对朗读的评价。对朗读的评价是要求比较高的评价，教师需要为学生提供具体的示范。如《再见了，亲人》的教学，一个学习小组选择了课文最后三个自然段在全班展示朗读，该小组朗读完毕后，教师为学生示范如何评价他人的朗读。

教师：老师准备对这个小组的朗读提出评价意见，请同学们注意听老师是怎样评价的，以后大家可以像老师一样评价同学的朗读。

教师评价：你们组的朗读不仅声音响亮、整齐，而且最后一段加重了语气，放慢了语速，表达出依依不舍的情感。不过倒数第二段："列车呀，情慢一点儿开……"这里还需要放慢语速，请听老师怎样朗读这三段。

教师示范朗读。

教师：现在请同学们回忆一下，老师是怎样评价同学的朗读的，都做了些什么？

学生一：老师先肯定他们组做得好的地方，还指出了需要改进的地方。

学生二：老师不但肯定了做得好的地方，指出需要改进的地方，还给我们展示了怎样读。

学生三：老师给我们组评价的时候，指出了哪一句没读好，还示范给我们可以怎样读。我们现在可以再朗读一遍吗。

教师：好的，大家都很全面地分析了老师刚才的朗读评价，老师把大家的意见归纳一下（表4.4）。

表4.4 "朗读评价"指引

第一，肯定好的。具体肯定哪些句子、词语读得好。（从轻重缓急的角度来考虑）

第二，指出需要改进的地方。哪些句子或词语可以怎样读更好。（从轻重缓急的角度来考虑）

第三，示范怎样读可以更好。

教师：现在，我们请这个小组再朗读一遍。其他小组的同学倾听，请根据"朗读评价指引"，学习老师刚才的做法来评价他们组的朗读。

学生朗读展示。

学生根据"评价朗读指引"评价同伴。

教师、学生在评价朗读的同时评价"评价者"是否按照"评价朗读指引"评价同伴。

我们根据上述的教学个案，将教师示范朗读评价的操作步骤归纳如下：

1. 教师现场评价学生的朗读作为示范；

2. 学生现场分析、归纳老师是怎样评价的；

3. 教师归纳学生发言，出示"朗读评价指引"；

4. 学生现场按照"朗读评价指引"评价朗读；

5. 师生现场继续评价朗读的同时也评价"评价者"是否已经根据"朗读评价指引"来评价同伴。

3. 教师大声思维示范策略

大声思维示范是教师指导学生在阅读时如何边读边思考的有效策略，包括示范在阅读过程中遇到不理解的词语时怎样处理，怎样利用文章结构知识建立阅读理解的目标，怎样利用文章结构知识边读边思考，怎样利用文章结构知识梳理课文。

例如，示范阅读时遇到不理解的词语时怎样处理。《桂林山水》的教学：

教师：老师在阅读过程中，也有不大理解的词语，大家看看老师遇到不理解的词语时是怎样想的，以后大家都可以学习老师的做法。请同学们一边看课文，一边听老师讲。

教师读课文："桂林的山真秀啊！"我不大理解"秀"的意思。我想不理解没关系，我继续往下读，读懂后面的内容，也许可以帮助我理解。继续读课文："像翠绿的屏障，像新生的竹笋，色彩明丽，倒映水中。"读到这里，我突然明白了，"像翠绿的屏障，像新生的竹笋，色彩明丽"就是写桂林山的"秀"。至此，我明白了"秀"的意思。

例如，示范怎样利用文章结构知识建立阅读理解的目标，怎样利用文章结构知识边读边思考，怎样利用文章结构知识梳理课文。《一面五星红旗》的教学：

教师：老师将要告诉大家，老师在阅读这篇课文时是怎样利用文章结构知识建立阅读理解目标，边读边思考的。大家注意听老师讲，同时打开课文。

教师：当我看到课文题目"一面五星红旗"时这样想：这是一面怎样的五星红旗？为什么要写这面五星红旗？这可能是介绍五星红旗的文章（说明文），也可能是写与五星红旗有关的故事的文章，我将通过后面的阅读，确认到底是哪一种情况。

我开始浏览课文。朗读课文的第一段："在国外读书的第一个假日，我决定做一次漂流旅行。收拾好背包，我把它系在筏子上，手举一面鲜艳的五星红旗，便出发了。"

读完第一段，我基本排除介绍五星红旗的预测，将写事文章作为阅读重点。因为课文的第一段包含了时间、地点、人物、事件，有记叙文的四要素，写事文章的第一段通常就是这样的。接下来我将把事情的起因、经过、结果作为阅读的重点。

我快速浏览课文。课文中一些关键的句子，例如："筏子顺流而下"；"不久，筏子漂到了水势最急的一段河面"，"直到第三天中午，我才来到一座小镇，走进一家面包店，我向老板说明自己的处境"，"老板拍拍我的肩膀，告诉我可以用这面旗子换面包"，"突然我摔倒在地上，就什么也不知道了"，"我醒来的时候，发现自己躺在医院的病床里"，这些关键的句子告诉我事情的发展脉络，让我进一步确定了文章的结构。而且这些关键的句子通常在每一段的开头和结尾，所以，快速浏览课文的时候，关注段落的开头句和结尾句往往可以捕捉到重要的信息。

教师：当我浏览课文，知道文章的主要内容并确定是写事的文章之后，我反复读课文，根据写事文章的四要素来梳理课文，用思维导图梳理课文结构与内容。我在确定事情的起因时，开始有点拿不定主意。或者是将第一段漂流旅行作为起因？或者将落入激流、撞伤、迷路作为起因？后来我反复阅读课文，觉得以落入激流、撞伤、迷路作为起因更合适。因为漂流旅行不是导致后面情节的直接原因。于是，我用思维导图这样梳理课文（图4.1）。

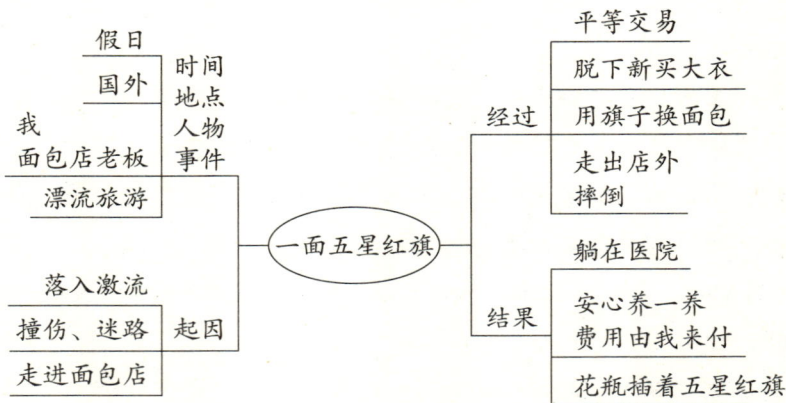

图4.1 《一面五星红旗》课文结构

教师大声思维示范，是帮助学生学习阅读理解方法的有效教学策略，本书在多处地方呈现了大声思维的具体案例。读者可以从不同的案例中找到共同的规律，掌握大声思维的教学策略。

六、学生示范策略

通过学生的示范来引领同伴的学习，也是基于脑的语文教学常用的教学策略，它可以在所有的教学环节和教学活动中使用。在基于脑的语文教学模式中，学生是课堂学习的主人，通过学生自身的行为和学习结果的示范来引领学生之间的相互学习、彼此影响，是非常有效的教学策略。学生示范策略包括若干个具体的策略。

1. 学生作品示范策略

展示学生优秀的思维导图、颁奖词、批注、基于项目学习的"产品"、研究性学习的各类作品，将之作为示范。在展示的过程中，让学生陈述、讲解自己的作品，让其他同学评价优秀作品，促使学生之间互相学习，取长补短。还可以通过教师的点评来强调其示范意义。

2. 小组合作学习示范策略

学会合作，掌握合作学习的技巧，是基于脑的语文教学重要的学习内容，而学生示范策略就是指导学生掌握合作学习技巧、学会合作的重要教学策略。具体操作如下：

学生示范合作学习过程的亮点。教师认真观察小组合作学习过程中学生的表现，发现其中的亮点，在"教师小结"的教学环节中，让学生展示。比如，在小组合作学习时组内有不同意见的争辩，后来妥善解决了。是怎样解决的？有哪些方法？通过该学习小组的分享与讲述，为其他小组提供示范。

学生示范合作学习的过程与技巧。教师专门训练一个学习小组，让其在全班示范如何有效开展合作学习。训练的内容包括：组长如何主持学习，组员如何承担各自的职责，如何保证在规定的时间内组员每人都能发言，并对问题进行深入的讨论等等。经过一段时间的训练，使得该学习小组在完成具体的学习任务时表现突出。然后在"教师小结"的环节，让该小组现场结合学习过程分享经验，为其他小组提供示范。

学生在小组学习过程中可能会自发表现出一些好的组织策略及合作技巧，比如，每次小组合作学习，按时针顺序，每人必须发言；假如有不同意见，轮流讲解各自的意见，最后可以举手表决，以多数人的意见代表小组意见等等。教师要利用这些好的经验与策略，直接让这些小组展示与示范，引领其他小组的合作学习。

学生示范互帮互学的经验。指导一个学习小组制定帮扶策略和方法，让个别学习困难学生在小组合作学习中成长。经过一段时间的互帮互学，学习困难学生有所进步之后，让该学习小组分享具体的帮扶策略，为其他小组提供示范。

3. 学生评价示范策略

评价贯穿基于脑的语文教学全过程，学生是评价的主体，而让学生示范评价，就是指导学生学会评价有效的教学策略。

学生示范评价的"肯定性"与"客观性"。学生示范评价的"肯定性"和"客观性"是将学生在评价具体学习内容时表现出来的对同伴学习的欣赏和肯定以及提出建设性的意见或者质疑作为范例，引领其他同学的评价。让学生在评价中学会肯定同伴、欣赏同伴，学会客观地评价事物，评价他人，这是基于脑的语文教学评价重要的学习内容，也是决定评价质量与评价效果非常重要的标准。在实施该教学策略的时候，教师首先为学生评价提供语言框架，用语言结构来保证评价的肯定性与客观性。比如，指导学生按照一定的语言形式进行评价：我欣赏（　　　）同学的（　　　），我给的建议是（　　　）。以此为评价的欣赏性和客观性规定框架。在教学过程中，教师要现场结合学生在评价时的具体表现，对做得好的学生即刻给予肯定，以之作为范例给予强调，让更多的学生模仿学习。

学生示范朗读评价。教师在教学中将能够根据"朗读评价指引"对同伴的朗读进行评价的学生作为范例，以此来引领其他同学的朗读评价。教师在使用学生示范朗读评价策略时要注意三点：

（1）要在实施"教师示范朗读评价"之后，即在学生体验了老师的朗读评价并了解了"朗读评价指引"之后，再采用"学生示范朗读评价策略"。

（2）教师要关注学生是否将评价的着眼点放在如何通过声音的"轻重缓急"来读出情感。比如，哪个词语要轻声、哪个地方要逐渐加快语速、哪些词语要读重音等，而不仅是关注是否读得整齐、声音是否响亮、读音是否正确。

（3）学生示范朗读评价重要的内容是示范朗读。评价者要通过自身的朗读示范，展示如何读出"轻重缓急"。通过示范来演绎怎样读才是读出了情感，读出了感悟。教师在点评时要强调这一点。

4. 学生陈述观点示范策略

学生陈述观点示范策略就是学生示范如何陈述观点。学生在课堂的口头表达，无论是讲解自己的作品，还是评价他人及作品，或者是质疑问题，都是观点的陈述。基于脑的语文教学主张通过基本语言结构的学习和运用，让学生学会有条理地陈述观点，表达自己的所思所想。

我们主要指导学生学会运用"概括与具体"的语言结构来陈述观点。即第一句话概括主要内容，后面具体分析，或者举例说明。学习和运用"概括与具体"的语言结构，可以在阅读课文中指导学生学习理解该语言结构，也可以用老师自己的发言示范让学生感悟和理解，还可以在学生精彩的发言之后教师归纳和讲解，用学生范例来学习理解。"概括与具体"语言结构的"学习"和"运用"是相辅相成的，在教学过程中，教师要善于倾听学生的发言，经常以学生精彩的发言为范例，及时反馈和强调，通过学生示范让学生逐步有意识运用"概括与具体"的形式来表情达意，逐步提高学生口头表达的水平。比如，学生评价思维导图：

学生：我觉得某某同学的思维导图画得很清晰。第一层他是按照文章所见所闻所感的结构来画的，层次分明。第二层的关键词也准确，抓住了人物行动的关键词，看起来很简洁。

老师：刚才评价思维导图的同学，不仅很客观地评价了思维导图，而且表达非常准确、简洁，非常有条理。他就是运用了"概括与具体"的语言结构来表达的。第一句"思维导图画得很清晰"就是概括主要内容。后面的内容："第一层……""第二层……"就是具体分析和举例说明。同学们都可以向他学习，使自己的表达准确而有条理。

以上个案，教师利用学生的表达作为范例，引领其他学生学习如何以"概括与具体"的语言结构作为"脚手架"，帮助自己有条理地表达。

需要说明的是，人的口头表达的语言结构形式是多样的，让学生学习运用"概括与具体"的语言形式来表达，只是为学生的口头表达训练提供一种最常用且最简单易懂的形式，让学生能体验到准确而有条理的表达带来的喜悦。这样做并不排除学生口头表达语言结构的多样性，仅是为学生口头表达能力的发展打下基础，期望学生在这个基础上发展得更快、更好。

5. 学生大声思维示范策略

学生大声思维示范策略就是学生示范如何大声思维。当学生从老师的大声思维示范中知道怎样通过自己的口头表达来陈述自己阅读思考的过程之后，教师要有意识地让学生学习老师的做法，对学生中做得好的给予鼓励与强调，以示范例。例如学习课文《三顾茅庐》，学生分享自己阅读过程遇到不懂的词语时是怎样想的：

学生：我看到课文题目"三顾茅庐"，开始不知道"茅庐"是什么。我就想，我继续往下读，可能在课文的内容中会知道"茅庐"的意思。我继续往下读。当我读到"刘备快步走进草堂"时，我突然想到："草堂"可能就是"茅庐"，而且"草"和"茅"都有草字头，我在课外书上看到过"茅草房"，"茅庐"就是用茅草搭建的房子。于是我确认茅庐就是草堂。

老师：某某同学分享了自己怎样结合上下文理解词语的思维过程。当他遇到不懂的词语时，知道提醒自己，不懂没关系，我可以通过下面的内容来帮助自己理解。当他认为"草堂"可能就是"茅庐"的时候，还通过"草"和"茅"有相同的部首来帮助自己，并且联想自己课外阅读知道的"茅草房"来进一步确认"茅庐"的意思。真是太棒了！同学们以后在阅读中遇到不理解的词语时，都可以像某某同学那样，结合上下文、结合字形、结合课外阅读来帮助自己理解。

学生大声思维示范，除了示范理解词语的思维过程，还可以示范阅读理解课文的思维过程。学生大声思维示范主要在"模块一 初读课文"的第二个学习活动"阅读思考"的教学环节中实施，让学生在反思阅读理解的过程中互相学习，掌握阅读思维的方法。

七、整体学习，逐一分享与评价策略

整体学习，是指个体学习和小组合作学习要保证相对的完整性；逐一分享与评价，是指在全班分享学习中，要针对具体的学习内容逐项进行分享与评价。其具体操作如下。

1. 整体完成"预习指引"学习任务

整体完成"预习指引"的学习任务是指学生个人一次性完成"预习指引"的学习任务。首先教师将"预习指引"发放给学生，让学生完成所有学习任务，或者根据教师要求，完成绝大部分学习任务，然后才进入小组学习和全班分享学习。这样做的目的是保证学生个体建构意义的完整性。

2. 整体完成模块学习任务

整体完成模块学习任务是指在课堂教学中，每一次小组合作学习都以模块为单位开展学习，让学习小组一次性完成模块内几项学习活动。例如"模块二 我的感悟"包括了三项学习活动：给课文重新拟一个题目；用简洁的语言概括课文主要内容；选择课文片段朗读，读出你们的感悟。这三项内容一次性布置给小组合作学习。这样做的目的除了保证模块学习内容的相对完整性之外，还有利于在规定的时间内，各学习小组自主调配几项学习活动的时间。

3. 逐项分享与评价学习结果

逐项分享与评价学习结果是指在全班分享的学习活动中，要针对具体的内容逐项开展分享与评价。例如，针对"模块二 我的感悟"的学习，在学习小组整体完成本模块几项学习活动之后，逐项分享学习结果。首先，让各小组板书分享"给课文重拟题目"的学习结果，然后全班对所有的板书展开评价；之后，再分享用简洁的语言概括课文内容的学习结果，并对分享逐一评价；最后小组逐一展示朗读，学生互评朗读情况。这样操作的目的是为了保证学习反馈的具体、深入、全面。

在真实的教学情境中，受课堂教学时间限制，每一项学习活动在全班的分享与评价都不可能遍及所有学习小组。通常情况是一组分享，几组评价，或者是一人分享，几人评价。一项学习内容在2~3组分享、多人评价之后就达到了学习目标。从表面上看，虽然只有两组分享学习结果，其实参与评价的小组也是分享，是更高层次的分享。

第三节　模块教学步骤与具体教学策略

基于脑的语文教学形成了模块教学的基本步骤，这些教学步骤成为教学策略的重要组成部分。下面逐一介绍每个模块的教学步骤与具体的教学策略。

一、模块一教学基本步骤与具体策略

基于脑的语文教学"模块一 初读课文"，为学生学习现代文、文言文、诗歌设置了不同的学习步骤，也因此形成了不同的教学基本步骤和教学策略。

（一）模块一现代文教学基本步骤与具体策略

1. 模块一现代文教学基本步骤

"模块一 初读课文"在现代文的教学中包含两项学习内容：其一，按照阅读步骤阅读并用思维导图梳理课文；其二，反思阅读理解过程，学习阅读理解的思维方法。课堂教学基本步骤如下（表4.5）。

表4.5　模块一　现代文教学基本步骤

一、学生小组分享思维导图
二、全班分享思维导图
1. 学生个人分享思维导图，其他同学评价思维导图
2. 教师小结并分享自己的思维导图，学生评价教师思维导图
3. 学生修改与完善思维导图
三、全班分享"阅读思考"
1. 学生个别分享"阅读思考"
2. 教师小结（有需要时大声思维示范）

在教学实施时，学生小组分享思维导图的学习活动，在学生基本学会用思维导图梳理课文或者课时紧张的情况下可以取消，让学生个人直接在全班分享与评价思维导图。

2. 模块一现代文教学具体策略

阅读理解方法的学习是现代文教学"初读课文"环节的重点学习内容。

对应教学基本步骤，基于脑的语文教学在实践中形成了一些具体的教学策略，这些具体的教学策略包括两种使用情况。第一种情况是为在基于脑的教学模式下初始学习的学生提供具体帮助的教学策略，包括"教学准备策略"和"导读策略"中所有的教学策略；第二种情况是学生已经熟悉基于脑的语文教学，进入常态教学之后的教学策略，即"导读策略"中"第三步 分享与评价"的教学策略。

（1）教学准备策略

思维导图练习策略。思维导图练习策略是指导学生学习和使用思维导图的教学策略。思维导图是帮助学生理解、梳理课文的工具，在实施基于脑的语文教学前，需要利用半节课到一节课的时间，指导学生学会使用这个工具。具体的做法是：

A. 教师讲解思维导图，并给学生提供范例。例如，教师通过演示文稿向学生展示以下相关内容（表4.6）。

表4.6　思维导图练习策略资源（1）

B. 首先告知学生什么是思维导图，并向学生展示思维导图的范例，让学生整体感知思维导图。

C. 联系学生的现实生活确定一个主题，指导学生练习。教师要为学生提供该思维导图初步的模板。比如以"早餐"为主题做思维导图，让学生围绕早上自己的早餐做思维导图。以下选取一个七年级实验班教师为学生提供的思维导图模板，同时附上随机选取的一位学生做的思维导作为参考（表4.7）。

表4.7 思维导图练习策略资源（2）

"早餐"思维导图模板	学生思维导图

该思维导图的主题是"早餐"，教师让学生围绕自己当天上午的早餐做思维导图。

制作这幅思维导图的学生是这样讲解的：他早餐吃牛奶和包子，喝了一杯牛奶，吃了两个包子；在吃早餐的时候玩手机，妈妈批评，接着问昨天的作业完成没有。于是想起昨天的作业没完成，担心会被老师批评。

联系学生生活的思维导图主题很多，如学校、教师、家庭、军训、体育课等，只要与学生生活紧密相关的内容都可以成为思维导图练习的主题。

D. 让学生在小组内分享思维导图，选出能代表小组最高水平的图在全班分享，通过学生互相评价，教师评价进一步规范思维导图的制作。

E. 告知学生，在今后的语文课中，可以利用思维导图梳理课文内容与结构，并把它作为笔记和复习学科知识的工具。同时让学生重点关注教师教学中为梳理课文内容提供的思维导图的范例。

体验阅读目标策略。体验阅读目标策略是让学生经历有目标阅读与没有目标阅读不同的学习过程，体验建立阅读理解目标意义的教学策略。

在正式进入课文学习之前，教师需要让学生体验建立阅读理解目标的意义，具体的教学策略就是体验阅读目标策略。该策略是让学生采用不同的形式阅读两段文字，一种形式是有目标的阅读，另一形式是没有阅读目标的阅读，让学生在两次阅读的比较中体验到建立阅读理解目标的重要。其操作操作步骤如下：

A. 教师打开一张幻灯片，出示一段文字让学生阅读；

B. 教师关闭该幻灯片，打开另一张幻灯片，幻灯片的内容是根据上一张幻灯片的阅读材料提出问题，让学生回答问题（学生通常不能回答，要求教师重新打开第一张幻灯片）；

C. 教师重新打开第一张幻灯片，让学生重新阅读。学生重新阅读后回答所有问题；

D. 教师打开第三张幻灯片，幻灯片的内容是先提出问题，然后展示与问题相关的一段文字，让学生阅读；

E. 教师要求学生回答问题，学生即刻回答所有问题。

F. 教师提出问题：阅读两段文字哪一次速度快？为什么？

G. 学生谈体验，明确：因为有阅读目标，所以阅读的速度快。

以下选取2008年一个实验班的阅读材料作为参考（表4.8）。

表4.8　体验阅读目标策略资源

幻灯片一	幻灯片二
然而这次远航也充满了凶险。在大海上，船队几次遇上险恶的风浪。狂风呼啸着，海水像脱缰的野马，奔腾咆哮，巨浪疯狂地扑向船队，仿佛要把船只撕裂。面对如此险境，郑和总是镇定自若，指挥着船队在波峰浪谷中奋勇向前，一次次化险为夷。船队在归途中还遇到了海盗的袭击。郑和根据事先得到的消息，命令军士们严阵以待。当海盗船乘着黑夜，偷偷摸摸靠近船队时，郑和的船队迅速将海盗包围起来。士兵们从大船上往下丢火把，将海盗船烧着了。海盗们无处可逃，只好乖乖地当了俘虏。	1. 请说说文中哪句话能概括这段话的主要内容。 2. "脱缰的野马"是指什么？

续表

幻灯片三
阅读文章，回答问题： 1. 文章主要写了什么？用一句话回答。 2. "集体大逃亡"是指什么？ 火星上的水原本可能比地球还多，为什么没能留住呢？ 火星本身的致命缺陷导致了这个结果。火星比地球小得多，对物体的吸引力也小得多，所以，气体脱离火星就不需要太快的速度。在太阳的照耀下，火星表面的水蒸发成气体，这些气体很快就取得了足够的热量，达到能够脱离火星的速度而一去不复返。持续不断的火星气体集体大逃亡，使得火星表面的液态水难以长时间存在。这样，虽然彗星和陨石能给火星带来大量的水，但很快都被火星气体裹挟着逃向太空。

　　该教学策略的实施，通常在基于脑的语文教学第一节课，教师对学生的"初读课文"进行导读前。当学生已经体验到阅读目标在阅读中的意义后，教师告诉学生：人的一生要阅读大量的材料，没有人给你建立阅读理解目标，我们要学会自己建立内在的阅读理解目标，以此来提高我们阅读的质量。之后就直接进入"初读课文"的导读。

　　"体验阅读目标策略"和"思维导图练习策略"都属于基于脑的语文教学的"教学准备策略"，它们通常仅在开始阶段使用，或者仅使用一次。

　　（2）导读策略

　　导读策略是教师指导学生按照"阅读步骤"阅读课文的指导策略。该策略由教师领着学生根据阅读步骤的要求初读课文。导读的基本步骤是：讲解与示范—阅读—分享与评价。教师领着学生学习的每一个步骤都渗透了若干个具体的教学策略。

　　第一步：讲解与示范

　　讲解与示范是在学生初次接触基于脑的学习方式时，教师通过自己的讲解和示范，让学生知道怎样根据"阅读步骤"阅读课文。所以，讲解与示范既是导读步骤之一，也是重要的教学策略。我们试以现代文的导读为例，根据现代文的阅读步骤来呈现教师如何讲解与示范。

　　现代文的阅读步骤

　　步骤一：审题建立阅读理解目标——预测内容与文章结构。

　　步骤二：浏览课文——验证预测，边读边思考。

步骤三：反复读课文，用思维导图梳理课文。

A. 导读"阅读步骤一"。教师以学生学过的课文为例，讲解如何建立阅读理解目标，如何完成"阅读步骤一"的学习任务。教师讲解的方法是举例说明，无需做过多的概念讲述。

例如，教师告诉学生，阅读步骤一："审题建立阅读理解目标——预测内容与文章结构"，就是看课文题目，预测课文可能写什么，可能怎么写，以自己所预测的可能"写什么"和"怎么写"作为内在的阅读理解目标。比如课文的题目"争吵"，我们看题目后可能会想这样的问题：谁争吵？为什么争吵？结果如何？这就是所预测的内容目标。此外，我们还可以这样想：课文可能在写一件事，那么事情发生的时间、地点、人物、事件（起因、经过、结果）就是阅读重点，这就是所预测的文章结构。如此，所预测的内容和文章结构就成为我们内在的阅读理解目标。需要强调的是，内容目标只是作为阅读理解自然的阅读目标，基于脑的语文教学重点是让学生学会预测文章结构作为阅读理解的目标。

教师还可以告诉学生，题目通常透露出文章结构的信息，我们大致可以从题目直接预测文章结构。比如《莫高窟》可能写景状物，写景状物的文章结构成为梳理课文内容与结构的重要依据；《詹天佑》可能写人，写人的文章结构成为梳理课文内容与结构的重要依据。

以上是教师在"阅读步骤一"的导读中为学生讲解的基本内容。

B. 导读"阅读步骤二"与"阅读步骤三"。教师以学生学过的课文为例，示范如何边读边思考，教师主要的导读策略是通过大声思维示范，让学生模仿、迁移如何边读边思考（见本章教师示范策略——大声思维示范）。

第二步：阅读

在教师讲解、示范的基础上，开始指导学生自学，让学生根据"预习指引"中的阅读步骤阅读课文，完成"预习指引"中初读课文的所有学习任务。教师需要提醒学生记住自己阅读中出现的想法，准备与同学分享自己的阅读思维过程。

在学生自学过程中，教师可以给有需要的学生个别指导。

导读的第一步"讲解与示范"和第二步"阅读"，是实施基于脑的语文教学初始阶段的教学策略，当学生已经掌握基本的阅读理解方法后，这两个导学步骤可以取消，让学生独立自主完成预习。

第三步：分享与评价

学生将在这一环节分享与评价"模块一 初读课文"的学习结果和学习过程。可以先在小组合作学习中分享学习结果，也可以直接在全班分享与评价。其中现代文学习结果的分享与评价针对"思维导图"进行；诗歌学习结果的分享与评价针对朗读进行，分享者陈述自己在诗歌中联想到的画面并朗读课文；文言文学习结果的分享与评价以学生讲解课文的形式进行。学习过程的分享与评价主要针对"阅读思考"的问题进行。

（3）"思维导图"分享与评价策略

思维导图的分享与评价有以下多种对应策略：一人分享多人评价策略；几人分享多人评价策略；投影设备分享与评价策略；移动终端分享与评价策略；思维导图轮流分享多人评价策略。以下逐一介绍具体的操作方法。

策略一：一人分享多人评价策略

操作的方法是：

A. 课前让一名学生将自己的思维导图板书在黑板上。如果学生在课堂进行自主学习，则可以在学生自主学习时，让一名学生在黑板上直接画出自己的"思维导图"。

B. 让板书思维导图的学生讲解自己的思维导图。

C. 板书学生陈述完毕，其他学生发表自己的意见。

D. 教师在学生陈述理由、提出不同意见的过程中给予指导，使文章结构基本清楚。

E. 教师结合所板书的思维导图小结学习情况，强调学习要点。

教师在使用上述教学策略时要注意以下几点：

第一，教师根据学生学习情况，所选择在黑板上展示的思维导图可以是对课文结构把握比较准确的，也可以是有代表性错误的，或者在关键地方出现错误的。

第二，教师在学生陈述理由、提出不同意见的基础上指导，不要急于评价学生思维导图的对与错。

第三，教师的指导除了关注学生对课文内容的理解外，更要关注学生对文章结构掌握的程度，关注学生的思维方式，进而指导学生掌握思维的方法。

实施上述教学策略主要出于以下考量：

A. 让学生在反馈学习、错误学习中得到具体的、直观的信息，及时调整自己的学习思路，更有效地建构意义。

B. 学生仅针对一位同学的思维导图提出不同意见，教师只针对一个思维导图做指导，教师的指导比较容易把握，也节省课堂时间。

策略二：几人分享多人评价策略

具体操作方法如下：

A. 课前让2~3名学生将自己的思维导图板书在黑板上，如果学生在课堂进行自主学习，则现场让2~3名学生直接在黑板上完成自己的思维导图。

B. 让板书的学生各自陈述自己的思维导图。

C. 每一个思维导图的作者陈述完毕，其他学生发表自己的意见。

D. 教师在学生陈述理由、提出不同意见时给予指导，使文章结构基本清楚。

E. 教师结合所板书的思维导图小结学习情况，强调学习要点。

对教师而言，评价几人所分享的思维导图相对于评价一人所分享思维导图需要有更高的助学技能。因为在现场操作时，几名学生所分享的信息较一名学生所分享信息有更多的不可预见性，教师整合几名学生口头发言信息的同时还需要整合几幅不同思维导图的信息。这样，无论是对文章结构知识掌握的程度以及对课文内容熟悉程度，还是应对学生"生成"等方面，对教师而言都有更高的要求。而实施多人分享策略能让学生在比较学习与错误学习中得到更多具体的、直观的反馈，能为学生的知识建构提供更多联结。不过所花的课堂教学时间相对也较多。

策略三：思维导图投影展示策略

本策略是让学生将笔记本中的思维导图直接在投影仪上分享。其他操作方法与步骤与"策略一"和"策略二"相同。

随着学生阅读水平的提高，不必要求学生在初读课文时一定画思维导图。当然，由于思维导图的可视化特点，它可以作为教学的工具在课堂教学中直观展示课文内容与结构，而思维导图的分享策略则要根据学生的情况决定如何使用。

策略四： 移动设备分享与评价思维导图策略

在有直播系统的教室里，学生人手拥有移动电脑或者Ipad的课堂上，可以指导学生使用思维导图软件来梳理课文内容与结构，并让学生直接通过Ipad分享和评价思维导图。这样的课堂是高效的，但这对教学设备有较高的要求，也使学生所画的思维导图失去了一些个性化的色彩。因为学生手绘的思维导图配有更多的个性化的图画，对于小学生来说，也许手绘的思维导图更能吸引学生学习。

采用移动设备分享与评价思维导图的步骤与前面策略的步骤相同。

策略五：思维导图轮流分享多人评价策略

思维导图轮流分享是指分享思维导图的人选轮流。人选首先在全班各小组之间轮流，组内选出的人选也在组员之间轮流，这样如果每学期有30篇课文，就有30名学生有机会在全班分享思维导图。采用这种教学策略，通常是在学生利用思维导图梳理课文内容与结构的学习有了一定的积累，全班学生基本上掌握思维导图制作的情况下。

采用思维导图轮流分享多人评价策略的步骤与前面策略的步骤相同。

（4）"阅读思考"分享与评价策略

"阅读思考"分享与评价策略针对"阅读思考"所提出的问题进行，其分享与评价过程，是阅读思维的分享和阅读策略的归纳过程。具体操作方法如下：

第一，学生在全班分享"阅读思考"的问题。教师根据"预习指引"中"阅读思考"提出的问题，请学生自愿回答相关问题。

第二，教师根据学生回答给予指导。

例如，阅读思考的问题是：你是什么时候确定文章结构的？学生可能回答：我看完全文之后确定文章结构。

教师通过追问指导：是哪些信息告诉你的，或者说你是通过哪些具体的段落或句子确定的？教师以追问的形式，让学生反思阅读思维过程，并将思维过程具体化，使全班学生从中总结阅读策略和方法。

又如，阅读思考的问题是：遇到不理解的词语，你是怎样解决的？学生可能回答：我开始不理解某某词语，后来读完课文就理解了。

教师通过追问指导：你是用什么方法理解的，或者说你是通过课文哪一些句子、词语理解的？让学生在进一步的追问中深入思考，归纳阅读理解策略。

第三，教师示范阅读思考。如果本节课的教学内容及其阅读过程需要训练学生的阅读思维方法，而学生的分享又不足以达到学习目标，教师需要通过大声思维来分享自己的阅读思维过程，让学生从中归纳阅读策略（详见本章第一节 教师示范策略——示范大声思维 ）。

至此，我们已经基本了解了"模块一"现代文的教学基本步骤和具体教学策略。教师对"初读课文"的导读也许开始会感到有难度，或者说有陌生感。这是一项先难后易的教学，随着学生文章结构知识的增加和阅读策略的积累，教师的导读逐步减少。经过一段时间的学习，学生在拿到一篇文章之后，可以快速阅读，迅速画出思维导图，比较准确地梳理课文内容与结构，自主学习品质会得到很大提升。

（二）模块一文言文教学基本步骤与具体策略

文言文初读课文的教学与现代文不同，现代文的教学让学生通过思维导图呈现并讲解思维导图。文言文的教学让学生采用逐句讲解的形式来分享初读课文结果，不需要学生画思维导图。课堂教学步骤如下（表4.9）。

表4.9 **"模块一 文言文教学基本步骤"**

一、小组合作学习

1. 分享初读课文结果

2. 同伴互学，解决疑难

3. 讨论完成"讲解"任务

（1）找出并板书关键词

（2）讨论是否有文言语法现象

（3）翻译、串讲句子或片段

（利用"留、调、换、补、删"的方法解释文言文）

二、小组分享与评价（逐一分享与评价）

1. 小组代表发言

（1）分析关键词及文言语法

> （2）串讲相关内容
>
> 2.其他小组成员请教与评价
>
> 3.教师视实情介入（"肯定"或"导学"）
>
> 三、教师小结
>
> 四、个人分享"阅读思考"
>
> 1.学生个人分享如何利用"场景"信息理解课文内容
>
> 2.如何利用背景知识解释文言词语
>
> 3.教师小结

表4.9包括了三个大的教学步骤和若干具体的小步骤。其中"小组合作学习"和"小组分享与评价"包含了教与学的具体策略，这些具体的策略需要师生共同掌握，一起实施。我们试通过下面"文言文的讲解策略"来了解其具体的操作。

文言文讲解策略

文言文讲解策略是在文言文"模块一 初读课文"的全班分享学习中使用的教学策略。该策略是由学生讲解句子或片段，并解释关键词及语法现象。一般是让学生先找出句子中的关键词及其文言语法现象，然后在解释关键词和语法现象的基础上讲解该句子或片段。具体操作如下：

1.教师将讲解方法事先告知学生：

第一，以句子或片段为单位，找出关键词以及可能存在的文言语法现象。所谓关键词，是指句子中与现代汉语意思差异较大或意思完全不同的词语，以及包含文言语法现象的词语。例如：《伤仲永》中的句子"<u>邑人奇之，稍稍宾客</u>其父，<u>或</u>以钱币乞之"。画线的词语均为关键词。"奇之"、"稍稍宾客"包含了文言语法现象。

第二，对关键词、语法现象分别进行解释。

第三，串讲全句。

2.教师将全篇课文的讲解内容分配到各小组，每个小组承担一句或几句的讲解任务。

3.学生小组讨论形成统一意见，并将关键词的解释板书在黑板上。

4.小组代表在全班讲解关键词和文言语法现象，并串句子或片段。

5.师生共同评价板书和讲解。

当学生已经掌握了讲解的方法之后，省略"讲解方法的告知"环节，直接从分配学习任务开始操作该策略。

文言文讲解策略是文言文教学中重要的教学策略，该环节的教学在课堂实施时通常需要占用较多的课时。教师要利用学生分享的信息，渗透解释文言文的基本方法：留、调、换、补、删。

留：保留原貌。时间、地点、人名，有名的事件、战例等在转换成现代文的时候可以保留文言文的原貌。

调：调整词序。如宾语前置、状语后置等句式，在解释为现代文的时候需要调整词序。

换：换一个词语来表达。有些文言词语，现代汉语很少使用，或者现代文所表达的意思与文言文的意思已经发生变化，这时候解释文言文就需要换一个词语来表达。

补：将句子补充完整。文言句式简洁，通常省略一些成分，比如：主语承前省、意动用法等。解释文言文的时候需要联系上下文的意思，补充一些成分。

删：文言文有的词语只有语法意义，没有具体的意义内容，这样的词语在解释时需要删除。

教师在学生分享和评价或教师自己讲解的过程中，需要渗透这些基本的方法，并指导学生在讲解时运用这些方法来分析与陈述。

阅读思考分享策略

阅读思考分享策略是通过教师示范与学生示范策略，指导学生分享"阅读思考"。如学习《孙权劝学》，教师示范如何利用教材提示建立"场景"概念，帮助阅读理解。

教师：大家注意看教材题目下面的提示，看看老师是怎样捕捉"提示"的信息来帮助理解的。

教师读提示："本文简练生动，用不多的几句话，就使人感到人物说话时的口吻、情态和心理，即可见孙权的善于劝学，又表现了吕蒙才略的惊人长进。其中鲁肃与吕蒙的对话富有情趣……"

教师：从提示中我捕捉到的信息是：课文至少有三个人物在活动，而且主要是人物对话活动。根据我对三国历史的了解，我还知道孙权是吴国的当权者、吕蒙是吴国的名将、鲁肃是有名的学者。这些信息对我初次浏览课文、了解课文基本内容是很有帮助的。

教师继续说：比如，"卿言多务，孰若孤？孤常读书，自以为大有所益。"这几句在教材中虽然没有具体的解释，但我在初读课文时就能基本知道它们的意思："你说你事务多（没时间读书），你哪里比得上我（事务多）？我经常读书，自认为读书有很多的收益。"因为这些对话符合孙权的身份。

（三）模块一诗歌教学基本步骤与具体策略

模块一诗歌的学习内容包括：读懂诗歌；学习如何抓住"情"与"景"感悟诗歌的意境。课堂教学基本步骤如下（表4.10）。

表4.10　模块一 诗歌教学基本步骤

一、小组合作学习
1. 分享理解不懂的词语和诗句方法
2. 分享联想的诗歌画面
3. 朗读诗歌
4. 选出最能代表小组水平的个人在全班分享
二、全班分享初读诗歌
1. 小组代表分享
（1）怎样理解不懂的词语和诗句
（2）所联想的画面是怎样的，是由哪些诗句组成的
（3）朗读诗歌
2. 学生评价
三、教师小结

诗歌教学基本步骤将"预习指引"中的"学习步骤"和"阅读思考"两项学习内容融合在一起分享。根据学生的具体情况，在分享的时候可以采用两

种策略。

策略一 理解词语和诗句——指导学生说出理解的过程或策略。先陈述如何理解词语，再结合所理解的词语陈述如何理解相关诗句，或陈述由此联想到怎样的一幅诗歌画面。

策略二 理解词语和诗句，朗读诗歌——指导学生说出理解的过程或策略。先陈述如何理解词语，再结合所理解的词语陈述如何理解相关诗句，或由此联想到怎样的一幅诗歌画面，并朗读诗歌。

上述策略的实施，可以采用教师示范和学生示范来实施。

二、模块二教学基本步骤与具体策略

当你对模块一教学中的现代文、文言文、诗歌不同的教学基本步骤和具体教学策略有所了解之后，我们一起走进模块二的教学基本步骤（表4.11）。

表4.11 模块二 教学基本步骤

一、小组合作学习，完成模块所有学习任务

（在小组合作学习过程中，如果有需要板书呈现学习结果的学习任务，也包含在小组合作学习的时间里）

二、全班分享（一）

1.学生点评各组精彩板书

2.原创陈述观点，讲解课文内容

3.质疑问题，被质疑小组陈述

4.教师小结与分享，学生评价、质疑

三、全班分享（二）

1.小组代表概括课文主要内容

2.评价与质疑

3.教师小结与分享，学生评价

四、全班分享（三）

（1）小组分享片段朗读

（2）学生评价与示范（或教师评价与示范）

（3）全班模仿再朗读

（4）教师小结朗读

五、教师小结

　　"模块二　教学基本步骤"包含了三项学习活动。一般情况下，各种体裁和类型的课文都采用表4.11的基本教学步骤，也可以根据教学需要有所取舍。比如，有的课文教学时不概括课文主要内容，可以省略"全班分享（二）"的教学步骤。有的课文教学时不朗读，可以省略"全班分享（三）"的教学步骤。

　　在基于脑的语文教学模式中，模块二属于课文内容的教学，该模块的教学策略包括"整体学习，逐一分享策略"、"板书分享与评价策略"、"口头陈述与评价策略"、"朗读展示与评价策略"。这些策略具体操作如下。

　　整体学习，逐一分享与评价策略

　　整体学习，逐一分享与评价策略操作方法如下：

　　1. 整体学习。教师以模块为单位将几项学习活动一次性布置给学习小组合作学习，明确学习时间，由学习小组自己调配每项学习活动的时间。

　　2. 个别指导。教师到各学习小组了解学习情况，提醒学生分配好学习时间，同时给有需要的小组具体指导。

　　3. 逐项分享与评价。学习小组逐项汇报学习结果，学习小组间相互评价，教师视实际情况适时介入评价。

　　4. 教师小结。每一项学习活动在学生分享与评价完毕后教师小结学习情况，强调学习要点。

　　板书分享与评价策略

　　板书分享与评价策略是指导学生使用黑板分享学习结果的教学策略。它适合于使用词语、短语或句子等形式概括课文内容，表达学习感悟的学习活动。例如，给课文重拟题目，用一个修饰语形容×××，用几个关键词修饰×××，给课文写一句广告语等，都可以采用该学习策略。具体操作如下：

1. 教师为学生的板书提供支持。教师可以采用多种形式为学生的板书提供支持，可以让学生写卡片贴到黑板指定的位置，可以思维导图的图形为学生指定板书位置，或者画线为学生板书指定位置。

2. 学生板书小组学习结果。在小组合作学习时，教师提醒已经完成相关学习任务的小组派代表板书该项学习活动的讨论结果，其他小组成员继续本模块其他内容的学习讨论。

3. 评价板书。当小组合作学习时间结束，学生已经完成或基本完成本模块的学习任务之后，开始对各组的板书进行评价。评价的具体策略是：

（1）全班学生浏览所有板书，评价你认为"最精彩的"，你"想不到的"或者你"有疑问的"，陈述你的评价意见。

（2）被评价小组结合课文具体内容陈述自己的观点。

（3）教师视情况介入评价。

（4）教师小结学习情况，强调学习要点。

评价该项学习结果的基本标准是：第一，是否体现了课文主旨；第二，文采如何。

口头陈述与评价策略

口头陈述与评价策略适用于口头汇报学习结果的学习活动。比如，用简洁的语言概括课文主要内容，给×××写一段颁奖词，给×××写几句赞美诗，给×××写一段简介等学习活动。具体操作如下：

1. 学生小组代表发言，朗诵或者口头表达小组讨论结果（可以个人汇报，也可以集体展示）。

2. 其他小组发表评价意见，被评价者陈述自己的观点。

3. 教师视情况介入评价。

4. 一般情况是2~3组分享，多人评价后，教师小结学习情况，强调学习要点。教师同时可以通过自己的作业答案来展示规范，强调学习重点。例如，展示自己写的颁奖辞、赞美诗，展示自己对课文内容的概括等等，以自己的作品为学生提供示范。

若在有投影设备的教室上课，分享学习结果的小组可以通过投影仪展示学习结果。

朗读分享与评价策略

朗读分享与评价策略在学生以朗读课文的形式展示自己对课文的感悟时采用。操作方法如下：

1. 小组选择课文片段在全班朗读展示。

2. 其他小组评价。

3. 教师介入评价。教师的评价重点是利用学生的评价进行朗读指导，使全体学生在朗读中获得情感陶冶。主要策略是：其一，引导学生评价要具体化。例如，对评价别人的学生说：请你朗读一遍，示范给同学看，应该怎样读。其二，在学生评价的基础上，教师以自己的示范引领全班朗读水平的提升。同时让学生在朗读实践中感知：重音或轻声、加快速度或者放慢速度、停顿时间长短等基本的朗读技巧。

例如，发表评价意见的学生可能说：他们读得不够有感情。

教师：你能具体说说他们哪个词语或者哪个句子读得不够有感情吗？

学生：××句子读得不够有感情。

教师引导：你能展示给他们看，怎样读才有感情吗？请你朗读这一句好吗？

如果学生的示范非常到位，教师进一步肯定学生：读得真好！全班同学像×××同学一样齐读这一句，读出我们的感悟。

如果学生的示范并不到位，教师或者让别的学生针对所示范的句继续评价和示范，或者教师自己来示范。

4. 教师小结。在2~3组展示朗读，多人评价之后，并且全班学生有机会朗读1~2个片段之后，教师就对该学习活动进行小结。

三、模块三教学基本步骤与具体策略

模块三属于课文形式的教学，不同类型的课文其基本教学步骤与具体教学策略基本相同（表4.12）。

表4.12　模块三　教学基本步骤

一、小组合作学习

1. 组员分享各自的批注，选择最能代表小组意见的1~3处批注准备在全班发言

（也可以在组员分享的基础上，全组针对一个片段或一种写作特色讨论，从不同层面或角度批注和发言）

2. 讨论文章结构与写作特点

二、全班分享

1. 小组代表发言，分享批注

（也可以全组成员分别针对同一内容，从不同角度发言）

2. 其他小组评价、补充

3. 小组代表分享写作特点或文章结构

三、教师小结

模块三适用于各种类型和体裁的课文，其教学基本步骤相同。具体教学策略包括"批注"示范策略、"批注"分享与评价策略、写作特点分享与评价特色。以下逐一介绍具体情况。

"批注"示范策略

所谓"批注"示范策略是指教师通过自己的"批注"为学生提供如何做"批注"的范例，让学生从整体上感知"批注"，进而模仿与迁移的教学策略。具体操作如下：

1. 教师通过演示文稿，展示"批注"范例。例如：

表4.13　教师"批注"范例

后生们的胳膊、腿、全身，有力地搏击着，疾速地搏击着，大起大落地搏击着。它震撼着你，烧灼着你，威逼着你。它使你从来没有如此鲜明地感受到生命的存在、活跃和强盛。它使你惊异于那农民衣着包裹着的躯体，

那消化着红豆角老南瓜的躯体，居然可以释放出那么奇伟磅礴的能量！

批注：描写见闻，以排比的修辞方法，传神地描绘出后生们舞动的风采与力量，同时也抒发了作者的情感。

黄土高原啊，你生养了这些元气淋漓的后生；也只有你，才能承受如此惊心动魄的搏击！　批注：抒发情感。

教师示范"批注"的目的一是让学生学会规范地做"批注"；二是知道可以从哪些角度"批注"。所以教师要在学生学习批注前，为学生提供示范。

2. 指导学生阅读所学课文，根据"预习指引"要求，练习"批注"。

3. 学生在学习小组分享"批注"，相互评价"批注"。

4. 小组代表在全班分享"批注"，师生评价"批注"。

"批注"示范策略通常在实施基于脑的语文教学初始阶段实施，也可以作为"教学准备策略"在正式上课前实施。

"批注"分享与评价策略

策略（一）："批注"分享与评价策略通常在学习小组完成"模块三 我的发现"所有学习任务后实施，具体操作如下：

1. 教师通过演示文稿出示分享"批注"的语言格式：

"我批注的是课文第几页、第几段的句子（或词语）（读课文中所批注的句子或词语原文），我的批注是（读出自己的批注）。"

教师要求学生按照规定的的语言格式汇报"批注"的情况。

2. 学习小组选出最能代表本组"批注"水平的1~3处批注在全班分享，由分享这些批注的学生口头汇报自己的批注情况。

3. 其他小组发表评价意见，被评价者可以陈述自己的观点。若没有评价意见，可以直接进入下一位学生的分享。

4. 教师视情况介入评价。

5. 教师小结学习情况，强调学习要点。

若在有投影设备的教室上课，分享学习结果的小组可以通过投影仪展示"批注"的情况。

在学生已经能够按照所规定的语言格式分享"批注"之后，该教学策略实施时，教师无需出示语言格式要求。

如果课文形式的学习活动是"批注"之外的其他活动，如"我的电视剧本"、"我的幻灯片"、"我的导游词"等，其教学策略可以参照"批注"分享与评价策略。

策略（二）：是在学生合作学习水平和批注水平都比较高的基础上实施的教学策略。操作如下：

1. 教师明确小组合作学习的要求：小组成员围绕课文某一片段或某种写作特色、结构特点，从不同的角度和层次去分享批注、深入解读。

2. 小组发言。组员围绕相同内容发表自己的观点或批注。

3. 其他小组评价。

4. 教师小结。

写作特点分享与评价策略

写作特点分享与评价策略在学习小组完成对课文的结构、写作特点的学习讨论之后进行。具体操作如下：

1. 学生小组代表发言，汇报小组讨论结果。

2. 其他小组发表评价意见和质疑，被评价者可以陈述自己的观点。

3. 教师视情况介入评价。

4. 教师小结学习情况，强调学习要点。教师在小结学生学习情况的同时，可以通过自己的作品来展示规范，强调学习重点。例如，展示自己的作品是如何通过规范的语言结构形式概括与分析文章的写作特点的；展示自己的作品是如何根据规范的语言结构形式分析人物形象的。总之，教师需要以自己的作品为学生提供示范。

四、模块四教学基本步骤与具体策略

当学生在模块三的教学中发现并"提炼"出文章的结构及其写作特点后，模块四的教学就是将学生自己所"提炼"的知识运用到自己的"表达"之中。

（一）模块四教学基本步骤

"模块四"的教学内容是学生练笔写作与分享评价。学生在模块三精读课文的学习中发现了文章的结构及其布局谋篇的精妙之处，如果该课文的片段结构或者文章结构适合学生仿写练笔，教师可以设计"模块四 我的小练笔"，指导学生写作。课堂教学的基本步骤如下（表4.14）。

表4.14　模块四 教学基本步骤

模块四　教学基本步骤（一）	模块四　教学基本步骤（二）
一、学生个人练笔	一、学生个人练笔
二、全班分享与评价习作	二、组员分享习作，同伴互改习作
三、教师小结	三、全班分享与评价习作
	四、教师小结

模块四教学通常出现两种情况：一种是两个课时之内完成模块一至模块四的教学，这种情况下采用基本教学步骤（一）的顺序进行教学；另一种是两个半课时至三个课时完成五个模块或六个模块的教学内容，这种情况下就采用教学基本步骤（二）的顺序进行教学。具体操作如下：

采用模块四教学基本步骤（一）教学。教师在第二课时的后半部分指导学生现场进行片段练笔写作（写作时间10~13分钟），之后个别学生（1~3人）在全班分享习作，其他学生根据"评价量规"对所分享展示的小练笔进行评价，最后教师小结。

采用模块四教学基本步骤（二）教学。教师在第二课时结束时布置小练笔作业，学生课后进行习作练笔。第三课时首先让学生在小组分享各自的习作，然后同伴互改，并选出代表在全班分享。在全班分享过程，其他组员根据评价量规给予评价，最后教师小结。

（二）模块四教学具体策略

模块四教学具体策略包括"写作教学与阅读教学紧密结合策略"、"写作内容与学生生活紧密结合策略"。

写作教学的关键点是让学生学会构思。"构思"就是怎么想，而"文章"就是构思的外在形式，这两者背后共通的东西就是语言结构。在阅读教学中有意识地让学生发现文章中的语言结构，进而指导学生迁移学习，用这些语言结构来构思和表达，这就形成了阅读教学与写作教学紧密结合的教学思路。

阅读教学中的迁移主要是语言形式的迁移，我们常说的仿写，也是指语言结构的仿写。课文中的思想内容对学习者而言，是一种精神的渗透，学习者通常结合自身的现实生活和生活经验将其作为精神营养渗透于学习者的价值观和世界观，不可能仿写，也不可能直接迁移。如果将课文内容作为直接迁移学习的对象，学生的作文就容易出现套话、空话，文章就没有真情实感，没有灵魂。

由此，带来了写作教学的另一个话题：写作与学生生活紧密结合。写作是学生生活和思想的表现，必须与他们的生活紧密联系，才能写出具有真情实感的文章。

基于上述思考与认识，我们形成了写作教学与阅读教学紧密结合的策略和写作内容与学生生活紧密结合策略。

1. 写作教学与阅读教学紧密结合教学策略

写作教学与阅读教学紧密结合的基本思路是：将写作教学融进阅读教学中，在教学模式中设置专门的学习模块，根据阅读课文的教学情况，设计小练笔和大作文，让学生进行书面表达的运用训练。

具体操作如下：

（1）让学生在学习活动中发现课文写法的精妙。教师在课文阅读教学中，选择适合学生练笔的片段或者全文，针对文章结构、作者构思以及写作特点设计学习活动，让学生通过批注等精读活动，发现其中的精妙。

（2）学生写作。在学生阅读并发现范文（课文）的精妙之处后，教师指导学生练笔，让学生根据"评价量规"要求，写作练习。

（3）分享与评价。学生完成习作后，组内成员根据"评价量规"互评互改习作，并选出佳作在全班分享与评价。或者个人在全班分享，师生共同评价。

2. 写作内容与学生生活紧密结合教学策略

写作与学生生活紧密结合在模块四的教学中主要体现为教师的教学设计。教师在设计习作内容时，必须考虑学生现实生活的真实状况，让学生想写、能写。例如，需要学生学习课文描写人物对话的表现手法时，以"我家小事"、"我与爸爸"、"教室里的我与他"提示学生，让学生练笔，使学生有话想写，有话能写。还可以结合学校的校运会、英语节、科技节等大型活动，将学生的学校生活和真实的日常生活作为习作的主要内容，贴近学生的生活设计作文的内容。需要强调的是，我们可以选择让学生仿写形式，但不要选择让学生仿写课文的思想内容，文章的内容一定是学生自己独特的。

五、模块五教学基本步骤与具体策略

（一）模块五教学基本步骤

模块五的教学内容是单元课文比较学习，指导学生将一个单元的课文结构进行比较，找到课文结构的规律，进一步建构语文知识概念结构。或者是单元现代文、文言文、诗歌初读课文阅读步骤的比较学习，进一步掌握阅读理解方法。基本教学步骤如下（表4.15）。

表4.15　模块五　教学基本步骤

一、小组合作学习
组员分享预习结果
讨论所分析归纳的本单元课文结构（1）
分析归纳单元内文言文、现代文、诗歌不同阅读步骤（2）
选出代表在全班发言
二、全班分享与评价
三、教师小结

模块五是机动教学模块，通常情况下是在单元最后一篇课文教学时设计该模块教学。在真实的教学情境中，需要根据学生的实际情况来决定教学设计。如果学生尚未掌握课文结构知识，或者阅读步骤不大熟悉，该模块的教学也许需要相对多的时间，如果学生的课文结构知识已经掌握得非常好，所需要的教学时间较短，甚至可以不设计该模块的教学。

（二）模块五教学具体策略

模块五的教学内容比较单一，课堂教学通常按照"教学基本步骤"的顺序进行教学，也适用各种基本的教学策略，如"学生示范策略"、"教师示范策略"、"整体学习逐一分享评价的策略"等。其具体的教学策略有"利用思维导图教学策略"和"利用阅读步骤和阅读思考策略"。具体操作如下。

1. 利用"思维导图"教学策略

（1）在"预习指引"的设计中，指引学生利用自己所画的"思维导图"来比较、分析和归纳单元课文结构。

（2）在小组分享、全班分享的教学环节，指导学生用"思维导图"来呈现文章结构，并借助思维导图来发表意见。

（3）教师利用自己所画的"思维导图"进行小结。

2. 利用"阅读步骤"和"阅读思考"策略

（1）在"预习指引"的设计中，指引学生比较单元内的文言文、诗歌、现代文不同的阅读步骤和阅读思维过程，分析归纳阅读不同体裁、不同类型课文的阅读思维方法。

（2）在小组分享、全班分享的教学环节，指导学生针对自己在阅读不同类型文章的阅读思维过程，结合"阅读步骤"和"阅读思考"来发表意见。

（3）教师结合学生的分享和自己的阅读经历进行小结。

六、模块六教学基本步骤与具体策略

（一）模块六教学基本步骤

模块六的教学内容是学习和巩固基础知识。课堂教学基本步骤如下（表4.16）。

表4.16　模块六　教学基本步骤

模块六　教学基本步骤（一）	模块六　教学基本步骤（二）
一、小组合作学习	一、小组合作学习
1. 组员互教生字词，保证每位组员过关	1. 组员互学互教字词句及相关文学知识，保证成员过关
2. 组员分享生字记忆方法	二、全班小测验或组间竞赛与评价
二、全班分享	三、小组合作学习
1. 抽读生字词，检测各组学习情况	1. 组员互改小测验或查漏补缺
2. 全班读生字词	2. 订正错误与评价
3. 分享字词记忆方法	四、教师小结
三、教师小结	

模块六教学基本步骤包含了基本步骤（一）和基本步骤（二）。

基本步骤（一）：一般在第一课时课堂教学导入之后、模块一教学之前实施，属于基础知识的初步学习。小学三年级教学通常按照基本步骤（一）的顺序进行教学，所花的时间也比较多。进入四年级之后，该教学步骤所花的时间逐步减少。或者只选择全班分享的步骤，取消小组合作学习的步骤实施。

基本步骤（二）：一般在第二课时实施，是课堂教学最后一项学习内容，属于基础知识的巩固学习。随着学生自主学习能力的提高，学生可以独立完成基础知识的学习，课堂教学仅在最后一个教学环节对学生基础知识的学习进行巩固练习或检测。

（二）模块六教学具体策略

基础知识的教学策略包括难字学习分享策略、讲解词语策略、游戏识字策略、小组竞赛策略、组间挑战策略等。

1. 难字学习分享策略

难字学习分享策略是学生以自己的方式学习、记忆笔画复杂或者容易写错的字，并分享其学习、记忆方法的教学策略。具体操作如下：

（1）学生组内说说自己是如何记住课文中某一个难字的，具体的方法是怎样的。

（2）选出代表在全班分享与评价。

（3）教师小结学习情况，强调学习要点。

2. 游戏识字策略

该学习策略针对低年级语文识字教学设计，在小组合作学习活动中使用。操作方法如下：

（1）设计游戏。教师（或师生一起）为识字设计一些简单游戏，并为游戏命名，告知学生游戏玩法。例如，"扑克牌游戏"。学生每人将课文中的生字制作成卡片（作为扑克牌）。游戏开始，小组成员围在一起，顺时针轮流出牌（放出每人手上一叠生字卡最上面一张牌，并念出生字读音），若不会读该生字，等于失去一次出牌的机会。最快全部放出所有生字卡为胜者。游戏至全组成员认识全部生字时结束。又如，"我举你读"。小组成员两人一组，一人随机举起生字卡的生字，一人读生字，两人互教互学，轮流举读，直至两人认识所有生字。有不懂的生字，还可以组内成员互教互学，全组成员认识所有生字后游戏结束。

（2）小组合作学习——游戏识字。教师宣布小组活动时间和游戏名称，组员开始玩游戏。学习任务完成后，组员击掌相互鼓励，以示意本组已经完成学习任务。

（3）全班展示汇报。展示的形式多样，可以是组员齐读，可以是教师以多种形式检查各组学习情况。例如，开火车读、点名读、抽号读。被抽取展示汇报的组员成绩代表学习小组学习成绩。

3. 小组竞赛策略

（1）教师将本课或本单元应知应会的生字词、相关文学知识设计成各种类型的题目，标明分值，做成演示文稿。

（2）教师出示演示文稿中的题目，学生或者随机抽号回答，或者抢答。

（3）教师小结学习情况。

4. 组间挑战策略

组间挑战策略是以学生小组为单位，各小组事先准备好与基础知识相关的题目，在基础知识复习巩固的学习中，用这些题目考核其他小组的学习。其他小组可以评价出题组的题目，也可以评价被考组的答案。具体操作如下：

（1）各小组针对基础知识设计复习题目。设计的形式多样，可以是简单的题目，在课堂上以口头的形式挑战与应战，通常是针对一节课的基础知识学习；也可以是针对单元所有基础知识，学生事先编制试卷发到各组，然后抽签，互相挑战与应战。

（2）出示所设计的复习题，邀请其他小组回答问题。

（3）在挑战与应战过程中，其他小组可以随时插入评价，评价出题者或者答题者。

（4）教师小结。

第四节　综合性学习实施策略

综合性学习实施策略包括基于项目学习的实施策略和研究性学习实施策略。

一、基于项目学习的实施策略

基于项目学习的实施策略具体操作如下：

1. 布置任务，讲解要求。教师将基于项目学习的学习材料发放给学生，并讲解活动具体要求。

2. 组织实施。针对不同的学习活动，给学生具体的指导。

3. 学生开展学习探究活动。

4. 展示产品。教师为学生的学习产品提供展示的平台。例如：

A. 在综合实践活动课上展示演示文稿；

B. 在班级教室一角展示学习产品；

C. 在综合实践课上分享活动体会，展示学习产品，并根据评价量规师生互评。

二、研究性学习实施策略

研究性学习的实施策略包括设置研究性学习基本步骤策略、资料收集与储存指导策略、围绕问题与资料推导研究结论策略、制作演示文稿指导策略、论文撰写指导策略等。上述策略均在"研究性学习教学设计"专题中有具体介绍，此处不再重复。

小　结

在基于脑的教学实施中，学生是课堂的主人，教师是放下身段的学习指导者，教师需要掌握倾听与接纳、肯定与追问、以身示范、巧讲解等助学技能。

基于脑的语文教学实施形成了一些普遍有效的教学策略，包括积极的情绪策略、学习契约策略、评价策略、整体学习逐一分享评价策略、教师示范策略、学生示范策略。这些教学策略可以在每一个教学环节中实施，称为"基本教学策略"。

基于脑的语文教学为每个教学模块设置了教学基本步骤与具体策略，这些基本的教学步骤和具体策略，针对具体的教学环节和具体的教学内容，为基于脑的语文教学实施提供了具体的教学实施指引（详见图片与视频四）。

图片与视频四

图片4-1　《去年的树》教学图片一组

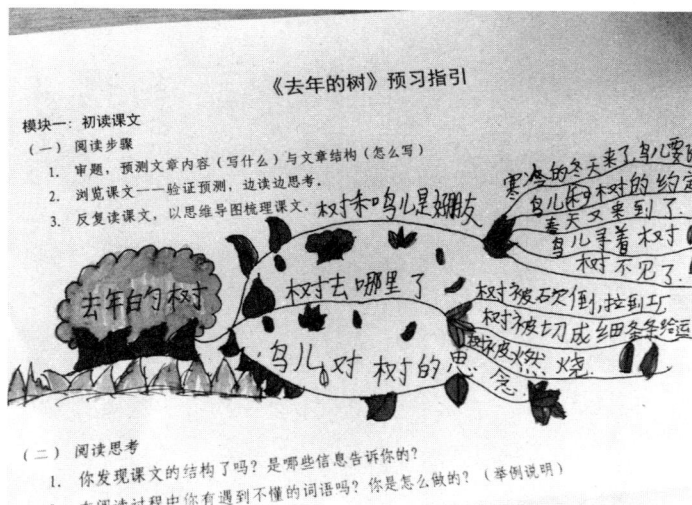

学生的思维导图（1）

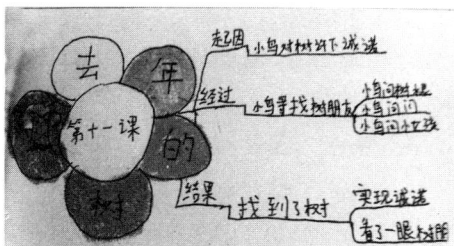

学生的思维导图（2）

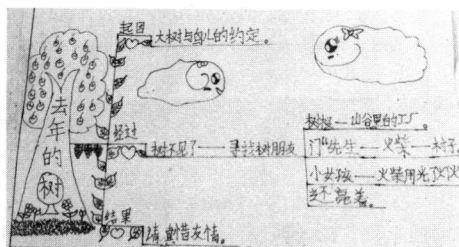

学生的思维导图（3）

讲解思维导图

评价同伴的思维导图

讨论如何重拟课文的题目

板书讨论结果

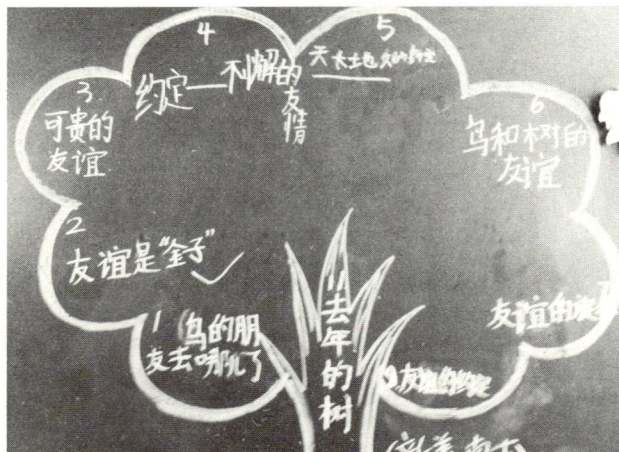

学生的板书

　　图片4-1中上课学生是广东省珠海市荣泰小学四（3）班学生，执教老师李瑞清，上课时间为2014年10月。

图片4-2　《詹天佑》教学图片一组

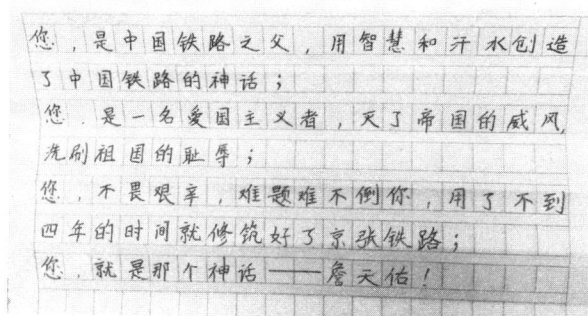

您，是中国铁路之父，用智慧和汗水创造了中国铁路的神话；

您，是一名爱国主义者，灭了帝国的威风，洗刷祖国的耻辱；

您，不畏艰辛，难题难不倒你，用了不到四年的时间就修筑好了京张铁路；

您，就是那个神话——詹天佑！

学生为詹天佑写的"颁奖词"

分享与评价颁奖词

图片4-2中上课学生是广东省珠海市荣泰学校六（1）学生，执教老师黎梅芬，上课时间为2014年10月。

图片4-3　《自己的花是让别人看的》教学图片一组

分享与评价"批注"

的吧！她莞(wǎn)尔一笑，说："正是这样！"

③ 正是这样，也确实不错。走过任何一条街，抬头向上看，家家户户的窗子前都是花团锦簇、姹(chà)紫嫣(yān)红。许多窗子连接在一起，汇成了一个花的海洋，让我们看的人如入山阴道上，应接不暇。每一家都是这样，在屋子里的时候，自己的花是让别人看的；走在街上的时候，自己又看别人的花。人人为我，我为人人。我觉得这一种境界是颇耐人寻味的。

④ 今天我又到了德国，刚一下火车，迎接我们的主人问我："你离开德国这样久，有什么变化没有？"我说："变化是有的，但是美丽并没有改变。"我说"美丽"指的东西很多，其中也包含着美丽的花。我走在街上，抬头一看，又是家家户户的窗口上都开满了鲜花。多么奇丽的景色！多么奇特的民族！我仿佛又回到了四五十年前，我做了一个花的梦，做了一个思乡的梦。

手写批注：
承上启下 过渡

比喻 与——呼应

自己融德国大家庭中

懂分享 就快乐

感受：德国人的真善美让我敬佩。

朝流逝而德国人的从为我，我为人的高尚品德都在一代代……

联系上文 点明中心

与四五十年前对比

151

学生"批注"（1）

的吧！她莞(wǎn)尔一笑，说："正是这样！"

（过渡）正是这样，也确实不错。走过任何一条街，抬头向上看，家家户户的窗子前都是花团锦簇、姹(chà)紫嫣(yān)红。许多窗子连接在一起，汇成了一个花的海洋，让我们看的人如入山阴道上，应接不暇。每一家都是这样，在屋子里的时候，自己的花是让别人看的；走在街上的时候，自己又看别人的花。人人为我，我为人人。我觉得这一种境界是颇耐人寻味的。

今天我又到了德国，刚一下火车，迎接我们的主人问我："你离开德国这样久，有什么变化没有？"我说："变化是有的，但是美丽并没有改变。"我说"美丽"指的东西很多，其中也包含着美丽的花。我走在街上，抬头一看，又是家家户户的窗口上都开满了鲜花。多么奇丽的景色！多么奇特的民族！我仿佛又回到了四五十年前，我做了一个花的梦，做了一个思乡的梦。

[手写批注（左）] 那比喻法，这篇文章用了见实感，结构是总起—见闻—见闻感，很有民族风情，是一个花之国，德国是爱美和分享美丽的，思想是赠人玫瑰手有余香，虽然自己在家很少看到花，但是却换来了千百万的路人的赞叹声。这个德国是五彩缤纷的，像是一个极乐之地。我感觉到每一朵花都有温暖的感觉。

[手写批注（右）] 这种精神可以说是一种美，借景抒情。美是一种意境，是从为我，共为人，内面描…… 每个民族都有自己的风格。

151

学生"批注"（2）

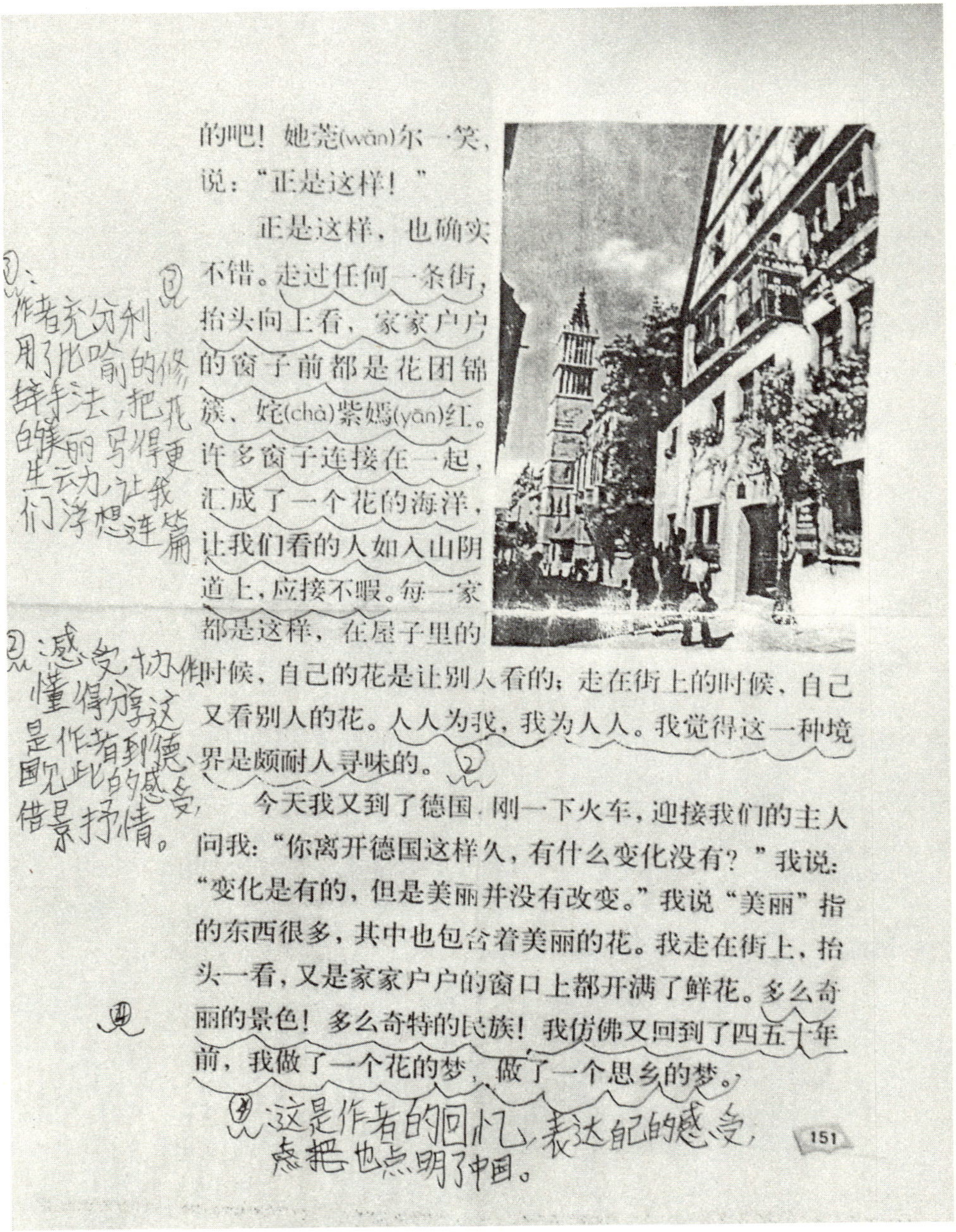

的吧！她莞(wǎn)尔一笑，说："正是这样！"

正是这样，也确实不错。走过任何一条街，抬头向上看，家家户户的窗子前都是花团锦簇、姹(chà)紫嫣(yān)红。许多窗子连接在一起，汇成了一个花的海洋，让我们看的人如入山阴道上，应接不暇。每一家都是这样，在屋子里的时候，自己的花是让别人看的；走在街上的时候，自己又看别人的花。人人为我，我为人人。我觉得这一种境界是颇耐人寻味的。

今天我又到了德国，刚一下火车，迎接我们的主人问我："你离开德国这样久，有什么变化没有？"我说："变化是有的，但是美丽并没有改变。"我说"美丽"指的东西很多，其中也包含着美丽的花。我走在街上，抬头一看，又是家家户户的窗口上都开满了鲜花。多么奇丽的景色！多么奇特的民族！我仿佛又回到了四五十年前，我做了一个花的梦，做了一个思乡的梦。

151

①：作者充分利用了比喻的修辞手法，把花的美丽写得更生动，让我们浮想连篇
②：感受，协作，懂得分享这是作者到德国见此的感受，借景抒情。
③：这是作者的回忆，表达自己的感受，也点明了中国。

学生"批注"（3）

图片4-3中上课学生是广东省广州市豪贤路小学五（1）班学生，执教老师黄裕均，上课时间为2014年6月。

图片4-4　《安塞腰鼓》教学图片一组

小组合作学习

评价同伴的"批注"

板书分享

评价板书

朗读展示

　　图片4-4中上课学生是广东省珠海市第八中学初一（5）班的学生，执教老师严珍，上课时间为2012年5月。

图片4-5 课堂随笔"不敢自称老师"教学图片一组

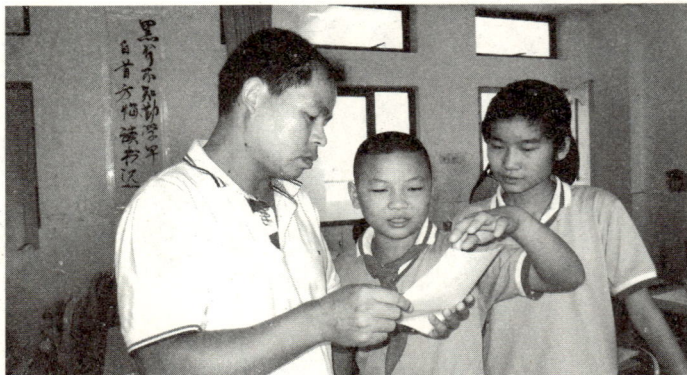

不敢自称老师

——课堂随笔

珠海市荣泰小学 刘小海

《彩色的翅膀》是一篇略读课文，文章通俗易懂，故事性强，其中"插叙"的写作方法最为值得重视，所以没有多想，便按事情发展顺序绘制了思维导图。今天课堂上，周文凯同学以地点变换顺序安排，其中第二部分按"所见、所闻、所感"结构进行具体梳理，角度新，有深度，让我对他刮目相看！其实他也只是班级中一个普通的孩子，像这样的孩子还有不少。现在我觉得在孩子们面前，他们的进步越来越大，稍不留心，就跑到我前面去了，所以在课堂上我感觉自己就是教学过程中的一名参与者，不敢再称"刘老师"了，我称自己为刘小海。

学生周文凯的思维导图

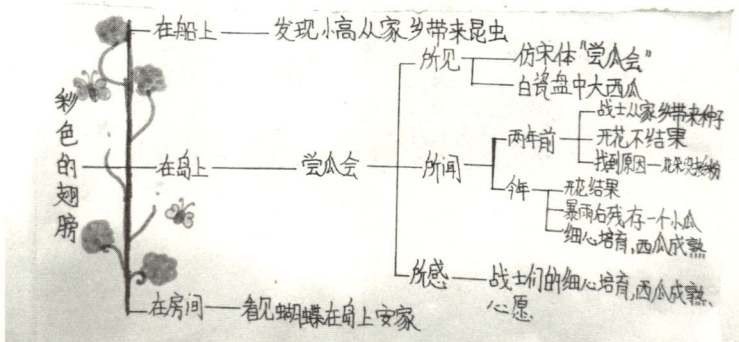

小海老师的思维导图

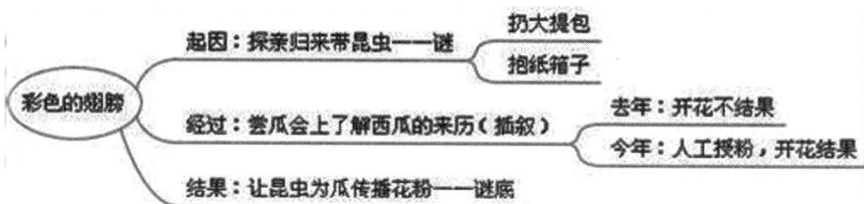

小海老师与学生周文凯

小海老师的感言，让我们看到了教学相长，让我们看到新型的师生互动方式！

图片4-6　课堂随笔"孩子们的进步让人惊叹"

孩子们的进步让人惊叹

——课堂随笔

珠海市香洲区第二小学　陈晓岚

今天讨论自读课文《世界地图引出的发现》文章结构，一提问就见到四只高高举起的小手……瑞、锐、桢持一种意见：写一件事"起因—经过—结果"结构；晋持"见闻感"结构。

我觉得挺有意思，出于习惯，提问："还有没有第三种意见？"

悦分享了第三种想法：片段结构。

这篇文章虽然比较长，但是我个人在阅读的时候觉得是很明确的写事结构，我认为孩子们应该也很容易判断，因为标题的写事特征也很明显。有三种想法让我很意外。接着我让孩子们来分享"边读边想"，孩子们的深层思维从这里迸发。

杰："我同意悦的想法，因为很清楚。"

晋："我看到悦的结构后，我觉得我的结构是不对的，悦的看起来更简洁。"

桢："我也同意悦的结构，她这样梳理文章更条理清楚。"

锐："我坚持我的观点，题目'世界地图引出的发现'表达的意思就是一个发现的经过，可以判断课文写的就是一件事。"

瑞："我也坚持我的写事结构，我发现悦的一个漏洞，就是在她的片段二的时间'第二天一早'没有发生两件事，第二天早上只是他受到了教授的打击，然后他的考察是发生在一天以后的事情。"

悦："如果不把这两个事情放在一起，那考察就没有时间了？"

瑞："这正是我觉得片段结构是不对的关键。这里必须分开，是经过的两个阶段。"

桢："我觉得可以把起因—经过—结果分别加在悦三个片段的枝条的前面。"

师："大家想想，什么情况下使用片段结构？"

七嘴八舌：很多人的活动、很多人的对话、很多地点，还有不同时间。

锐："我还有一个例子可以证明这篇课文是起因—经过—结果的结构。这篇课文就像我们平时上课一样，先提出一个自己的想法，然后找证据，和别人讨论，然后再证明自己的想法，最后确定观点正确。这是一个过程。"

　　孩子们的进步是让人惊叹的……

　　孩子们的智慧完全超出了老师个人的判断……

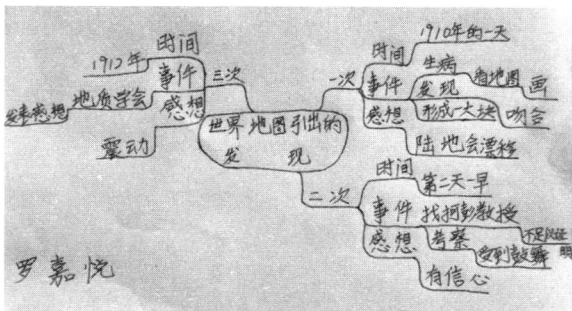

学生思维导图（1）

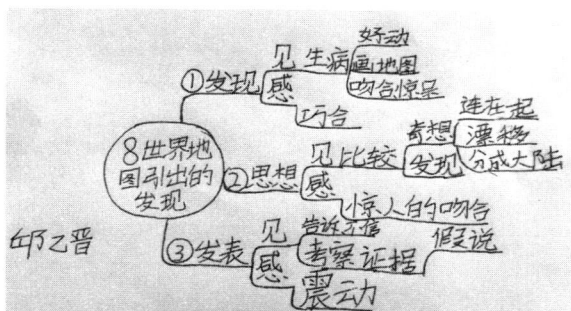

学生思维导图（2）

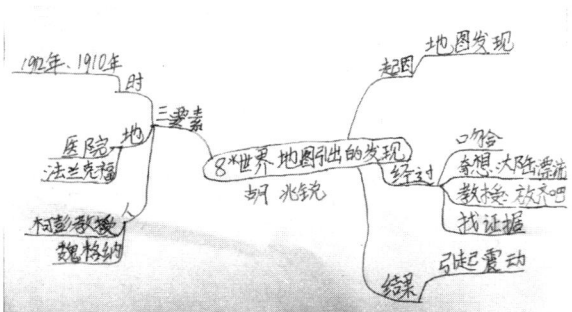

学生思维导图（3）

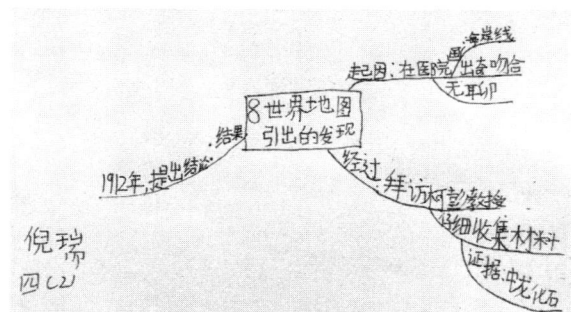

学生思维导图（4）

学生发言（1）

学生发言（2）

学生发言（3）

　　"孩子们的进步是让人惊叹的……""孩子们的智慧完全超出了老师个人的判断……"

　　晓岚老师的感言是实施基于脑的语文教学的教师们共同心声。在基于脑的语文课堂上，每天都有教师意想不到的惊喜，孩子们每天都会迸发出新的创意！

　　基于脑的语文教学实施过程是一个师生互动的过程，是一个师生共同成长的过程，是一个学生自主学习、乐于探究、善于表达的过程，是一个教师不断有惊喜的过程！

　　以上教学图片以及教师课堂随笔只是反映了基于脑的语文教学实施的一般情况，并没有选取最精彩的镜头与片段，目的是为读者呈现最真实的情境，让读者能真切感受基于脑的语文教学实况。

第五章 基于脑的语文教学评价

本章介绍基于脑的语文教学评价系统及其由此带来的思考。第一节介绍以课堂教学为中心的学科教学评价系统；第二节陈述以课堂教学为中心的学科评价系统带来的启迪。

第一节 以课堂教学为中心的教学评价系统

基于脑的语文教学形成了以课堂教学为中心的评价系统。在这个系统里，学生是评价的主人，评价以课堂教学为中心延伸至教学全过程，教学评价的对象涵盖了学生的知识、能力、行为表现等多方面，学生在评价的反馈、激励和引导下学习与成长。

让我们一起走进"以课堂教学为中心的评价系统"。

我们首先通过图5.1去了解这个系统，从整体上感知教学评价系统的基本情况。

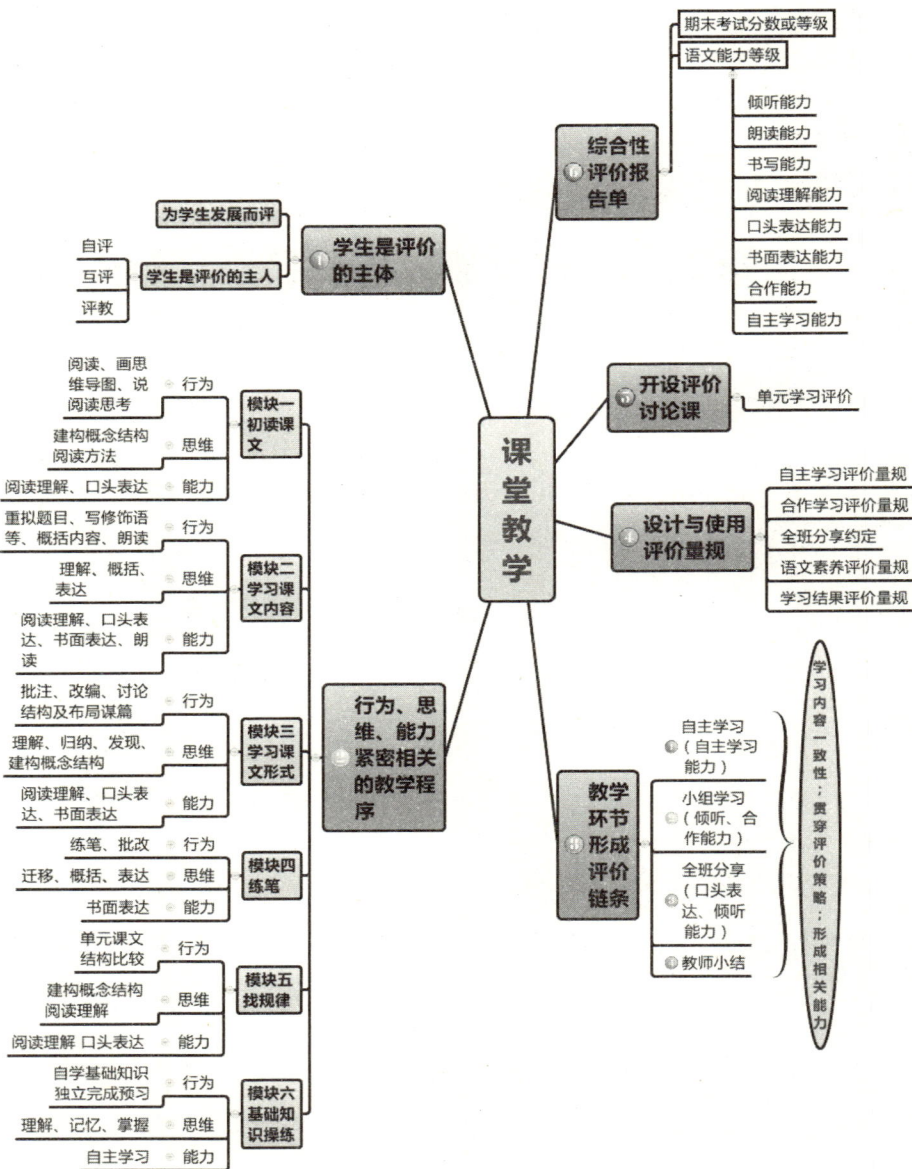

图5.1 以课堂教学为中心的评价系统

图5.1所呈现的是基于脑的语文教学评价系统，这是一个围绕课堂教学所生发出来的评价系统。该系统第一层次呈现的是评价系统得以有效运作的

六个基本要素（或者说是六个组成部分）。这些基本要素按照优先级别排列是：（1）学生是评价的主体；（2）行为、思维、能力紧密相关的教学程序；（3）教学环节形成评价链条；（4）设计与使用评价量规；（5）开设评价讨论课；（6）综合性评价报告单。

这六个基本要素中，"学生是评价的主体"体现了评价体系的基本理念，呈现出学生在该系统中的地位及其作用；"行为、思维、能力紧密相关的教学程序"、"教学环节形成评价链条" 与"设计与使用评价量规"三个要素是评价系统得以有效运行的机制，其中评价量规是该评价系统所使用的评价工具；而"开设评价讨论课"则是对该评价系统的完善与补充，可以称之为系统运作的"加油站"；"综合性评价报告单"是期末学生的成绩报告单，是过程性评价与终结性评价结果的呈现。以下我们逐一介绍评价系统的每项基本要素。

一、学生是评价的主体

"学生是教学评价的主体"这一基本要素凸显的是以课堂教学为中心评价系统的基本理念。所谓主体，强调的是学生在教学评价中的地位，此处包含两重意思：

其一，评价是为学生的发展服务的。教学评价的主要目的是为了促进学生的发展，评价是为学生的发展服务的。以课堂教学为中心的评价系统在运作的时候以满足学生发展需求为出发点，选择性地凸显某些评价功能而忽略某些评价功能。例如，在教学评价的反馈、激励、指导、诊断、甄别、选拔等功能中，评价的反馈功能、激励功能、导向功能对促进学生发展具有非常积极的意义，该系统在运作过程中，将教学评价的反馈功能、激励功能、指导功能最大化，让评价更好地促进学生的发展。至于评价的诊断功能、甄别功能、选拔功能是教育者和教育管理者更感兴趣的东西，在本系统的操作中被淡化、忽略。当然，评价的诊断功能也可以促进学生的发展，不过对学生来说，更有积极意义的学习诊断是形成性的而并非定性式的。例如，知道自己回答问题的对错，怎样做可以更好；知道自己的优势在哪里，下次可以发挥到极致；知道自己的劣势是什么，下次可以避免等等，这就是形成性的诊断。本系统在具体、及时的评价中凸显形成性的评价反馈，让学生不仅知道所回答问题的正确与否，更知道怎样可以做得更好，而忽略、淡化"我是优生或者差生"、"我在班上排在什么位置"的诊断与甄别。

其次，学生是评价的主人。以课堂教学为中心的评价系统让学生成为了真正意义上的评价主人，该系统的评价实施是在学生的自评、互评和评价教师作品中进行的。

学生自评。基于脑的语文教学为学生的学习行为和重要的学习内容都设计评价量规，因为有"评价量规"的指引，学生个人非常了解必须怎样学习才符合要求，怎样的学习结果才是好的。此外，在学生示范和教师示范的教学情境中，学生不断体验怎样自我评价与自我反思，元认知能力不断提高，逐步具有了自我评估、自我反思的能力，可以进行有效的自我评价。

在学习过程中，学生对每一项学习活动都会有意识或无意识地进行自我反思、自我评估。所谓有意识地进行自我反思、自我评估，是指对一些常规的学习项目自觉地去评价。比如评价"思维导图"，在评价同伴的思维导图和教师的思维导图的同时，也会自觉地反思和自评自己的思维导图。无意识地自我评估或自我反思是指学习过程的自我监控。例如，拥有了文章基本结构知识之后，在阅读时自动地用文章结构知识来调整阅读理解过程，用不同的阅读策略来调整阅读情绪，采用不同的策略理解词语；用语言结构知识来写作构思，修改文章；用宽容和理解来处理同伴互评，在同伴互评时自觉地自我反思等等。

学生的自我评价既是一项看得见的学习活动，同时也是一项需要有元认知能力支持的内在自我评估。基于脑的语文教学渗透了元认知的学习，为学生有效地进行自我评价打下了基础。

同伴互评。学生互评的学习活动渗透于教学全过程，从小组合作学习，到全班分享，到网络在线学习，评价策略贯穿在学生互教互评之中。在基于脑的语文教学中，重要的学习行为和学习内容，都会经历同伴互评的学习，或者说，同伴互评成为基于脑的语文教学中学生重要的学习策略。

评价教师作品。评价教师的作品是基于脑的语文教学一项基本的学习活动。比如评价教师的思维导图、评价教师的"颁奖词"、评价教师对课文内容的概括是否准确和简洁、评价教师的小练笔是否符合"评价量规"的要求等。评价教师可以使评价的激励功能发挥到极致，也实现了评价的导向功能和反馈功能的效益最大化。

正因为学生拥有了较好的自我评估能力，而且自我评价、同伴互评、评价教师的学习评价活动贯穿基于脑的语文教学全过程，所以，在课堂教学为中心的评价系统中，学生成为真正意义上的评价的主人。

本书将"学生是评价的主体"放在以课堂教学为中心的评价系统基本要素的首位，因为它体现了以课堂教学为中心评价系统的基本理念——创造适合学生发展的教学评价。

二、行为、思维、能力紧密相关的教学程序

以课堂教学为中心的评价系统得以有效运作，首先是因为基于脑的语文教学模式形成了行为、思维、能力紧密相关的教学程序。我们试从以下几个维度来了解行为、思维、能力紧密相关的教学程序。

1. 行为、思维、能力紧密相关的教学程序是教学指引

在介绍行为、思维、能力紧密相关的教学程序之前，我们不妨先了解教学评价及其操作过程。所谓教学评价，简单地说就是对教与学的评价。其操作基本过程是：教育者首先为学生设计学习目标并指导学生去学习，然后，教育者再根据学习目标去评价教与学。在这个过程中，我们不难发现——学习目标的设计与指导学习的过程决定并制约了教学评价。对学生而言，有效的教学评价首先是教育者所设计的学习目标及其学习指导是具体的、科学的，能指引学生有效学习。比如在学习中要做什么、怎样做（行为目标），可以怎样思考（思维目标），需要形成怎样的能力（能力目标）等都是具体而明确的。学生知道自己每一步该如何思考，怎样做才能取得成功，当学生评估自己的学习或被他人评价的时候，知道自己如果做好了是怎样做到的，如果没做好可以如何改进，且这样的评价指引可以伴随他学习的每一步，甚至伴随他成长。从评价的角度看，图5.1所呈现的行为、思维、能力紧密相关的教学程序，正是这样的教学指引。

图5.1中的"行为、思维、能力紧密相关的教学程序"其实是对"基于脑的语文教学模式"第一层次内容的分解，呈现出"基于脑的语文教学模式"第一层次在实施过程学习者行为、能力、思维三者的关系及其基本内容。我们试

以模块一的学习为例，具体了解"行为、思维、能力紧密相关的教学程序"在教学评价中的意义。

根据"模块一 初读课文"的学习要求，学生的行为表现为阅读、画思维导图、说思维导图、说阅读思考。学生这些行为表现与阅读理解能力和口头表达能力有关。在真实的教学情境中，我们也许能看到学生的能力表现——所画思维导图将课文内容与结构梳理得比较清晰，并能结合课文具体内容陈述、讲解思维导图。学生还能清晰地陈述如何判断文章结构与梳理内容的阅读理解过程，陈述怎样利用上下文理解词语的思维过程。此外，学生还会言之有理地评价教师的思维导图等等。于是我们觉得学生的阅读理解能力和口头表达能力都不错，我们甚至还能从学生所分享的思维导图，所陈述的如何运用文章结构梳理课文、如何解决阅读过程不理解的词语的表现中，判断出学生的思维水平。这一切都是学生按照教学模式的指引去做的，教学模式在这里为学生的学习提供了具体、完整的学习指引。

2. 行为、思维、能力也是教学评价的对象与目标

图5.1的每一个教学模块都呈现具体的行为、思维、能力要求。从教学评价的角度看，我们可以将这些行为、思维、能力要求看成是评价的对象与目标。因为这些目标具体明确，学生知道学什么、如何学、可以怎样思考；也因为这些学习对象与目标涉及学生行为、习惯及其能力的多方面，也就让教学评价有了具体的、全面的评价对象与目标。在这里，行为、思维、能力紧密相关的教学程序使教学评价可以关注到学习者行为多方面，同时教学评价可以深入到学生学习行为的细节。在接受学习的课堂，学生多数时间当听众，且学习活动比较单一，学生行为经常是整齐地读书、齐声回答问题，若要评价每一位学生行为能力的多方面及其学习行为的细节是很难操作的。

更重要的是"行为、思维、能力紧密相关的教学程序"为形成性评价与过程性评价的实施提供了条件。因为形成性评价与过程性评价的操作是在学习行为的当下与过程，有效形成性评价是在学习者的成长中对其具体的、各方面的学习行为提供及时的评价反馈。"行为、思维、能力紧密相关的教学程序"在每一个教学模块明确了学生具体的学习行为，既让学生个体知道自己要学什么，也让学生知道自己怎样学、怎样做才能形成相应的能力。这样就为形成性评价的实施提供了条件。

此外，"行为、思维、能力紧密相关的教学程序"也为多元评价提供了条件。在这一教学程序的指引下，教学评价不仅是教师的事情，学生可以根据教学程序的要求来评价自己、评价别人，实现评价主体的多元化。

3. "思维"是保证教学评价质量的关键

也许有人认为"思维"是很难评价的，作为评价的对象与目标很难把握。确实，思维活动如果不是通过大声思维呈现或者所完成的作业呈现，是不可视的。不过，我们需要明确一个观点：教学评价的存在首先不是为了评价，而是为了"指引"，评价本身就是学习指引。我们为学生所提供的评价反馈除了让学生知道正确与否外，更需要指引学生怎样可以做得更好，怎样才能纠正错误。我们用什么来为学生的学习提供有效的指引？答案是——科学的思维方法，而能力的形成也一定是思维发展的结果。

在思维、行为、能力三者中，思维是关键。首先，是思维活动指引行为活动，而思维活动的品质与质量决定了能力的水平。图5.1呈现的每个学习模块中"思维"的具体内容，就是教学模式为学生的行为能力提供的明确的与"语文知识概念结构"相关的学习内容与思维方法。正是这些思维方法，一方面保证了学习的有效性，让学生能体验学习成功；另一方面，让学生所表现出来的学习行为能围绕学科学习的核心问题，成为可评价的对象。思维活动在这里起了关键性的作用。例如，在"模块一 初读课文"的学习中，学生之所以有不错的行为与能力，得益于基于脑的教学模式指引学生的思维活动：用语言结构知识浏览课文，运用元认知调整阅读情绪与阅读策略，借助思维导图工具梳理课文内容与结构，建构语文知识概念结构。这是围绕学科知识概念结构进行的思维活动，正是这些思维活动指引学生的阅读行为，也是这些思维活动帮助学生表现出不错的阅读能力。其实，我们从"模块一 初读课文"学生的学习过程与学习结果来看，"思维"也不是看不见、摸不着、无法评价的（见教学视频）。

在一些语文课堂教学中，我们看到学生也有不少的学习活动，但是多数学习活动与学科核心问题无关，与学生高级思维活动无关，与读写能力形成关系不大，这样的学习活动虽然可视，但对学生的思维发展与能力形成关系不大，也就没有评价的价值与意义。而抓住了思维方法的学习，让学生的行为、思维都围绕语文学科核心问题进行，就是让学生掌握规律，形成能力，这时候，教学评价才是有价值的，这也是教学评价的指导意义所在。

当然，学生行为能力的背后还有情绪、情感。比如，他逐步学会了运用文章结构知识边读边思考的策略，他用这样的策略去阅读，屡屡成功。于是他开心、兴奋。长期在这样的状态下学习，他形成了良好的思维品质，他喜欢阅读，热爱学习。另外，他所画的思维导图得到具体及时的评价，这些评价能肯定他的努力，也指出存在的问题，为他今后画思维导图指出了方向，他对自己的学习充满信心，这就是情绪、情感所在。情绪、情感通常是在具体的情境中行为、能力、思维与他人互动的综合反应。不过，从本质上看，所谓的情绪、情感的形成除了情境因素，其根本还是思维。例如，面对一个同样的情境或事件，有的人非常生气，有的人并不生气，这其中起作用的是"想法"。所以，思维的发展是学科教学的重要问题，也是教学评价绕不开的问题。而评价反馈，就是个体在具体的学习情境中与他人互动时影响情绪与情感的重要因素。因此，关注思维活动的质量尤其重要。

不仅是语文学习，任何知识的学习及其能力的形成，都是思维的发展。一个人的能力水平通常是由思维的品质所决定的。正如本书第一章内容所言，"专家知识"之所以有别于"普通人的知识"，是因为专家知识是"围绕重要概念与观点建构的"，是"条件化"的，是包含"元认知"的。所以，基于脑的语文教学模式让学生的学习围绕"语文知识概念结构"建构意义，将语文学习过程置于"理解—提炼—运用"的框架内，以"程序"保证学习者能将知识编织到一个更加完整理解的知识结构中，既保证了知识条件化的过程，也渗透了元认知的学习。这一切的本质就是思维活动与思维发展，包括思维活动与思维过程。其思维活动指个体内在的建构语文知识概念结构及其语文知识学习和能力形成的活动；其思维过程指符合语文知识学习和语文能力形成的活动过程，包括外在的丰富多彩的活动与情境，是个体学习与能力形成的"理解—提炼—运用"过程。当这一切都是适合脑的学习的时候，学习一定是高效的，学习者也一定能体验学习的喜悦与成功。

综上所述，"以课堂教学为中心的评价系统"之所以能有效运作，主要是形成了行为、思维、能力紧密相关的教学程序。首先，该教学程序是教学指引，针对具体的学习内容，指引学生怎样学、怎样想、需要形成怎样的能力。其次，行为、思维、能力作为评价的对象与目标，让教学评价可以涉及学生行为能力的多方面，可以针对具体的学习行为，使形成性评价与过程性评价的实施成为可能。再次，"思维"作为该教学程序的要素之一，既为学生提供学习指引，保证了学习的有效性，同时也保证了教学评价的价值与意义。

三、教学环节形成评价链条

从前面的内容里，我们知道"行为、思维、能力紧密结合的教学程序"为这个评价系统有效运作打下了重要的基础，接下来我们需要进一步探讨这个评价程序是怎样运作的。

首先，"教学环节形成评价链条"也是"以课堂教学为中心评价系统"技术性要素。本书第二章中提到"自主学习—小组学习—全班分享—教师小结"是基于脑的语文教学模式第二层次的内容，在教学实施中，学生每一模块的学习都要经历这一教学环节。

其次，学生的学习，从自主学习、小组学习、全班分享到教师小结，都是围绕相同的学习内容，并贯穿自评、互评、评教的教学策略。这样的教学过程及其教学策略，其实就形成了评价链条。作为学生，每一个模块的学习内容，都经历自主学习、小组分享与评价、全班分享与评价、教师小结。假如你是学生，在这样的教学环节中学习，可能出现怎样的状况？这是否就意味着每一项学习内容都可以得到具体及时的学习评价与反馈？再次，在这样的学习方式下，学习方式本身也可以形成相应的能力。如图5.1所示，自主学习过程形成自主学习能力，小组学习过程形成倾听、合作、口头表达能力，全班分享形成倾听、口头表达等能力，且这些能力也是可视的、可评价的。

正是因为基于脑的语文教学模式自身的学习方式与教学环节形成了评价链条，教学内容保持一致性且评价策略贯穿教学始终，这就为"行为、思维、能力紧密结合的教学程序"的教学评价实施提供了可能，使基于脑的语文教学评价成为了一个完整的形成性评价和过程性评价的操作系统。

四、设计与使用评价量规

"评价量规"就是评价工具。如果说基于脑的教学程序与教学环节提供了形成性评价与过程性评价的操作系统的话，实施形成性评价还需要将学习行为和学习能力量化，使评价具有抓手，具有工具，并保证评价标准的统一性和科学性。评价量规就是这个抓手与工具。

"评价量规"顾名思义，就是评价的量化标准。基于脑的语文教学为学生的学习所设计的评价量规涵盖了学习行为、学习能力与学习结果。

涉及学习行为的评价量规有"自主学习评价量规"、"合作学习评价量规"、"课堂学习约定"（详见第四章"基于脑的语文教学实施"）。

针对具体学习内容与结果的评价量规有"思维导图评价量规"、"小练笔评价量规"等（参考第三章"基于脑的语文教学设计"和第六章"教学设计方案实例"）。

还有，学习能力的评价量规："语文能力单元学习评价表"（表5.1）。

表5.1 语文能力单元学习评价表

姓名_____   评价范围_____单元   互评者姓名_____

等级\\项目	A	B	C	自评	互评
朗读	流利朗读课文，读音正确，能通过声音的轻重缓急准确表达情感	流利朗读课文，读音正确，有时能通过声音的轻重缓急在一定程度上传递情感	能流利朗读课文，读音正确		
阅读理解	1. 思维导图能比较准确地梳理课文内容与结构，并善于修改完善思维导图 2. 能说出利用文章结构知识边读边思考的过程，能具体说出阅读过程多种理解词语、句子的策略 3. 积极主动做批注。批注能表达对课文内容（词语、句子、中心思想）准确、独到的见解；能从写作手法、写作特点、文章结构特点等方面做批注	1. 会用思维导图梳理课文，内容与结构基本正确，也能主动修改完善思维导图 2. 能说出边读边思考的过程，能具体说出阅读过程多种理解词语、句子的策略 3. 认真做批注。批注能表达对课文内容（词语、句子）的正确理解，能从写作方法、修辞格等方面做批注	1. 会用思维导图梳理课文，在不断的学习中能修改和完善思维导图 2. 有时能说出理解词语的方法 3. 能对课文的词语、句子做批注		

续表

等级 项目	A	B	C	自评	互评
书面 表达	1. 所写修饰语、广告语、颁奖词和重拟题目的表达准确并有创意 2. "批注"全面、正确、语言流畅。（含词语、句子、文章思想的解读，有独到的见解；比较准确地对修辞格、表现方法、文章构思等写作特点做批注） 3. 小练笔符合评价量规	1. 所写修饰语、广告语、颁奖词和重拟题目的表达比较正确 2. "批注"比较全面、正确（含词语、句子的解读；修辞格的解读和个别表现方法的解读） 3. 小练笔符合评价量规中的多数标准	1. 所写修饰语、广告语、颁奖词和重拟题目的表达基本正确 2. 能写批注 3. 小练笔基本符合评价量规标准		
口头 表达	1. 组内积极发言、经常在全班发言 2. 发言能先阐明观点，然后陈述依据。观点明确，依据充分，条理清楚。常有独到见解 3. 发言声音响亮，语言流畅	1. 组内积极发言，在全班有发言记录 2. 发言有观点、有依据 3. 发言声音响亮，语言流畅	1. 在组内能发言，能表达自己的观点 2. 发言声音响亮，语言比较流畅		
倾听	1. 同学和老师发言时，能眼睛注视对方，能听出对方所表达的真实意思 2. 听到不同意见，能心平气和地让对方把话讲完，并能发现对方意见的合理性 3. 能从欣赏的角度倾听别人发言，回应别人发言	1. 同学和老师发言时，能眼睛注视对方注意听 2. 听到不同意见，能让对方把话讲完，能思考对方意见的合理性 3. 能从欣赏的角度倾听别人发言，回应别人发言	1. 同学和老师的发言时能注意听，不插话 2. 听到不同意见，能让对方把话讲完，不打断别人的发言 3. 在他人的提醒下，能从欣赏的角度倾听别人发言，回应别人发言		
自主 学习	1. 能积极主动完成"预习指引"的学习任务，完成质量好 2. 主动完成生字词学习、背诵等学习任务，检测过关	1. 能完成"预习指引"学习任务，质量有待提高 2. 能完成生字词学习、背诵等学习任务，检测多数过关	1. 能完成"预习指引"中多数学习任务，质量有待提高 2. 需要加强生字词、背诵等自学，检测多数不过关		

等级 项目	A	B	C	自评	互评
合作	1. 能在小组活动中积极分享 2. 与同学互相帮助，能欣赏同伴，从欣赏的角度评价同伴 3. 能主动承担责任，组织小组学习，完成学习任务 4. 常在小组学习中提出好建议	1. 能在小组活动中主动分享 2. 与同学互相帮助，能欣赏同伴，从欣赏的角度评价同伴。 3. 能承担责任，完成学习任务，有时也能组织小组合作学习 4. 有时能提出好建议	1. 能在小组活动中分享 2. 能与同学互相帮助，完成学习任务		
书写	书写工整，字体结构合理，笔画、笔顺正确	书写比较工整，字体结构比较合理，笔画、笔顺正确	书写笔画、笔顺比较正确		

上述"评价量规"中，属于行为与能力的评价量规是相对稳定的，比如，自主学习评价量规、合作学习评价量规、课堂活动约定、语文能力单元学习评价量规等；而对学习结果的"评价量规"则需要根据学习的具体情况来设计。例如，小练笔评价量规，需要根据不同的写作要求来设计评价量规。

评价量规首先是为指引学生的学习设计的，当然也是作为评价的工具来使用的。所以，评价量规的设计需要具体、简洁，便于学生使用和操作。

"设计与使用评价量规"作为"以课堂教学为中心的评价系统"技术要素之一，在评价的具体操作中发挥着重要的作用。

五、开设评价讨论课

评价讨论课也是"以课堂教学为中心的评价系统"技术性要素之一，是对"以课堂教学为中心的评价系统"的完善和补充。评价讨论课一般在单元内容学习完毕后开设，是对一个单元学习中学生学习行为与学习能力的综合评价。表5.1"语文能力单元学习评价表"就是学生评价单元学习的"评价量规"。

我们从了解单元评价讨论课的教学程序开始，走进评价讨论课（表5.2）。

表5.2　评价讨论课教学程序

一、课前准备

学生课外根据"语文能力单元学习评价表"自评，并撰写评价反思。

二、课堂教学内容与教学步骤

学习活动一　组内互评

1. 四人小组成员交叉互评。

2. 互评结果在组内讨论通过。

3. 分享对组员的欣赏或调整同伴评分等级的理由。

学习活动二　分享互评

1. 教师出示学习指引，提示学生从以下两方面在全班汇报小组互评情况：

（1）我最欣赏（谁）的（什么）项目的学习表现，他（举例说明）值得我学习。

（2）我调整了（谁）（什么）项目的评分，将评级由（　　）调整为（　　）。理由是（举例说明）。

2. 学生根据教师提示分享组内互评情况。

3. 教师小结。

学习活动三　评价申述

1. 对互评结果有不同意见的学生在全班提出申述。

教师为学生发言提供提示：

我不同意组内对我（什么）项目的评级。组员给我的评级是（　　），我给自己的评级是（　　）。我的理由是（举例说明，现场展示）。

2. 组员发表意见，其他小组成员发表意见。

活动目的：学生互帮互学，让有诉求的学生表达意见，或者再次调整评价，回到自己满意的评级，或者在同伴的帮助下，在具体的事实面前有所感悟，接受被调整的级别。

3. 教师小结。

活动四　评价反思

1. 个人修改"评价反思"。

学生个人根据互评情况修改"单元学习反思"（附单元学习反思内容提示）：

单元学习反思

我最欣赏自己的是：

我需要改进的是：

我下一单元的学习目标是：

2. 分享评价反思。

学生在全班分享修改好的单元学习反思：

（1）分享做得最好的项目。展示自己的思维导图、批注、朗读等。

（2）分享自己需要改进的项目，说明具体的改进措施。

（3）分享自己下一单元的学习目标，说明具体的目标、措施等。

3. 教师小结。

从表5.2中，我们知道评价讨论课包括四项学习活动：组内互评、分享互评、评价申述、评价反思。每一项学习活动的主体都是学生，学生是评价讨论课上的主人。教师在评价讨论课中是评价的参与者与指导者，其行为表现主要是倾听与引导，倾听学生的发言，为学生的发言提供指引，引导学生将所陈述的问题具体化等等。以下是评价讨论课的两个教学情境。

情境一：分享互评

教师：同学们，现在开始分享小组互评情况，请大家将组内互评的精彩以及个人真切的感受与同学们分享。

有七八位学生举手要求发言。

学生甲：我最欣赏我们组×××同学"阅读理解项目"的学习。他的每一篇课文的思维导图画得都很好，像《毛主席在花山》这篇课文，他的思维导图把课文的几个片段梳理得很清楚，还配上图画。我很喜欢看他画的思维导图。我同意他自己的评级A。

学生乙：我最欣赏我们组××的"批注"。他的课本都是写满批注的。他不仅自己批注好，还教我怎么批注，在他的帮助下，我现在已经知道怎么写"批注"了。我同意他"阅读理解项目"和"书面表达项目"评级A，我把他的"合作项目"的B调整为A，因为他帮助了我。

举手要求发言的学生更多了，达到十五六人。

学生丙：我欣赏××的朗读，我们小组朗读展示的时候，经常都由他领读，而且他也经常在全班示范朗读。不过他的写字潦草，我将他的书写由B调整为C。

学生继续发言。

有十多位学生发言之后，教师小结。

教师：还有同学希望发言，不过因时间关系，我们要暂停了。刚才同学们都分享了自己最欣赏的同学及其做得好的项目。老师也很欣赏大家，我们用心去发现同学的优点、亮点，其实我们自己就进步了。不少同学调整了同伴的评分，有的是将低级评分调为高级，有的是将高评分调为低评分，无论是调高还是调低，只要我们是客观的、实事求是的，出发点是为了同伴做得更好，老师都为大家鼓掌喝彩！

情境二：评价申述

教师：同学们，现在我们的活动到了全班申述的环节，请同学们都畅所欲言，表达自己的观点。

学生甲1：我不同意我们小组将我的合作项目调整为B。我是我们组的组长，每次我们小组在全班板书的重拟题目、修饰语都是我写的，我每次都带头发言。我认为我的合作应该是A。

教师走到该组前：组员，说说你们的意见。

组员A：虽然你是代表我们去板书，但是你的板书多数得不到其他组的欣赏。

学生甲1：我也是为了我们小组的荣誉积极发言和板书。

组员B：每次你都不听我们的意见。

学生甲1：但是，我写的东西是比较好的呀！

有五六位其他小组的同学举手。

教师对全班同学：其他组的同学有什么看法？

学生甲2：××你虽然是组长，但是组长好不是真正的好，全组好才是真正的好。我也是组长，我经常把发言的机会让给组员。

学生甲1：但是他们都不发言，我们组就拿不到积分。

学生甲3：你是组长，你要帮助组员，教他怎么讲，怎么发言。我开始也不敢发言，是我们组长教我怎么讲，我才敢发言，现在我都经常在全班发言了。

学生甲4：你可以教组员怎么发言，将一些比较简单的问题让组员去讲，一些比较难的问题你自己发言讲呀。

教师面对学生甲1：××，有什么要说的吗？

学生甲1：我谢谢大家！我知道我该怎么做了！

教师：请同学们继续申述。

学生乙1：我不同意我们组员将我的书写由B调整为C。虽然我的书写潦草，但是我这个单元的书写是进步了。以前我的书写都是C，我自己下决心，从这个单元开始一定要认真书写。请大家看一下我这个单元的书写和以前的书写。

学生乙1走到投影仪，先展示本单元田字本与生字本的书写作业，然后展示之前的书写作业。

学生乙2：我觉得他的申述成功，这个单元他的字写得比以前工整，可以得B。

学生乙3：我也认为他可以得B，因为他进步了！

教师走到该组对组员说：你们的意见呢？

组员集体说：同意B。

教师对学生乙1：你有什么想说的？

学生乙1：我很开心，我的进步和努力大家看到了！

教师：同学们说得非常好！努力了，进步了，我们都给予肯定。

学生发言继续。

这是从评价讨论课截取的两个情境，这两个情境反映了评价讨论课的基本情况。

开设评价讨论课之后，学生在平时课堂教学中的表现发生一些变化。他们会更认真地对待每一项学习，更自觉地按照评价量规的要求来学习，对自己的行为要求更严格。因为学生在评价讨论课上使用的"评价量规"每个项目的评价标准都是可以在课堂教学找到对应的教学内容与教学过程，学生可以根据相应的评价标准调整自己在课堂学习中的表现，或者可以将评价标准作为学习的导向。评价在这里非常有效地促进了学生的发展。

评价讨论课是对"以课堂教学为中心的评价系统"的完善与补充，是"以课堂教学为中心的评价系统"的加油站。一方面，它是对单元学习的小结与完善。如果说，单元测验体现了知识学习成绩，单元评价讨论课的评价，就是对知识学习结果之外的各种能力的评价；另一方面，它是对学生行为能力的反馈与指引，为学生在学习过程，尤其是课堂教学的行为表现提供了指引，将评价的反馈功能、导向功能、激励功能发挥得淋漓尽致。

六、形成综合性评价报告单

综合性评价报告单是"以课堂教学为中心的评价系统"的结果呈现。综合性评价报告单如下（表5.3）

表5.3　语文学习成绩报告单

朗读能力	等级	倾听能力	等级
阅读理解能力	等级	口头表达能力	等级
书面表达能力	等级	书写能力	等级
自主学习能力	等级	合作能力	等级
期末考试成绩	分数或等级		

表5.3是学校期末发给学生的成绩报告单。成绩报告单的各项能力与表5.1"语文能力单元评价表"的项目相对应，即"语文素养单元评价表"的项目直接转换成"语文学习成绩报告单"的学习能力。成绩报告单中能力等级的评价结果是各单元学习评价结果的平均和，单元评价结果由学生在评价讨论课上自评、互评加上教师评价产生。从多年的实践来看，教师评价基本尊重学生自评与互评的结果。

学生在学习过程中所形成的每个单元的"语文能力单元评价表"和"单元学习评价反思"都是评价的档案材料，由学生自己保存，期末与成绩报告单一并发给家长。

　　语文学习成绩报告单是一份过程性评价与终结性评价相结合的成绩报告单。期末考试是学期的总结性评价，各项能力等级则是学习过程的形成性评价结果。该成绩报告单除了期末考试成绩是学生事先未知的，其他各项能力等级学生本人事先基本上是清楚的。也就是说，学生在拿到成绩报告单前，他已经知道自己的能力等级。因为能力等级是每个单元评价讨论课上自评与他评的结果，学生自己掌握能力等级的主动权，他只要努力，可以在学习过程中不断调整自己的学习行为，到期末取得自己希望得到的成绩。

　　"语文能力单元评价表"作为评价量规，对各项能力指标有具体的描述。将"评价量规"与学习成绩一起发给家长，家长可以比较清楚地了解孩子语文学习的情况，这比只有分数或者抽象等级的学习成绩显然更受家长欢迎。

　　在教学评价中形成相对稳定的行为能力"评价量规"，减轻了教师的工作量。在现行50人班额的情况下，要求教师对每一位学生的行为能力做出很具体的描述是不现实的，而采用"评价量规"为主的描述性评价，既能比较具体地反映学生的学习情况，也可以减轻教师的工作量。

　　另外，如果学校在实施基于脑的语文教学时，有计划地开展了基于项目的学习和研究性学习，研究性学习和基于项目的学习成绩是需要体现在期末成绩报告单的，这才是对学生综合性能力比较完整的评价。

　　以课堂教学为中心的评价系统是在基于脑的语文教学模式基础上形成的教学评价系统，是依附于基于脑的语文教学模式的评价系统，是实施基于脑的语文教学模式的产物（详见以下教学图片和教学视频）。

图片与视频五

图片5-1　准备互评

图片5-1呈现的是广东省珠海市荣泰学校五（1）学生在评价讨论课中的实况。执教老师刘小海正在布置小组成员互评的学习任务。

图片5-2　小结互评

图片5-2呈现的是广东省珠海市荣泰学校六（1）学生在评价讨论课中的实况。执教老师陈彩凤正在小结学生互评情况。

视频5-1　评价讨论课——分享互评

视频5-1　评价讨论课——分享互评

视频5-1上课学生是广东省深圳市锦田小学六年级学生，执教老师包乐美，上课时间为2014年4月。

视频5-1展示了学生在小组互评之后在全班分享评价感受、评价结果的实况。他们欣赏同伴优点，同时调整同伴的自评等级，指出同伴不足。

视频5-2　评价讨论课——评价申述

视频5-2上课学生是广东省珠海市香洲区第二小学五（4）班的学生，执教老师陈瑛瑛，上课时间为2014年3月。

视频5-2　评价讨论课——评价申诉

视频5-3　评价讨论课——评价反思

视频5-3上课
学生、教师、时
间与视频5-2同。

视频5-3　评价讨论课——评价反思

视频5-3所呈现的是评价讨论课的教学片段——评价反思。评价反思是评价讨论课最后的环节，这一教学环节在互评、申述、修改评价反思的基础上进行，在该教学环节中，学生可以展示自己本单元学习中最精彩的地方，也可以陈述自己下一单元具体的努力方向。

第二节　教学评价带来的启迪

基于脑的语文教学评价带给我们的思考是多方面的，本节内容将与读者分享这些思考。

一、教学评价依附于教学模式

基于脑的语文教学评价的研究过程与研究结果告诉我们，教学评价是教学模式的组成部分，有怎样的教学模式就有怎样的教学评价。

以课堂教学为中心的评价系统形成了一个比较完善的教学评价体系，这是基于脑的语文教学研究的意外收获。基于脑的语文教学并没有刻意要去研究

"教学评价系统"，只是将"评价"作为操作层面的方法和策略渗透于实施过程。现在回过头来看，我们之所以会将"评价"作为教学策略，以课堂教学为中心的评价系统之所以能够形成，完全是基于脑的语文教学模式使然。

教学策略本身就是教学模式的组成部分。我们将评价策略作为基于脑的语文教学重要的教学策略，首先是基于教学模式的理念——为学生的学习提供支持。

比如，基于脑的语文教学强调学生的思维发展。"评价"在布鲁姆的认知层次中属于最高级别的思维活动，"评价"作为重要的教学策略贯穿于基于脑的语文教学的始终，渗透于几乎每一个教学环节和每一项教学内容。更重要的是，基于脑的语文教学模式本身形成了一个教学反馈系统，用什么方法来操作这个系统？"评价策略"无疑是最好的选择。

又如，"评价量规"当初的定位是——学习支架，用来支持学生的学习。在设计"评价量规"时，要考虑便于学生操作使用，能为学生提供具体的指引。这是评价量规的设计理念，是由教学模式的理念所决定。也就是这样的理念及其设计，为学生在"以课堂教学为中心的评价系统"里成为教学评价的主人，成为教学评价的直接操作者提供了条件。

再如，在基于脑的语文教学模式框架内，"评价"作为生生互动与师生互动重要的方法与途径，在操作时有具体的要求。基于脑的语文教学模式在教学实施过程中，要求教师掌握倾听与接纳、肯定与追问的助学技能，在尊重与理解的基础上善用"评价"。同时为学生评价他人提供语言指引，让学生从欣赏的角度评价同伴，在评价同伴不足的同时还要提出"怎样做更好"的建议。同时，在教学中，不断地通过教师示范策略与学生示范策略强调这种评价的理念与评价操作，让学生逐步认同这样的理念并学会评价。正是这样的理念与操作要求，使得评价的导向功能与激励功能得以充分发挥。

还有，每一模块的教学都采用"整体学习逐一分享与评价策略"，让学生在学习每一个具体的内容之后，都得到具体、及时的反馈，并能从反馈中得到怎样做更好的学习指引。

此外，在基于脑的语文教学框架内，所制定的"评价量规"范围涉及学习结果、学习行为、能力表现、学习习惯等，让评价促进学生的全面发展。

这一切无不是在基于脑的语文教学理念的指引下，在教学模式框架下的教学操作，是基于脑的语文教学模式使然。

我们再从基于脑的语文教学模式与以课堂教学为中心评价系统的关系，来看教学评价与教学模式的关系。

首先，是基于脑的语文教学模式及其运作机制保证了以课堂教学为中心评价系统中学生的主体地位。学生是学习的主体，基于脑的语文教学模式与以课堂教学为中心的评价系统是相通的。基于脑的语文教学模式是一个以学生的"学"为中心的教学模式，在基于脑的语文教学模式下学习，学生的主体地位是明确且有保证的。教学模式通过教学程序、教学环节、学习方式、学习活动以及教学策略的使用要求，保证了学生在学习中的主体地位。同样，在以课堂教学为中心的评价系统里，学生的主体地位也是明确的。学生是评价的主人，学生的自评、互评以及评价教师作品的学习活动贯穿教学始终，而这一切的有效运作，是基于脑的语文教学模式所提供的。

其次，基于脑的语文教学模式中的教学程序、学习方式、教学环节及其教学策略为以课堂教学为中心的评价系统提供了运作的机制。因为基于脑的教学程序对学生的行为、思维与能力有明确的要求，使学生的行为能力可评价。因为教学程序围绕"语文知识概念结构"设置学习内容，使得语文学习的思维过程符合认知规律，于是评价的指导意义得以有效发挥。因为基于脑的教学模式中教学环节及其学习方式形成评价链条，加上"评价量规"和评价策略的使用渗透教学各个环节并贯穿教学始终，于是，以课堂教学为中心的评价系统得以有效运作。

最后，评价讨论课是基于脑的语文教学模式水到渠成的呈现。（1）学生在评价讨论课中的主人地位，师生之间的互动关系与基于脑的语文教学一脉相承。（2）评价讨论课中的评价项目与课堂教学基本内容相对接。评价讨论课使用的"评价量规"所量化的学生能力表现与课堂教学基本内容对接，与学生自己在课堂教学中的行为和思维紧密相关，所有的能力标准学生都可以用来指导自己学习过程具体的行为，评价与课堂教学紧密相关。（3）学生在评价课上的能力表现形成于基于脑的语文教学过程。无论是口头表达能力、思维能力，还是合作意识，都得益于基于脑的语文教学内容与教学方法。所以，开设评价讨论课是有条件的，这个条件就是在实施一段时间基于脑的语文教学模式之后，在学生形成相应的能力之后。

综上所述，以课堂教学为中心的评价系统是基于脑的语文教学模式的产物，教学评价其实是依附于教学模式而存在的，有怎么样的教学模式就有怎么样的教学评价。

由此，我们是否可以推导出——以课堂教学为中心的评价系统的存在及其运作，就是对基于脑的语文教学模式本身最客观、最真实的评价。

由此，我们是否还可以推导出——多年来，基础教育课程改革所倡导的形成性评价和过程性评价未能很好地落实，是因为教学模式没有为形成性评价与过程性评价提供实施的条件，所以，教学评价改革首先是教学模式的改革与创新。

二、课堂教学评价的首要对象是教学模式

教学评价是依附于教学模式而存在的，有怎么样的教学模式就有怎么样的教学评价。反过来也可以说，当我们要对课堂教学实施评价时，评价的对象首先就是教学模式。这是基于脑的语文教学评价带给我们的第二点启迪。

本章前面的内容让我们有了以下结论：与其说以课堂教学为中心的评价系统使评价促进了学生的发展，不如说是基于脑的语文教学模式适合学生学习，促进了学生的发展。教学评价在这里所评价的对象就是它所依附的教学模式。以课堂教学为中心的评价系统所呈现的评价主体、评价内容、评价策略、评价过程、评价结果无不属于基于脑的语文教学模式，教学评价在这里对自己所依附的教学模式做了完整的评价。

所以，我们对课堂教学进行评价的时候，首先要对教学模式进行评价。如果课堂教学存在比较大的问题，脱离教学模式去评"教"、评"学"，那么教学评价就没有触及问题的本质，存在的问题也很难改进。

我们不妨先了解课堂教学评价的概念。课堂教学评价的概念从字面上可以理解为对课堂教学中的教与学的评价，这是课堂教学评价狭义的概念。在实际操作当中，课堂教学评价的情况会变得复杂，教学评价概念的内涵会变得丰

富（图5.2）。

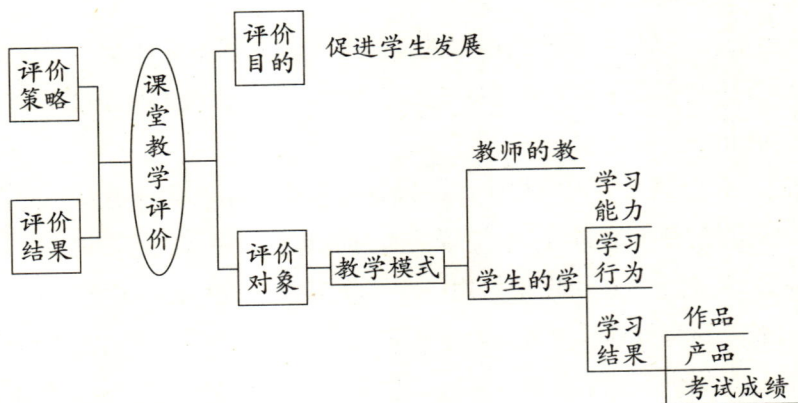

图5.2　对教学评价概念的理解

　　图5.2呈现了笔者对课堂教学评价概念的理解，仅涉及与本节内容相关项目，并非完整的概念图。教学评价通常涉及评价目的、评价对象、评价策略与评价结果。其中评价目的是核心，评价的对象是什么、采用怎样的策略去评价、评价结果怎样处理均由评价目的所决定。图5.2仅呈现评价对象相关内容，拟说明教学模式在教学评价中的意义。如图所示，课堂教学评价的对象首先是教学模式，教师的"教"与学生的"学"都是教学模式的下位概念。

　　教学模式可以概括为：以一定的理论为指导；需要完成既定的教学目标和教学任务；表现一定的教学活动序列及其方法策略。所以，对教学模式的评价也就包括了对教学理念、教学过程和教学方法的评价。

　　基于脑的语文教学评价的研究过程与研究结果告诉我们，有怎样的教学模式就有怎样的教学评价，有怎样的教学模式就有怎样的"教"与"学"。

　　教师的"教"其实是在一定教学模式下的教，教师的教学行为是受教学模式的影响和支配的。基于脑的语文教学实践证明了这一点。多年来，在基于脑的语文教学模式的教学实施中，一些个人表现欲比较强的教师，开始很难适应这种以学生的"学"为本的教学。因为传统的语文教学模式，学生处于被动学习状态，为教师展示个人才华提供了时间与空间，是接受学习的教学模式让教师在课堂教学中侃侃而谈，自我感觉良好而并不顾及学生如何学、有何感受。在基于脑的语文教学模式中，规定了学习的基本内容与学生的学习活动，没有为教师侃侃而谈提供相应的时间与空间。在这样的教学模式下，教师最终只能改变自己，放弃知识传授者的角色、放弃"演员"的表演习惯，而作为学生学习的指导者与参与者的角色出现在课堂教学中。是教学模式决定了教师如何"教"。

所以，如果课堂教学评价仅评价教师的"教"，不涉及教学模式，那么，教学评价并没有触及"教"的本质问题，教师的教学行为也很难彻底改变。只有评价教学模式，改革不适合学生发展的教学模式，以适合学生发展需求的教学模式来规范教师的"教"，才能让教学评价从根源上促进学生的发展。所以，评价教师的教，首先要评价教学模式。

学生的"学"，也是在一定教学模式下的学，学生的学习行为是受教学模式的影响与制约的。在接受学习的教学模式下，以接受知识为主要学习任务，学生处于被动学习状态。在那样的教学模式下学习，除了部分学习结果可以评价，学习过程、学习能力、学习方法很难得到具体及时的评价。这说明了什么？说明接受学习的教学模式不大关注学生的学习过程，不大关注学习能力与学习方法的教与学，所以无法评价。如果说多年来教学评价改革所强调的形成性评价与过程性评价一直没有得到落实的话，其根源不在评价本身，是教学模式有问题。是教学模式导致学生的学习行为、学习能力与学习过程不可评价，是教学模式未能提供相应的条件来实施形成性评价与过程性评价。

所以，评价学生的"学"必须首先评价教学模式。只有改革不适合学生"学"的教学模式，让教学模式满足学生的学习需求，让教学模式能促进学生的发展，教学评价才能更好地促进学生的发展。所以，课堂教学评价的对象首先是教学模式。如果我们的教学评价无法满足学生发展需求，或者说我们的教学评价没有很好地促进学生的发展，这并非教学评价本身的问题，是教学模式有问题，需要改革、创新教学模式。

另外，从图5.2我们能看到学生的学习结果在教学评价中的位置和权重。对于学生"学"的质量的评价，学习结果只是其中的一部分。学习结果呈现出三项内容：作品、产品、考试成绩。作品指的是学生在学习活动中的作业。比如研究性学习的报告、论文，各类学习的演示文稿，学生开发的网站、创办的报刊等等。产品指学生在基于项目学习中的成果。如学生在解决生活问题时所制作的生活小发明、生活小实验结果、为解决生活实际问题提出的各种建议、生活劳动产品（如为家人做的晚餐）等。一些为解决生活中的实际问题的作业成果都可以视为产品。

面对学习结果，学生需要的是具体、及时的反馈，是激励，是指引。教师需要做的是将评价在反馈、激励、导向上的功能最大化，以此促进学生的发展。

对教师或教育管理者而言，学生的学习结果只是评价教学的参照物。如果学生的学习出现了问题，我们首先需要反思与调整的是教学模式，包括教师的教法和学生的学法。如果这一切没解决好，只是将学生在个别项目的学习结果转嫁为学生过度的学习压力，也就扼杀了学生的学习兴趣与学习自信，教学评价就走到了它的反面。

从现实情况来看，现行的教学评价过度使用了学生学习结果中的考试成绩。仅从图5.2看，考试成绩无论是在学生学习中的比重，还是在学习结果中的比重，都不足以让考试成绩举足轻重到成为教师、学生、家长难以释怀的压力。而我们目前的教学评价基本处于这样的状态。

三、教学评价必须满足学生的发展需求

教学评价的多种功能虽然是客观存在的，但是教学评价的设计与操作可以根据学生的发展需求，凸显评价的某些功能而忽略、淡化评价的另一些功能。教育的特点和教育的目的决定了教学评价的操作需要有主观性和针对性，需要满足学生的发展需求，这是基于脑的语文教学评价带给我们的第三点启迪。

基于脑的语文教学评价以满足学生的发展需求为出发点和落脚点，在评价操作中凸显了评价的激励功能、反馈功能和导向功能，淡化了评价的甄别与选拔功能。

为了让评价能促进学生的发展，基于脑的语文教学最初是从学生的角度，假设学生需要怎样的教学评价，从学生的需求假设开始进行教学评价的研究。我们曾经形成以下学生评价需求假设：

假如我是学生，我希望学习评价是具体的、及时的。当我回答一个问题或者做完练习之后，希望立刻得到正确与否的反馈。如果我错了，我希望知道

我错在哪，是什么原因导致的，正确的方法是怎样的。我还希望评价所告知我的方法能帮助我成功。我更希望我的努力和付出老师和同学能看得见，并给予肯定。

上述假设也许并不能代表学生的全部想法，但不失为普通学习者对评价的基本需求。于是，基于脑的语文教学以满足学生的评价需求为出发点和落脚点，设计与操作教学评价。

首先，学生所需要的持续不断的、具体的、及时的评价就是所谓的过程性评价、形成性评价，其凸显的是评价反馈功能。传统的学科教学评价主要是单元测验和期末考试，是对一个阶段教学的反馈与诊断。阶段性的反馈说不上"及时"，以试卷成绩或者题目来反馈与诊断教学，谈不上"具体"。学习结果的成因复杂，有学的问题，包括学习方法、学习习惯、个体差异；有教的问题，包括教学内容、教学模式、教师素质等。试卷的分数显然是无法全面、客观分析与反馈诸多的成因。学生虽然可以从考试的试卷和分数知道自己学习的优点和存在的问题，但是问题形成的原因是什么，具体情况是怎样的，在真实的情境中怎样做才可能避免这样的问题，这些都不够具体。当教学评价忽略了具体，只剩下"分数"，甚至以分数来排队时，评价对促进学生发展的积极意义已经所剩无几。

让教学评价变得具体、及时，让教学评价能在真实的教学情境中及时地评价学生具体的学习行为、学习方法与学习结果，让阶段性的期末考试评价形成于过程性的、具体的、及时的教学评价。于是，基于脑的语文教学形成了"整体学习，逐一分享评价"的教学策略；贯穿教学始终的评价策略；要求教师设计涵盖学习能力、学习行为、学习结果的"评价量规"；"评价量规"的设计要适合学生使用，"评价量规"的使用渗透于教学全程等等。用教育技术和手段，充分发挥评价的反馈功能。

其次，对学生而言，理想中的评价是能激励其进步的，是形成性的。期末的好成绩虽然也能激励学生的学习，但好成绩不一定完全实现了评价的激励功能。何况不少学生的成绩并不理想。完整的评价激励不局限于知识的学习，包括思维方法、创新意识、情绪情感、行为习惯等。如果评价的激励功能体现在当下，针对具体的学习行为、学习方法、学习结果，甚至更多的是针对学生个别的行为亮点，如此，评价对学生发展的激励功能才称得上是完整的、全面的。也就是说，评价激励只有是形成性的，才能实现其完整性与丰富性。

喜欢听"好话"，这是人性。如果你想学生做得更好，你首先需要欣赏评价他的亮点、优点，以此来激励他发挥潜能。所谓发挥评价最大的激励功能是指激励能伴随学生的成长。评价能让每一位学生在自己一个个微不足道的亮点被欣赏与肯定中形成良好的学习品质与学习习惯，形成良好的情感态度价值观，取得好的学习成绩，而并非以学习成绩排名，或者根据某项学习结果，将学生分为三六九等。也许某次学习结果从客观上看，学生的成绩显示的就是"三六九等"，但是这时的教学评价需要的不是眼前的所谓客观，而是为了学生发展的主观性，是尊重教育规律的科学性和针对性。这时候，就要通过教育技术，淡化、忽略评价的甄别与选拔功能。

于是，基于脑的语文教学评价，让评价的激励功能渗透在具体及时的学习反馈中。通过语言指引和教师示范策略与学生示范策略，让学生学会欣赏同伴。要求教师掌握倾听与接纳、肯定与追问等助学技能，善用"评价"。并通过教学程序的设置，让学生的行为能力变得可评价，让正能量的激励伴随学生健康成长。

再有，评价具有导向功能，这是不言而喻的。学生对学习评价的导向有自己的需求，他们希望评价的导向具体而明确。所谓导向，对学生而言就是未学之前就明确学习标准，同时在出现失误时能得到具体的反馈与指导，在付出努力后能得到肯定。如果是具有普遍意义的标准，还可以持续指引他进步。如果评价的导向具体而明确且能持续支持学生发展，起码包含了两重积极意义：其一，学生成为学习的主动者，他们能有意识地用标准来指导自己的行为，根据标准来评估自己的学习，成为学习的主人。其二，让学生有目标、有针对性地学习，学习效果更好。

于是，让评价能为学生的学习提供有效的学习指引，也就成为了基于脑的语文教学评价的落脚点。例如，为学习制定"评价量规"，并指导学生学会运用"评价量规"来完成学习任务，学会用"评价量规"来自评与互评。实行"整体学习，逐一评价反馈"的策略，让学习反馈具体且明确。实施学生示范策略、教师示范策略，让评价充分发挥激励功能与导向功能。尤其是用教学程序来保证学习基本内容与思维方法的科学性，以此来保证学习者的学习成功，这就是通过教育技术手段凸显评价的导向功能。

以满足学生对评价的需求为出发点，围绕学生对评价的假设需求，基于脑的语文教学有目的、有针对性地凸显了评价的反馈功能、激励功能与导向功能，让教学评价在促进学生的发展中发挥了积极的作用。

实践告诉我们：教学评价在促进学生发展中的积极作用，主要取决于评价的反馈功能、激励功能、导向功能所发挥作用的大小，取决于形成性评价与过程性评价的质量。教学评价的多种功能是客观存在的，作为教学评价的设计者和操作者，需要根据学生的发展需求，在实施评价的过程中，通过技术手段，凸显评价的反馈功能、激励功能和导向功能，淡化、忽略评价的甄别与选拔功能，使教学评价在促进学生的发展中能充分地发挥其积极作用。

小　结

基于脑的语文教学形成了以课堂教学为中心的评价系统。在这个系统里，学生是评价的主人，评价以课堂教学为中心延伸至教学全过程，教学评价的对象涵盖了学生的知识、能力、行为表现等多方面，学生在评价的反馈、激励和引导下学习与成长。

"以课堂教学为中心的评价系统"包括六个基本要素。这些基本要素按照优先级别排列是：（1）学生是评价的主体；（2）行为、思维、能力紧密相关的教学程序；（3）教学环节形成评价链条；（4）设计与使用评价量规；（5）开设评价讨论课；（6）综合性评价报告单。

以课堂教学为中心的评价系统是在基于脑的语文教学模式基础上形成的教学评价系统，是依附于基于脑的语文教学模式的评价系统，是实施基于脑的语文教学模式的产物。

有怎样的教学模式就有怎样的教学评价。以课堂教学为中心的评价系统的存在及其运作，就是对基于脑的语文教学模式最客观、最真实的评价。

多年来，基础教育课程改革所倡导的形成性评价和过程性评价未能很好落实，是因为教学模式没有为形成性评价与过程性评价提供实施的条件。教学评价改革首先是教学模式的改革与创新。

课堂教学评价的对象首先是教学模式。教师的"教"其实是在一定教学模式下的教，教师的教学行为是受教学模式的影响和支配的。学生的"学"也是在一定教学模式下的学，学生的学习行为是受教学模式的影响与制约的。只有评价教学模式，改革不适合学生发展的教学模式，以适合学生发展需求的教学模式来规范教师的"教"，才能让教学评价从根源上促进学生的发展。

对教师或教育管理者而言，学生的学习结果只是评价教学的参照物。如果学生的学习出现了问题，我们首先需要反思与调整的是教学模式，包括教师的教法和学生的学法。将学生的学习结果转嫁为学生过度的学习压力，也就扼杀了学生的学习兴趣与学习自信，教学评价就走到了它的反面。

教学评价在促进学生发展中的积极作用，主要取决于评价的反馈功能、激励功能、导向功能所发挥作用的大小，取决于形成性评价与过程性评价的质量。教学评价的多种功能是客观存在的，作为教学评价的设计者和操作者，需要根据学生的发展需求，在实施评价的过程中，通过技术手段，凸显评价的反馈功能、激励功能和导向功能，淡化、忽略评价的甄别与选拔功能，使教学评价在促进学生的发展中能充分地发挥其积极作用。

第六章　教学设计方案实例

本章将与你分享教学设计方案。教学设计方案包括以人民教育出版社出版的语文教材为例的课文教学设计和以学生的生活为背景的基于项目的学习和研究性学习的教学设计。

方案一　《在山的那边》（七年级）教学设计

预习指引

模块一　初读课文

（一）学习步骤

步骤一：审题建立学习目标——预测"景"与"情"。

提示：看题目之后，你可能会想：山那边是怎样的？作者为什么要写山那边？或者山那边蕴含了作者怎样的感情？这些都可以作为你阅读理解的目标。

步骤二：浏览诗歌，边读边思考，找到问题的答案。

步骤三：想象诗歌为你塑造的画面反复诵读全诗。

（二）学习思考

1. 在诵读诗歌的过程中，你所想象的是一些怎样的画面？记下来准备与同学分享。

2. 回想自己读诗过程，你认为欣赏诗歌要抓住什么？

模块二　我的感悟

1. 诗歌除字面上的意思外，往往还有深层含义，探究一下，诗中的"海"与"山"分别象征什么？将你探究的答案写下来。

山：　　　　　　　　　　　　海：

2. 请给诗歌重新拟一个题目，给诗的两节分别起一个小标题。

题目：

第一节小标题：

第二节小标题：

3. 再次诵读诗歌，读出你的感悟。

模块三　我的批注与发现

1. 诗歌的词语耐人寻味，如果你认为诗中某个词语或句子写得很精彩，你可以在词句下画线，在书的侧面空白处做"批注"。

如："当我爬上那一座座诱惑着我的山顶"批注："一座座"表明追求信念路途的坎坷与遥远。

"一次次漫湿了我干枯的心灵"批注："漫湿"形象地描绘了海水对"干枯心灵"的滋养。"干枯"形象地描绘了一颗渴望"新世界"的心，一颗在追求渴望的过程中屡受挫折的心。

2. 找到诗中你认为是描写情景的诗句，用＿＿＿线做标记；找到诗歌中你认为是抒发作者情感的诗句，用＿＿＿线做标记。从自己的"画线"中你发现作者的构思了吗？或者说这首诗是由什么与什么构成的？

3. 根据你的"批注"与"画线"，结合"山"与"海"的象征意义，你认为这首诗有什么写作特点？

模块四　我的小练笔

以"我终于见到了大海"为题写一段话（可以是诗歌的形式）。

提示：这个海可以是自然的，也可以是生活的；可以是甜美的，也可以是苦涩的；可以是宁静的，也可以是狂暴的；可以是开朗的，也可以是阴郁的……

要求：要有海的形象描写，海的形象与所表达的情感相一致。

小练笔评价量规

评价标准	优		良		加油	
	自评	他评	自评	他评	自评	他评
描绘一幅情景交融的画面。可以是一段话，描写"所见所闻所感"；可以是诗歌，塑造情景交融的画面						
有对海的具体的描写。描写形象、传神						
有情感抒发。可以在海的描写中渗透自己的感情，也可以直抒胸臆。情感抒发与所描写海的形象相一致						
没有病句，没有错别字						

模块五　基础知识操练

1. 以下画线的词语你是怎样解读的？

小时候，我常伏在窗口<u>痴想</u>

于是，怀着一种<u>隐秘</u>的想望

山那边的山啊，<u>铁青着脸</u>

当我爬上那一座座<u>诱惑</u>着我的山顶

一次次漫湿了我<u>干枯</u>的心灵

建议你参考课本"研讨与练习"的提示，将自己的理解作为"批注"，写在书上。

2. 默写

痴想　隐秘　铁青　凝成　诱惑　喧腾　一瞬间

3. 收集诗歌相关文学知识，准备与同学分享。

课堂教学设计

一、学习目标

知识与技能

1. 能有感情地朗读课文。

2. 能对诗中一两处精彩词语做批注。

3. 初步知道诗歌的特点，能说出形象性强、表达强烈的情感，情景交融的画面等相关内容。

4. 能用本课学到的"描绘情景交融画面"的表达方式写一段话。

过程与方法

1. 能按照初读课文的步骤自主学习，初知读诗的方法，说出阅读过程所想象的诗歌画面。

2. 经历合作学习，知道要遵守约定，积极参与学习。

情感态度价值观

1. 认同诗歌的主题：人要有追求，并要为实现这个追求坚持与努力。能在课堂上用自己的语言表达类似的观点。

2. 喜欢语文课，积极参与课堂学习活动。

二、课前准备

1. 设计"预习指引"。

2. "预习指引"事先发给学生预习。

3. 制作"演示文稿"。

第一课时教学步骤

一、导入（5分钟）

1. 学生分享所收集的相关资料。

采用学生示范策略与教师示范策略（详见第四章第二节）

教学建议：强调分享所收集的资料要转换成自己的理解，脱稿叙述，同时注意倾听同学的发言，不重复他人分享的内容。教师自己呈现如何简练地分享背景资料，为学生提供指引。

2. 视频展示并朗读（或者全班朗读诗歌）。

二、 分享"初读课文"（8分钟）

（一）学生分享"阅读思考"问题1（出示以下演示文稿）

模块一 初读课文

在诵读诗歌的过程中，你所想象的是一些怎样的画面？

1. 2~3名学生分享预习情况。

2. 教师小结。

采用学生示范策略与教师示范策略（详见第四章第二、三节）

（二）学生分享"阅读思考"问题2（出示以下演示文稿）

回想自己读诗过程，你认为欣赏诗歌要抓住什么？

1. 2~3名学生分享预习情况。

2. 教师小结。

设计意图：

A. 强化学生对"学习步骤"的感知。

B. 逐步让学生建构诗歌的图式。

C. 提醒学生：从同伴的分享中学到学习方法。

采用学生示范策略与教师示范策略（详见第三章第二、三节）

（三）教师小结模块学习情况

1. 总结学生的发言情况（欣赏并强调好的）。

2. 强调学习步骤的意义。

3. 强调多元解读诗歌画面的意义。

4. 初步提出欣赏"诗歌意境"的观点。

三、分享"我的感悟"（30分钟）

采用模块二基本教学步骤与具体教学策略

（一）小组合作学习（教师出示以下"演示文稿"）

模块二　我的感悟

讨论以下问题，形成小组意见，准备在全班分享。

诗歌除字面上的意思外，往往还有深层含义，探究一下，诗中的"海"与"山"分别象征什么？将你探究的答案写下来。

山：　　　　　　　　　　　　　　海：

请给诗歌重新拟一个题目，给诗的两节分别起一个小标题。

题目：

第一节小标题：

第二节小标题：

选择诗歌片段诵读，读出你们对诗歌内容的深度理解。

在小组讨论过程，各组派代表到黑板板书：新拟题目名称、第一节小标题、第二节小标题。

（二）分享与评价"海"与"山"蕴含的意思

1. 学生口头分享与评价。

2. 教师小结。

（三）分享与评价小组板书

1. 学生分享与评价板书。

2. 教师小结。

（四）朗读展示与评价

1. 学生小组朗读展示与评价。

2. 教师小结。

采用朗读分享与评价策略（详见第四章第二、三节）

（五）教师小结模块学习情况

教学建议：强调相关知识点；小结小组学习表现，树立小组学习榜样。

第二课时教学步骤

一、分享"我的批注与发现"（10分钟）

（一）小组合作学习（教师出示以下演示文稿）

模块三　我的批注与发现

完成以下学习任务，准备在全班分享。

1. 组内分享自己的批注，选出2~3个有代表性的批注在全班分享。

2. 从阅读"画线"中，你们发现这首诗是由什么与什么构成？

3. 根据诗歌的构成，结合"山"与"海"的象征意义以及你们自己的"批注"，你们看出诗歌有些什么写作特点？

（二）分享与评价"批注"（出示以下演示文稿）

发言提示：

我分享的是：（读诗的原文）这一句诗的批注，或者这句中哪个词的批注。

我的批注是：_____。

1. 学生代表发言。

2. 教师小结。

教学建议：

倾听学生发言，关注学生批注中涉及的"形象性"、"象征意义"、"含意深刻"等信息，用学生资源，强调诗歌的特点。

（三）分享与评价诗歌写作特点

1. 学生代表发言，分享批注。

2. 教师小结。

教学建议：

倾听学生发言，关注与诗歌特点相关的发言，通过"追问"将问题思考引向深入。

（四）教师小结模块学习

1. 总结学生分享情况及小组学习情况。

2. 强调诗歌的写作特点，强调"形象性"与"意境"。

二、写作练笔（25分钟）

（一）提出要求

教师出示演示文稿，明确要求（见"预习指引"内容）。

1. 根据评价量规写一段话，字数不限。

2. 给自己的"小练笔"自我评价，在"预习指引"小练笔评价量规"自评"一栏给自己打钩。

（二）学生练笔

（三）小组成员互改"小练笔"（出示以下演示文稿）

组员两人互改，并在"他评"一栏给同伴"打钩"。

各自修改"小练笔"。

全组成员互相传阅"小练笔"。

选择有代表性的"小练笔"在全班展示。

（四）全班分享与评价"小练笔"

1. 小组代表分享"小练笔。

2. 同伴评价。

（五）教师小结

A. 小结作业情况（作业完成情况、互改情况）。

B. 表扬做得好的学习小组，让做得好的小组介绍合作学习方法。

C. 强调评价工具的作用，强调"小练笔"的知识点。

三、基础知识巩固（10分钟）

（一）默写词语

痴想　隐秘　铁青　凝成　诱惑　喧腾　一瞬间

（二）同伴批改，各组汇报出错的字，出错率高的字词板书、订正。

（三）教师小结

小结默写情况，强调基础知识自学的重要性。

方案二　《走一步，再走一步》（七年级）教学设计

预习指引

模块一　初读课文

（一）阅读步骤

步骤一：审题建立内在阅读理解目标——预测内容（写什么）与文章结构（如何写）。

提示：看题目，你估计课文是写一件事还是写一个人？还是陈述一种观点？这就是预测。不同的写作对象，作者会采用不同的文章结构，这会导致你建立不同的阅读重点（目标）。如果是写一件事，那么时间、地点、人物、事件（起因、经过、结果）就是阅读重点（目标）；如果是写一个人，那么通过哪些生活片段表现某人什么性格就是阅读的目标。如果你已经从课文题目下的"提示"中确定了写作对象，你就直接以该对象的文章结构框架来梳理课文。这样你就能快速理解课文。

步骤二：浏览课文——验证预测，边读边思考。

提示：你可以根据自己预测的阅读目标边读边排除与课文具体情况不相符的预测目标，将阅读目标调整到基本符合课文情况，并边读边验证自己的想

法，边读边以相关的文章结构框架来梳理课文。

步骤三：反复读课文，以思维导图梳理课文。

提示：根据需要，可以长出更多枝杈，选出关键性的词语写在枝杈上。

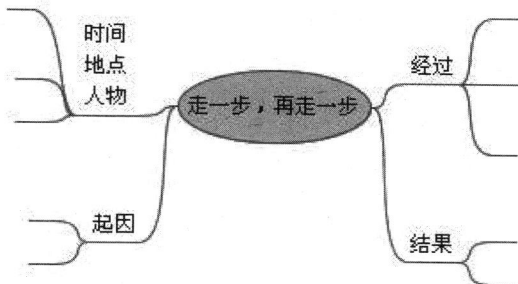

（二）阅读思考

1. 回忆自己的阅读过程，你最初的预测准确吗？如果有调整，课文题目下面的提示给了你什么启发，让你初步确定文章的结构？

2. 阅读过程遇到不懂的词语，你是怎样做的？记住自己真实的思考过程，准备与同学分享。

模块二　我的感悟

（一）根据你的思维导图，用简洁的语言复述故事情节

复述提示：

1. 抓时间、地点、人物、事件（起因、经过、结果）。

2. 主要情节不能漏掉，用自己的语言概括主要情节。

3. 关键的人物活动过程，使用课文中的语言描述。

（二）给课文重新拟一个题目，表达你对课文内容的深度理解。

（三）朗读课文，读出你的感悟。

模块三　我的批注与发现

1. 选择课文中下面其中两个片段精读并做批注

片段一（1~6自然段）；片段二（7~15自然段）；片段三（15~22然段）

要求：

找到人物对话描写的句子画＿＿＿；找到人物心理描写的句子画＿＿＿。并选择其中一两处在书的边上空白处做"批注"。

提示：你可以在"批注"中写上"对话描写，写出了我的担心"，或者

"心理描写，写出了我的恐惧"等等。

2. 认真看一下自己所画线的句子，你以为人物对话描写与人物心理描写在课文中有什么意义吗？

3. 精读课文最后一段，将你的读后感作为批注，写在书的空白处。

模块四　我的练笔

在生活中我们总会遇到困难，记叙一次你遇到困难的经过与结果，别忘了一定写下这次经历给你的感悟与启发（不少于500字）。

练笔评价量规

评价标准	A		B		C	
	自评	他评	自评	他评	自评	他评
清楚地交代时间、地点、人物、事件（起因、经过、结果）						
能总结事件给予的感悟与启发，感悟富有哲理						
有人物对话描写和人物心理描写，描写合理、传神						
没有病句，没有错别字						

模块五　基础知识操练

1. 掌握课本有"注释"的词语。

2. 掌握课后"读一读，写一写"中所有词语的形、音、义。

3. 收集并摘录三五条对待困难的名言佳句与同学分享。

课堂教学设计

一、学习目标

知识与技能

1. 掌握生字词。

2. 能梳理课文内容与结构。

3. 能借助思维导图复述故事情节。

4. 能给课文中"心理描写"和"对话描写"的句子做批注，并知道其在文章中的作用。

5. 能条理清楚地记叙自己克服困难的一件事，表达事情给自己的感悟与启发，并能运用"心理描写"与"对话描写"推进故事情节的展开。

过程与方法

1. 经历自主学习过程，体验阅读中如何建立内在阅读理解目标，初步知道如何运用内在阅读理解目标边读边思考。

2. 经历合作学习过程，能与同伴合作学习，能从欣赏的角度评价同伴。

情感态度价值观

1. 懂得"走一步，再走一步"蕴含的生活哲理，并能用其解释自己生活中的问题。

2. 喜欢语文学习，积极参与课堂学习活动，主动完成所有作业。

二、课前准备

1. 设计"预习指引"，事先发给学生预习。

2. 制作"演示文稿。

第一课时教学步骤

一、导入（3分钟）

学生分享所搜集到的对待困难的名言佳句。

二、分享"初读课文"（15分钟）

采用学生示范与教师示范策略（出示以下演示文稿）

模块一　初读课文

分享思维导图

分享阅读思考

（一）分享思维导图

采用思维导图分享策略（详见第四章第三节）

（二）分享阅读思考

两至三名学生逐一分享自己阅读过程所思考的问题。

（教师口头提出问题，学生逐一回答）

（1）回忆自己的阅读过程，你最初的预测准确吗？如果有调整，课文题目下面的提示给了你什么提示，让你初步确定文章的结构？

（2）阅读时遇到不懂的词语，你是怎样做的？记录自己真实的思考过程，准备与同学分享。

采用教师评价与学生评价策略（详见第四章第二、三节）

（三）教师小结模块学习情况

教学建议：鼓励发言的学生，强调教材中的提示："一次脱险经历"中"经历"一词对于确定是一篇写事的文章的重要性。因为确定了是写事的文章，所以时间、地点、人物、时间（起因、经过、结果）成为阅读理解目标，就可以加快阅读理解的速度。同时注意抓住学生分享时所展示的自己克服困难的感悟给予强调。

三、 分享"我的感悟"（20分钟）

（一）小组合作学习（教师出示以下演示文稿）

模块二　我的感悟

小组合作学习，完成下面的学习任务：

1. 根据"复述提示"复述故事情节，选出代表在全班分享。

（复述提示见"预习指引"）

2. 给课文重新拟一个题目，表达你们对课文的深度理解。

3. 选择课文片段朗读，读出你们的感悟。

（二）"复述故事"分享与评价

1. 学生分享与评价复述故事。

2. 教师小结。

教学建议：

教师倾听学生复述与评价情况，归纳复述策略。提醒学生"复述提示"可以作为"复述策略"应用在复述其他叙事类文章。

（三）分享与评价重拟课文题目

1. 教师在黑板上为各组分享重拟题目指定位置。

2. 小组派代表在标有自己小组序号的横线上板书小组重拟题目名称。

3. 学生发表评价意见。

4. 教师小结重拟题目情况。

采用板书分享与评价策略（详见第四章第二、三节）

（四）课文朗读分享与评价

1. 学习小组选取课文片段在全班朗读展示。

2. 同伴评价。

3. 教师小结朗读情况。

采用朗读分享与评价策略（详见第四章第二、三节）。

（五）教师小结模块学习情况

第二课时教学步骤

一、分享"我的批注与发现"（12分钟）

（一）小组合作学习（教师出示以下演示文稿）

模块三　我的批注

小组合作学习，完成以下学习任务：

讨论"人物对话描写"与"人物心理描写"在课文中的作用，并选出二三处相关"批注"准备在全班分享。

分享最后一段的"批注"，选出在全班分享的代表。

（二）学生分享、同伴评价

（三）教师小结

强调这两项描写在推进故事发展中的意义，为学生的写作做铺垫。

二、基础知识操练（8分钟）

1. 听写词语。

2. 同伴互改、订正。

3. 各组汇报听写情况。

4. 互评"预习指引"完成情况。

教学建议：注意安排时间给学生互评。可以是组长记录，也可以轮流记录。建议组员轮流记录评价成绩，轮流汇报评价结果。

同伴评价工具

完成情况 组员姓名	预习指引			听写		
	全部完成	大部分完成	小部分完成 或没做	全对	错一个	错两个以上

三、写作练笔（25分钟）

布置作业（出示以下演示文稿）

1. 根据"评价量规"写一篇短文，不少于500字。

2. 在预习指引"练笔评价量规"表格上自我评价。

方案三　《狼》（七年级）教学设计

预习指引

模块一　初读课文

（一）阅读步骤

步骤一：审题建立阅读理解目标——预测文章内容与文章结构；利用提示，建立"场景"。

提示：课文可能介绍狼这种动物？可能叙述与狼相关的故事？这些预测都可以成为你阅读理解的目标。请你注意课文题目下面的提示，关注课文内容的"场景"信息——地点、时间、谁与谁之间发生的故事。

步骤二：浏览课文——利用场景信息了解梗概，验证预测。

步骤三：借助词语解释，联系上下文逐句读懂全文。

（二）阅读思考

1. 课文在写一件事吗？是哪些信息告诉你的？学习文言文建立"场景"

有什么意义吗？

2. 阅读过程遇到不理解的词语你是怎样解决的？（举例说明）

3. 将自己学习文言文感到困难的地方整理一下，准备向同学、老师请教。

模块二　我的感悟

1. 为课文重新拟一个题目，表达你对课文内容的理解。

2. 流利朗读课文，读出你对课文的理解。

模块三　我的批注与发现

1. 课文有四处地方出现了"止"字，在每一个"止"字边上注释。它们所代表的意思一样吗？发现什么规律了吗？准备与同学分享你的发现。

2. "其"字在课文中多处出现，为"其"分别注释。"其"所代表的意思有规律吗？将你的发现与同学分享。

3. 将课文中描述"狼的狡猾"的句子和"屠户的机智"的句子用＿＿＿线段画下来。请注意描写"行为"和"神态"的词语，给你认为精彩的词语做批注。比如：一狼洞其中。批注：将名词"洞"用作动词"打洞"，语言简洁。

4. 将作者对事件议论的句子用＿＿＿线画下来。将你的理解或感受作为批注写在边上。

5. 浏览自己的画线与批注，你觉得课文在写法上有些什么特点？准备与同学分享。

模块四　找规律

比较现代文、文言文学习步骤

现代文学习步骤	文言文学习步骤
步骤一：审题建立阅读理解目标——预测内容与文章结构	步骤一：审题建立阅读理解目标——预测内容与文章结构；利用提示，建立"场景"
步骤二：浏览课文——验证预测边读边思考	步骤二：浏览全文——利用场景信息了解梗概，验证预测
步骤三：反复读课文，完成思维导图	步骤三：借助解释，联系上下文逐句读懂全文
相同点	
不同点	

模块五　基础知识操练

1. 给画线的字注音并注解

（1）途中两狼，<u>缀</u>行甚远。（　　　　　　　　　）

（2）屠大<u>窘</u>，恐前后受其敌。（　　　　　　　　　）

（3）场主积薪其中，<u>苫蔽</u>成丘。（　　　　　　　　　）

（4）屠乃奔倚其下，<u>弛</u>担持刀。（　　　　　　　　　）

（5）狼不敢前，<u>眈眈</u>相向。（　　　　　　　　　）

（6）身已半入，<u>止露尻尾</u>。（　　　　　　　　　）

（7）狼亦<u>黠</u>矣。（　　　　　　　　　）

2. 解释下列画线的词

（1）顾野有麦场，场主<u>积薪</u>其中，苫弊成丘。（　　　　　）

（2）一狼径去，其一<u>犬坐</u>于前。（　　　　　）

（3）转视积薪后，一狼<u>洞</u>其中，意将<u>隧</u>入以攻其后也。（　　　　）（　　　　）

（4）乃悟前狼<u>假寐</u>，盖以诱敌。（　　　　）（　　　　）

3. 收集《聊斋志异》及其作者的信息，准备与同学分享。

课堂教学设计

一、学习目标

知识与技能

1. 理解课文中的文言词语，能写出其在课文中所表达的意思。

2. 能读懂课文，口头讲解课文中的文言词语、句子。

3. 懂得借助词语解释，联系上下文读懂文意。

4. 能流畅地朗读课文。

过程与方法

1. 经历自主学习的过程，懂得利用提示建立文章"场景"，懂得利用文章结构知识理解课文内容。

2. 经历小组学习和全班分享学习，能在同学的分享中借鉴好的学习方法帮助自己阅读理解，或者能将自己的学习方法分享给其他同学。

情感态度价值观

1. 能在阅读理解过程中，发现课文语言简洁精准的特点，感悟传统文化的精妙。

2. 喜欢语文课，积极参与学习活动。

二、教学准备

1. 设计"预习指引"发给学生自主学习。

2. 制作"演示文稿"。

第一课时教学步骤

一、导入（5分钟）

1. 个别学生分享所搜集的有关《聊斋志异》及其作者的信息。

2. 全班学生听课文录音朗读。

3. 学生集体朗读课文。

二、分享"初读课文"（30分钟）

（一）小组合作学习

1. 小组合作学习，完成以下学习任务（教师出示演示文稿）

（1）组员互相请教暂未理解的词语。

（2）组内讨论老师分配的句子或者片段的讲解任务：找出关键词，将关键词的解释板书在黑板上。翻译句子，准备在全班分享。

2. 教师分配讲解任务，每组承担一两句讲解任务，并为学生各组板书指定位置：

3. 教师给有需要的小组个别指导。

（二）学生分享与评价

采用学生讲解文言文策略（详见第四章第二、三节）

（三）分享"阅读思考"

1. 课文在写一件事吗？是哪些信息告诉你的？

2. 遇到不理解的词语，你是怎么处理的？

采用学生示范与教师示范策略（详见第四章第二、三节）

学生自愿分享，教师注意倾听，捕捉"场景"建立、文章结构等阅读思维中有价值的信息，通过"追问"，将阅读思维具体化。如果学生的分享无法达到预期效果，教师示范自己利用"场景"和文章结构知识解读文意的思维过程。

（四）教师小结模块学习情况

三、学生个人整理笔记（10分钟）

第二课时教学步骤

一、分享"我的感悟"（15分钟）

（一）小组合作学习（教师出示以下演示文稿）

小组合作学习，完成以下学习任务：

（1）讨论重拟的题目，将结果板书在黑板上。

（2）选择课文片段朗读，读出你们的理解，准备在全班分享。

（二）学生评价板书

采用板书分享与评价策略（详见第四章第二、三节）

（三）课文片段朗读分享与评价

采用朗读分享与评价策略。

（四）教师小结模块学习情况

二、分享"我的批注与发现"（15分钟）

（一）小组合作学习（教师出示以下演示文稿）

小组合作学习，完成以下学习任务：

（1）分享"批注"选出最能代表小组意见的二三处批注在全班分享。

（2）讨论文章的结构及其写作特点。

（二）全班分享与评价"批注"

采用批注分享与评价策略（详见第四章第二、三节）

重点指导学生从自己的批注中发现通假字、"其"字用法等文言现象。

（三）分享与评价文章的结构及其写作特点

（四）教师小结模块学习情况

三、分享"找规律"（8分钟）

（一）小组合作学习（教师出示以下演示文稿）

小组合作学习，分享模块四的学习结果，准备在全班发言。

比较现代文、文言文学习步骤（详见"预习指引"模块四找规律表格）。

（二）全班分享与评价

（三）教师小结学生的学习情况，并将自己的答案填进表格。

四、基础知识操练（7分钟）

1. 小组合作学习，检查组员"预习指引"完成情况。

2. 基础知识小竞赛。

教师将"预习指引"的练习制作成演示文稿，逐题呈现，采用抽号答、抢答的形式进行组间竞赛。

3. 教师小结学习情况。

方案四　《走遍天下书为侣》（五年级）教学设计

预习指引

模块一　初读课文

（一）阅读步骤

步骤一：审题，建立内在阅读理解目标——预测内容与文章结构（可能写什么，怎样写）。

提示：看课题，你可能预测文章是写一件事还是陈述一种观点。

步骤二：验证预测——边读边思考，找到问题答案。

步骤三：反复读课文，以思维导图梳理课文。

（二）阅读思考

1. 你认为文章是在叙述一件事还是陈述一个观点？是哪些信息告诉你的？

2. 题目对你建立阅读理解目标有帮助吗？

模块二　我的感悟

1. 为课文重新拟一个题目，表达你对课文的深度理解。

2. 用简洁的语言概括课文主要内容。

3. 选择课文片段朗读，读出你的感悟。

模块三　我的批注与发现

1. 精读1~3段，思考以下问题：

（1）你知道第一段用了什么修辞手法吗？如果你知道就在边上批注："使用××修辞手法"。

（2）1~3段中哪一句是重点句？请在句子下画＿＿＿并在边上批注："重点句"。

2. 作者选择一本书陪伴旅行的理由有哪些？找到相关段落精读，并用＿＿＿线画出其中的重点句子。

3. 作者读书的方法对你有什么启示？请画下相关句子并做批注。

4. 浏览全文，从你画线的句子中，你发现了文章怎样的结构？（准备与同学分享）

模块四　我的演讲稿

我们每天多都与书打交道，书在我们的生活中必不可少，课文提出了"以书为侣"的观点。对于"书"或者对于"读书"，你有什么观点想发表吗？如书是我的朋友、我喜欢读书等，都可以成为观点，也许你还有别的想法，都可以概括成观点。

学习课文表达方式，按照以下要求写一篇短小的演讲稿。

1. 你的演讲稿起码包括两个自然段，第一段提出观点，第二段说明理由。

2. 提出观点的第一段，可以是一句话，直接提出观点；也可以学习课文的形式，用设问提出观点。

3. 你在第二段陈述一个理由，说明为什么你提出这个观点，这样演讲稿就达到要求了。

4. 你还可以再写第三段，陈述第二个理由，这样你的演讲稿就更好了。

演讲稿评价量规

评价标准	优	良	加油
结构完整，包括"提出观点—陈述理由"			
观点明确			
理由充分，能支撑观点			
没有错别字，没有病句			

模块五　基础知识操练

1. 生字词过关。

2. 读课文第七自然段三遍。

课堂教学设计

一、学习目标

知识与技能

1. 掌握本课所有生字，听写过关。

2. 能以思维导图梳理课文内容与结构；发现"提出观点—陈述理由"的基本构思。

3. 能有感情地朗读课文；

4. 能通过"批注"，发现课文的写作特点。

5. 能用"提出观点—陈述理由"的结构，陈述自己对"书"或者"读书"的观点。

过程与方法

1. 经历自主学习过程，能初步说出自己边读边思考的方法。

2. 经历小组合作学习和全班分享学习，知道如何评价同伴，初步掌握评价的方法。

情感态度价值观

1. 对"读书"有新的感悟，并在重拟题目以及口头演讲中表达出来。

2. 喜欢语文课，积极投入学习。

二、课前准备

1. 设计"预习指引"，事先发给学生预习。

2. 制作"演示文稿"。

第一课时教学步骤

一、导入（3分钟）

听朗读录音、看视频。

二、分享与评价"初读课文"（15分钟）

（一）分享思维导图

1. 学生全班分享思维导图。

2. 教师小结思维导图分享情况。

采用学生示范与教师示范策略（详见第四章第二、三节）

（二）分享初读课文的思维过程

1. 教师口头逐一提出以下问题，学生自愿回答：

（1）你认为文章是在叙述一件事还是陈述一个观点？是哪些信息告诉你的？

（2）题目对你建立阅读理解目标有帮助吗？

2. 教师小结。

采用"阅读思考"分享与评价策略（详见第四章第二、三节）

A. 教师倾听学生分享，借助思维导图让学生发现课文是陈述一个观点，而题目就是观点。

B. 让学生懂得课文是根据是什么、为什么、如何做来构思的，这也是文章的结构："观点—理由—做法"。

三、分享与评价"我的感悟"（20分钟）

（一）小组合作学习（教师出示以下演示文稿）

小组合作学习，完成以下学习任务：

1. 为课文重新拟一个题目，表达你们对课文的深度理解，将小组讨论结果板书在黑板上。

题目：

2. 用简洁的语言概括课文主要内容。

3. 选择课文片段朗读，读出你们的感悟。

（二）分享与评价板书

1. 学生小组代表分享。

2. 教师小结。

采用板书分享与评价策略（详见第四章第二、三节）

（三）分享与评价"课文内容概括"

1. 学生小组代表分享。

2. 教师小结。

（四）分享与评价朗读

1. 小组朗读展示与评价。

2. 教师小结。

采用朗读分享与评价策略（详见第四章第二、三节）

（五）教师小结模块学习情况

第二课时教学步骤

一、分享"我的批注与发现"（10分钟）

（一）小组合作学习（教师出示以下板书）

小组合作学习，完成以下学习任务：

分享"模块三 我的批注与发现"学习结果，选出最能代表小组水平的1~3处批注在全班分享。

讨论课文的结构及其写作特点，准备在全班分享。

（二）分享与评价"批注"

1. 学生分享与评价"批注"。

2. 教师小结。

（三）分享与评价写作特点

1. 分享与评价写作特点。

2. 教师小结。

采用批注分享与评价策略（详见第四章第三节）

A. 对课文通过设问提出观点的形式给予强调。

B. 明确课文的结构，让学生对"提出问题—陈述理由"的构思有清晰的认识，为练笔做好铺垫。

（四）教师小结模块学习情况

二、写作练笔（25分钟）

（一）教师讲解写作要求，并出示写作要求（详见"预习指引"模块四我的演讲稿的写作要求和评价量规表）

（二）学生写作

（三）学生组内宣读演讲稿，选出代表在全班演讲

（四）全班分享与评价演讲稿

（五）教师小结

三、基础知识操练（5分钟）

1. 听写生字。

2. 组员互改。

3. 组长汇报检查结果。

4. 教师小结。

方案五 《桂林山水》（四年级）教学设计

预习指引

模块一 初读课文

（一）阅读步骤

步骤一：审题，建立内在阅读理解目标——预测文章内容与文章结构（课文可能写什么，怎样的文章结构）。

步骤二：浏览课文 —— 验证预测，边读边思考。

步骤三：反复读课文，以思维导图梳理课文。

（二）阅读思考

1. 你发现课文的结构了吗？是哪些信息告诉你的？

2. 在阅读过程中你遇到不懂的词语吗？你是怎么做的？（举例说明）

模块二　我的感悟

1. 请用一个修饰语修饰桂林山水，表达你对课文内容的深度理解。

（　　　　　　　　　　）的桂林山水

2. 用简洁的语言概括课文内容。

课文生动形象地描绘了＿＿＿＿＿＿＿＿＿＿＿＿＿＿＿＿＿＿＿＿＿

表达了＿＿＿＿＿＿＿＿＿＿＿＿＿＿＿＿＿＿＿＿＿＿＿＿＿＿＿＿＿。

3. 请选择你喜欢的段落（句子）有感情地朗读，读出你对课文的感悟。

模块三　我的批注与发现

1. 反复读课文，给第一段做批注。提示：你可以对第一段在全文中的作用做批注，也可以圈出该段重点句子、词语作批注。

2. 精读第二段。用＿＿＿线画出第一句。想一想第一句和后面句子是什么关系，并将你思考的结果作为批注写在第一句的边上。逐句阅读该段后面的句子，为精彩的词语和句子做批注。提示：你可以为漓江的水"真静、真清、真绿"三个句子做批注。点明这些句子使用了什么修辞方法，取得了什么效果（很传神、形象、写出了漓江水的特点等）。

3. 精读第三段。同样是用＿＿＿线画出第一句。想一想第一句和后面句子是什么关系，并将你思考的结果作为批注写在第一句的边上。逐句阅读该段后面的句子，为精彩的词语和句子做批注。提示：找到描写桂林的山的特点的关键词做批注；为描写该特点的句子、词语做批注。注明使用了什么修辞方法，取得什么效果。

4. 请给课文最后一段也写个批注吧。

5. 浏览自己的画线和批注,你发现这篇文章在写作手法上有什么特点？

模块四　我的小练笔

选择校园某一处景观，用总分总的形式构段写一段话。

小练笔评价量规

评价标准	优	良	加油
以总分总的形式构段			
总起的句子准确，简洁			
分述的描写具体形象，使用修辞方法			
没有病句、没有错别字			

模块五 基础知识操练

1. 认读生字。

2. 想想难字的记字方法，注意笔画容易写错的字，准备与同学分享。

3. 写出以下多音字。

似 { shì（　　　） sì（　　　） 　卷 { juǎn（　　　） juàn（　　　）

4. 重点字词解释

反义：连绵不断——时断时续

近义：观赏——玩赏

课堂教学设计

一、学习目标

知识与技能

1. 掌握本课所有生字，听写过关。

2. 能以思维导图梳理课文内容与结构。

3. 能有感情地朗读课文。

4. 能通过"批注"，发现课文的写作特点。

5. 能根据评价量规的要求写一段话。

过程与方法

1. 经历自主学习过程，能初步说出自己边读边思考的方法。

2. 经历小组合作学习和全班分享学习，知道如何评价同伴，初步掌握评价的方法。

情感态度价值观

1. 能在课文朗读、"批注"、重拟题目等学习活动中表现出对"自然美"的感悟，表现出热爱祖国山河的情感。

2. 喜欢语文课，积极投入学习，完成所有作业。

二、课前准备

1. 设计"预习指引"，事先发给学生预习。

2. 制作"演示文稿"。

第一课时教学步骤

一、导入（2分钟）

录音朗读课文，同时播放视频。

二、基础知识操练（10分钟）

（一）全班学习生字词

教师以演示文稿出示生字词，学生集体、个人认读。

（二）小组合作学习

1. 小组成员互相检查生字词学习情况，保证每位组员过关。

2. 组员分享难记字记忆方法。

（三）全班分享难记字记忆方法

（四）教师小结

三、分享"初读课文"（15分钟）

（一）分享思维导图

1. 学生全班分享思维导图。

2. 教师小结思维导图分享情况。

采用学生示范与教师示范策略（详见第四章第二、三节）

（二）分享初读课文的思维过程

1. 教师口头逐一提出以下问题，学生自愿回答：

当初你的预测准确吗？你是怎样调整的？

是哪些信息让你确定了文章结构？

在阅读过程中你遇到不懂的词语时是怎么想的?(举例说明)

2. 教师小结。

A. 教师倾听学生分享,将学生的思考具体化。例如,是哪些信息让你确定了文章的结构?通过追问,指引学生说出具体的段、句、词及其所引起的思考。

B. 如果学生在阅读思考的分享中未能达到学习目标,教师在小结学习情况时,可以通过大声思维的示范,教给学生怎样一边读一边想。

四、分享"我的感悟"(13分钟)

(一)小组合作学习(教师出示以下演示文稿)

1. 用简洁的语言概括课文内容。

小组内分享个人意见,讨论形成本组观点,准备在全班分享。

2. 选择课文片段朗读,读出你们的感悟。(准备在全班分享)

(二)分享与评价"课文内容概括"

1. 学生小组代表分享。

2. 教师小结。

(三)分享与评价朗读

采用朗读分享与评价策略(详见第四章第二、三节)

(四)教师小结模块学习情况

第二课时教学步骤

一、朗读导入

二、(继续)分享"我的感悟"(12分钟)

(一)小组合作学习(教师出示以下演示文稿)

模块二 我们的感悟

小组合作学习,完成以下学习任务:

用一个修饰语修饰桂林山水,表达你们对课文的深度理解。(板书小组讨论结果)

(二)分享与评价"板书"

1. 学生分享与评价。

2. 教师小结。

采用板书分享与评价策略（详见第四章第三节）

三、分享"我们的批注与发现"（12分钟）

（一）小组合作学习（教师演示文稿呈现以下内容）

模块三　我们的批注与发现

小组合作学习，完成模块三的学习任务：

1. 交流自己的"批注"，选出最能代表小组学习水平的在全班展示。

2. 讨论课文写作特点，准备在全班分享。

（二）分享与评价"批注"

1. 学生分享与评价。

2. 教师小结。

采用批注分享与评价策略（详见第四章第二、三节）

（三）全班分享课文写作特点

1. 学生代表发言与评价。

2. 教师小结。

（四）教师小结模块学习情况

四、写作练笔（15分钟）

（一）提出习作要求（教师出示以下演示文稿，讲解相关要求）

模块四　我的小练笔

选择校园某一处景观，根据"评价量规"的要求写一段话（详见"预习指引"模块四"小练笔评价量规"表）。

（二）学生写作练笔

（三）分享与评价习作

（1）个别学生在全班展示习作（朗读或投影）。

（2）师生根据评价量规提出意见和建议。

（四）教师小结

方案六 《陶罐和铁罐》（三年级）教学设计

预习指引

模块一 初读课文

（一）阅读步骤

步骤一：审题，建立内在阅读理解目标——预测内容（写什么）与文章结构（如何写）。

提示：看题目，猜猜课文会写些什么，你想知道些什么，这些都可以成为你阅读理解的目标。

步骤二：浏览课文——验证预测，边读边思考。

提示：带着你的猜想和你想知道的，边读边思考，找到问题的答案。

步骤三：反复读课文，完成以下思维导图

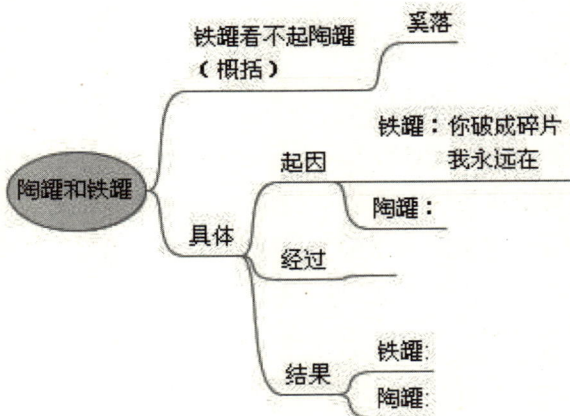

（二）阅读思考

1. 你发现课文主要是以什么描写来展开故事情节的?

2. 遇到不理解的词语，你是怎样想的? （举例说明）

模块二 我的感悟

1. 给课文重新拟一个题目，表达你对课文内容的深度理解。

2. 用简洁的语言概括课文主要内容。

3. 朗读课文，读出你的感悟。

模块三　我的发现

1. 你认为陶罐和铁罐分别具有什么性格？请用修饰语分别形容它们。

（　　　　）的陶罐　　　　　　（　　　　　）的铁罐

2. 你这样形容陶罐和铁罐，有什么依据吗？请在书上找到依据。对你认为精彩的人物对话及其描写说话人神态或动作的词语、句子作"批注"。例如："你敢碰我吗？陶罐子！"铁罐傲慢地问。批注："傲慢"写出了铁罐骄傲的神态。

3. 描写说话人的动作、神态的句子都在哪些位置？这样写有什么意义吗？将你的思考与同学分享.

4. 你发现课文写作特点了吗？将你的发现与同学分享。

模块四　我的小练笔

我们每天的生活是由一个个与人交往的生活片段组成的。比如，为作业的事情与老师、同学、爸爸妈妈交流；为上网、看电视的事情与家人对话；为某个偶像、某部电视剧与同学们互谈感慨……摘取其中的片段，题目自拟,用对话的形式表现出来，让大家从你的描写中看到说话人的性格。

小练笔评价量规

评价标准	优	良	加油
以概括具体的结构写片段			
以人物对话为主要表现形式			
有说话人神态、动作的描写，描写传神			
没有错别字，没有病句			
不少于150字			

模块五　基础知识操练

1. 认读生字，听写过关。

2. 想想难字记忆的方法，看看哪些字容易写错，准备和同学分享。

课堂教学设计

一、学习目标

知识与技能

1. 能认读生字，听写过关。

2. 能运用思维导图梳理课文内容与结构。

3. 能通过分角色朗读或表演读表现课文人物性格。

4. 能发现课文的写作特点。

5. 能用概括具体的结构以人物对话的形式写一段话。

过程与方法

1. 经历自主学习过程，对怎样一边读一边想、怎样建立阅读理解目标有初步认识，能用自己的话说出在阅读过程中怎样理解不懂的词语。

2. 经历小组合作学习和全班分享学习，懂得如何分享，如何评价，能在小组学习中分享学习结果，积极评价同伴。

情感态度价值观

1. 能从课文的学习中感悟到应该怎样对待别人，怎样对待自己，并在重拟的课文题目和为人物加上修饰语的学习中表现出这种感悟。

2. 喜欢语文课学习，积极参与学习活动。

二、课前准备

1. 设计"预习指引"，课前发给学生自主学习。

2. 制作"演示文稿"。

第一课时教学步骤

一、导入（2分钟）

听录音朗读课文，看视频。

二、基础知识操练（10分钟）

（一）全班学习生字词（教师以演示文稿出示生字词，学生集体、个人认读）

（二）小组合作学习

1. 小组成员互相检查生字词学习情况，保证每位组员过关。

2. 组内分享难字记忆方法。

（三）全班分享难字记忆方法

（四）教师小结

三、分享"初读课文"（10分钟）

（一）分享思维导图

1. 学生分享思维导图。

2. 教师小结思维导图分享情况。

采用学生示范与教师示范策略（详见第四章第二、三节）

（二）分享初读课文的思维过程

1. 教师口头逐一提出以下问题，学生自愿回答：

（1）你发现课文主要是以什么描写来展开故事情节的？

（2）在阅读时你遇到不懂的词语吗？你是怎么做的？（举例说明）

2. 教师小结。

采用教师大声思维示范策略（详见第四章第二、三节）

如果学生的分享未达到学习目标，教师通过大声思维，说出自己看到不懂的词语时是怎样想的，给学生提供示范。

四、分享"我的感悟"（18分钟）

（一）小组合作学习（出示以下演示文稿）

小组合作学习，完成以下学习任务：

1. 组内分享给课文重新拟的题目，形成小组意见，板书重拟题目。

2. 用简洁的语言概括课文主要内容。

3. 选择课文片段朗读，读出你们的感悟，以分角色读、表演读等形式在全班分享。

（二）分享与评价板书

1. 学生分享与评价。

2. 教师小结。

采用板书分享与评价策略（详见第四章第二、三节）

（三）分享与评价"课文内容概括"

1. 学生分享与评价。

2. 教师小结课文内容概括情况。

（四）朗读展示与评价

1. 学习小组分享与评价朗读。

2. 教师小结。

采用朗读分享与评价策略（详见第四章第二、三节）

（五）教师小结模块学习情况

第二课时教学步骤

一、分享"我的发现"（12分钟）

（一）小组合作学习（教师出示以下演示文稿）

1. 用修饰语形容陶罐和铁罐，形成小组意见。

2. 分享各自的"批注"，选出最有代表性的2~3处批注准备在全班分享。

3. 描写说话人的动作、神态的句子都在哪些位置？这样的布局有什么意义吗？形成小组意见。

4. 说说你们发现的课文的写作特点。

（二）分享与评价"批注"

1. 学生分享与评价"批注"。

2. 教师小结。

A. 教师注意倾听学生发言，关注学生对描写人物性格词语的批注，用学生的资源强调相关词语使用的准确性以及相关描写对表现人物性格的意义。

B. 具体操作详见第三章"批注分享与评价策略"。

（三）分享与评价写作特点

1. 学生分享与评价关于说话人的动作、神态描写等相关问题的讨论结果。

2. 分享与评价课文的写作特点。

3. 教师小结。

（四）教师小结模块学习情况

模块学习小结要为写作练笔做准备，需要明确"对话描写"中的相关问题：

A. 说话内容反映出人物性格（什么人说什么话）。

B. 描写说话内容的同时，描写说话人的动作、神态。

C. 说话人动作、神态的描写可以放在说话内容的前面、中间、后面。

二、写作练笔（28分钟）

（一）明确要求

教师出示演示文稿（详见"预习指引"模块四内容），讲解相关要求。

（二）学生写作练笔

（三）组内互改评价

1. 组内两人互改。

2. 组内传阅评价。

（四）全班分享与评价

（五）教师小结

方案七　"校运会"学习活动设计

基于"校运会"的学习活动，是贴近学生校园生活的综合性学习。

该项目学习包括五个主题的学习活动，我们向你展示其中两个主题的活动设计，同时展示"项目学习"教学设计的基本概貌。展示的活动设计包括"活动设计方案"和"学生学习指引"两部分内容。

活动设计方案（四至八年级）

基于"校运会"的学习活动设计方案

项目活动目标

1. 学生积极参与"校运会"的项目学习，每位学生能主动参与其中两个主题的学习活动。

2. 能在基于"校运会"的学习中有多方面的成长，进而热爱校园生活。

项目活动说明

1. 基于校运会的学习包括五个主题的学习活动，一个必修主题，四个选修主题：

必修主题

主题一　我们的班级入场方阵

选修主题

主题二　我们是班级啦啦队

主题三　我们是义工

主题四　我们是小记者

主题五　我们是班级运动队

2. 每位学生参与必修主题的学习活动，同时选择一个选修主题参与其中的学习活动。

3. 学生需要完成的书面作业：

（1）"我们的班级入场方阵"的书面作业；

（2）个人所选择的选修主题的书面作业。学生个人选修的主题若超过一个，可以任意完成其中一个主题的书面作业，对有兴趣完成多个主题书面作业的学生给予鼓励。

4. 教师统筹各主题的学习活动，让学生自己组织所有学习活动，每个主题的活动主持人都是学生。教师参与学生主持的活动并给予必要指导。

主题活动设计

主题一　我们的班级入场方阵

学习目标

1. 每位学生能自主完成口号设计、logo设计、队牌设计。

2. 学生能在小组讨论的基础上确定本届校运会的班级主题，通过口号的形式体现出来。

3. 学生能在小组讨论的基础上，确定班级运动会logo、队牌、方阵队形、道具等。

4. 能自己组织操练、彩排。

角色：方阵队员

服务对象：全校同学、老师

背景：校运会

产品：口号、logo、队牌、方阵、排练策略、班级团结精神及其状态

活动内容

活动一　我们的口号与logo

1. 小组成员组内分享自己设计的口号与logo，形成小组意见，准备在全班分享。

2. 小组代表在全班分享口号与logo。

3. 在各组分享的基础上，确定本届校运会的班级口号与logo。

活动二　我们的队形与服饰

1. 小组讨论，提出方阵队形与服饰。

2. 全班分享小组讨论结果，确定班级队牌、口号、道具等。

3. 确定排练的规则和时间，选出方阵领导者3~5人。

活动三　我们的排练

1. 操练

2. 彩排

标准

班级口号评价量规

评价标准	优	良	加油
响亮、押韵			
体现团结、积极、向上的精神			
独特、有创意			

班级Logo评价量规

评价标准	优	良	加油
简洁、鲜明、独特			
体现班级的精神风貌			
与班级的口号相吻合			

班级队牌评价量规

评价标准			
醒目、简洁、协调			
有班级logo			
字体端正			

主题二　我们是班级啦啦队

学习目标

1. 能分工合作，完成啦啦队的排练、现场助威等活动。

2. 能设计和制作环保的、独特的啦啦队道具。

3. 能按照评价量规的要求完成"场面描写"作业。

角色：啦啦队员

服务对象：运动员、现场观众

背景：校运会

产品：场面描写作品；啦啦队组织、排练及其现场操作策略方法等。

活动内容

活动一　我们的口号与道具

1. 队员自行组织开会，选出啦啦队领导者。

2. 讨论确定相关口号，确定现场使用的道具或者队员佩戴的标志等。

3. 人员分工，制作道具、根据本班运动员参赛的场次安排现场活动。

4. 彩排。

活动二　现场实施与现场描述

1. 按照分工开展活动。

2. 休息时间，啦啦队员集合，总结经验，以利再战。

3. 将你感受最深的一次啦啦队活动采用场面描写的形式描述下来。

　　"我们是义工"、"我们是小记者"、"我们是运动队"等三个主题的活动设计省略。

项目实施计划

项目实施计划表

项目	活动内容	活动形式	指导策略	时间
准备活动	学生初步了解基于校运会的所有学习活动，完成"班级入场方阵"的书面作业	自主学习书面作业	简单动员，将学习材料发放给学生	校运会前两周（课外）
	学生自选活动主题，在选修报名表上报名	实践活动	在教室张贴报名表，指定各选修主题的暂时负责人	
	运动代表队筛选	实践活动	师生共同筛选班级运动代表队	
班级入场方阵	分享、确定班级口号、logo、队牌、队形设计、道具等	自主、合作、探究学习	学生主持学习活动，教师给予指导	2–3课时
	操练、彩排	实践活动	学生主持活动，教师给予指导	
啦啦队	确定、制作道具、标志、口号、排练	实践活动	学生主持学习活动，教师给予指导	1课时
义工	确定标志、明确工作任务	实践活动	学生主持学习活动，教师给予指导	
小记者	探讨拍照、报道相关知识、明确工作任务	实践活动	学生主持学习活动，教师给予指导	
运动队	探讨、练习	实践活动	学生主持学习活动，教师给予指导	
现场活动	校运会现场开展各主题活动	实践活动	学生主持学习活动，教师给予指导	校运会
成果展示	各主题活动团队汇报、展示	合作学习	学生主持学习活动，教师给予指导	1课时

学生学习指引

基于"校运会"的学习活动

项目活动主题

今年的"校运会"很快就要来了，请你积极参与校运会的各项活动。我们为校运会设计了五个主题的学习活动，其中一个为必修主题，另外的为选修主题。学习活动主题如下：

必修主题：

主题一　我们的班级入场方阵

选修主题：

主题二　我们是班级啦啦队

主题三　我们是义工

主题四　我们是小记者

主题五　我们是班级运动队

项目活动要求

1. 每人参与两个主题的学习活动。

参与必修主题"我们的班级入场方阵"的学习活动。作为班级的成员，我们都必须参与班级入场方阵的排练，还需要为自己班级入场方阵设计有创意的口号、logo、队牌等，展示出我们的班级风采。

选择一个选修主题参与活动。你可以任意选择一个选修主题参与其中的学习活动。当然，如果你有兴趣，可以选择多个选修主题参与活动。

2. 每人完成两个主题的书面作业。

作业一：完成主题"我们的班级方阵"的书面作业；

作业二：完成你所选修主题的书面作业。选择了多个选修主题的同学，仅需要完成其中一个选修主题的书面作业。

3. 全面了解学习活动。

请你先浏览学习材料中所有主题的学习活动，然后再选择自己喜欢的选修主题参与其中的学习活动。

主题一　我们班级的入场方阵

活动一　设计我们的班级口号

请你设计一句口号，作为本届校运会的班级口号。比如：我们的班级要以一种怎样的精神面貌参与本届校运会：团结、拼搏、积极？比如，我们班要围绕一个怎样的主题来组织和参与本届校运会：健康、和谐、环保？这些都可以成为你的设计思路。

你设计的口号要响亮、押韵，可以在入场式时呼喊哦。

口号：

班级口号评价量规

评价标准	优	良	加油
响亮、押韵			
体现团结、积极、向上的精神			
有创意			

活动二　设计本届校运会班级logo

Logo就是商标、标志。

比如，广东电视台的标志：

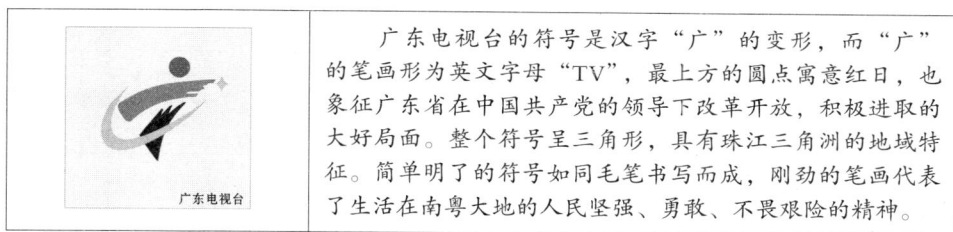	广东电视台的符号是汉字"广"的变形，而"广"的笔画形为英文字母"TV"，最上方的圆点寓意红日，也象征广东省在中国共产党的领导下改革开放，积极进取的大好局面。整个符号呈三角形，具有珠江三角洲的地域特征。简单明了的符号如同毛笔书写而成，刚劲的笔画代表了生活在南粤大地的人民坚强、勇敢、不畏艰险的精神。

比如，奥运会标志：

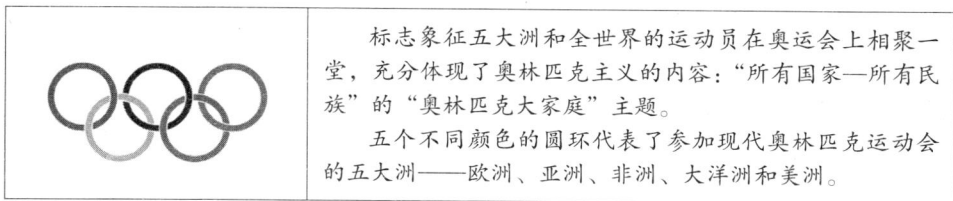	标志象征五大洲和全世界的运动员在奥运会上相聚一堂，充分体现了奥林匹克主义的内容："所有国家—所有民族"的"奥林匹克大家庭"主题。 　　五个不同颜色的圆环代表了参加现代奥林匹克运动会的五大洲——欧洲、亚洲、非洲、大洋洲和美洲。

比如，北京奥运会的标志：

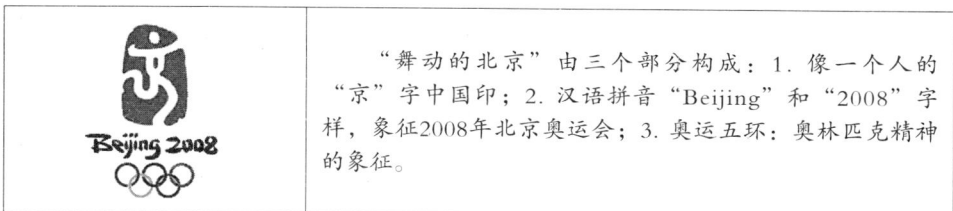	"舞动的北京"由三个部分构成：1. 像一个人的"京"字中国印；2. 汉语拼音"Beijing"和"2008"字样，象征2008年北京奥运会；3. 奥运五环：奥林匹克精神的象征。

　　请你结合自己设计的口号，为本届校运会设计一个班级的标志吧，这个标志可以作为班级的队牌、啦啦队、义工队、小记者、运动员的标记哦。

班级logo（班级标志）

班级Logo评价量规

评价标准	优	良	加油
简洁、鲜明、独特			
体现班级的精神风貌			
与班级的口号相吻合			

活动三　设计班级队牌

　　请你为班级的入场式设计一个队牌，这个队牌同时可以使用在啦啦队、义工队、班级运动代表队。你可以将班级logo放进你设计的队牌里。

班级队牌

班级队牌评价量规

评价标准	优	良	加油
版面醒目、简洁、协调			
有班级logo			
字体端正			

活动四　为入场式出谋献策

1. 你可以构想一下班级入场方阵是否需要一些装饰。比如，队员佩戴什么装饰，手上可以拿什么道具等等。如果你认为不拿道具更好，也可以将你的想法与同学沟通。

2. 为入场方阵的队形出谋献策。构想一下我们班级以怎样的队形出场，准备与同学分享你的想法。

3. 选出入场式的领导者3-5人，由这些领导者组织大家排练，并和领导者一起制定排练规则。你可以挑战自己，毛遂自荐当领导者。

活动五　参与入场式的排练等各项活动

请你按照大家确定的排练时间，按时参加排练，在操练过程中如果有什么好主意一定提出来，让班级入场方阵的排练有更好的效果，更有创意。

活动六　展示我们的风采

请你和你的同学们以最佳的状态出现在运动场上，展示出你们的风采。

主题二　我们是班级啦啦队

活动一　我的构想

为你们的啦啦队设计一些道具、口号，在队员集中时与同学分享。

活动二　啦啦队的准备工作

1. 选出啦啦队领导者，你可以推荐自己当领导者。

2. 积极参与啦啦队的各项准备工作，制作道具、排练、彩排等。

3. 熟悉班级运动员的每一场比赛的时间、地点等。

活动三　现场为运动员助威

1. 为运动员加油。

2. 注意现场观察，为完成书面作业"场面描写"积累素材。

活动四　我的场面描写

将你感受最深的一次啦啦队活动采用场面描写的形式描述下来，题目自拟。请根据以下评价量规的要求完成作业。

场面描写评价量规

评价标准	优	良	加油
有环境描写。描写现场的环境，包括人和物以及现场的气氛			
有特写镜头的描写。选取让你难忘的镜头进行细节描写。比如某个运动员：动作、姿势、神态；啦啦队的表现：口号、动作、状态等			
有自己的感受			
没有病句，没有错别字			
不少于300字			

方案八　"战争与和平"——研究性学习活动设计

"战争与和平"是研究性学习的教学设计，包括"自主学习指引"与"实施方案"两部分内容。

自主学习指引

研究主题：战争与和平

我们生活在和平年代。对于战争，我们从文学作品、影视材料、新闻报道或者长辈的故事中知道了不少。今天，我们不妨对人类历史和现实中"战争与和平"现象进行一次探讨，从中了解人类社会发展过程的一些规律。

步骤一　收集资料与储存资料

1. 收集资料

选择古今中外一次或多次有名的战争，广泛深入收集有关资料，深入探讨战争的起因、经过、结果。比如：第一次世界大战；第二次世界大战；中国的抗日战争、鸦片战争、抗美援朝战争；伊拉克战争、阿富汗战争、中东战争、美国的反恐战争等等。

提示：与战争有关的文字材料、文件、地图、图片、视频等都可以作为有关资料收集。例如：

（1）战争起因的相关资料。包括图片资料、影视资料、文字资料、地图资料等。

（2）战争过程的相关资料：参战国国力和军力情况、武器装备情况、双方（多方）参战军队的人数、有名将领的名字、双方军队伤亡人数以及受害国人民伤亡人数、战争对参战国人民带来的影响，其中一些著名战役的具体情况等等。也可以包括战争中一些具体的故事和具体的人的信息。

（3）战争结果的相关资料。包括图片、影视资料、文字资料（含签订了哪些条约、文件）。

（4）其他相关资料。你还可以收集一些与战争有关的其他资料。

（5）记住在所保存的资料后面写下资料的来源（出处）和收集的日期。

2. 分类储存资料

提示：当你开始收集相关资料时，请你先在自己的电脑里新建一个文件夹，命名"战争与和平"，然后建立若干个子文件夹，分类储存信息。

比如，你可以按照战争"起因"、"经过"、"结果"来储存信息，将子文件夹命名为"起因"、"经过"、"结果"，如果你选择研究的战争不止一个，那么就要分别为不同的战争建立不同的子文件夹，并在为文件夹命名的时候分别注明"××战争起因"、"××战争经过"、"××战争结果"。

在储存战争经过的文件夹里，也许你还可以建立多个子文件夹，分别储存这场战争中一些著名战役的信息，或者专门建立一个文件夹收集有关战争的"地图"等等。

如果你觉得有的信息不属于"起因"、"经过"、"结果"，你可以另建文件夹来储存。

总之，收集资料时，哪一类信息比较多，你就单独建立一个文件夹，将相关的资料放进这个文件夹，并为这个文件夹命名，这就是分类储存信息。

3. 检查评估资料搜集情况

请根据以下评价量规，检查评价自己资料收集的情况。

收集资料评价量规

评价标准	A	B	C
按照分类储存的要求收集与储存信息，所储存的信息方便自己提取和查看			
有战争起因的信息，信息详尽。通过这些信息，你自己能非常清楚地告诉别人这场战争发生的时间、地点及其具体情况			
有战争经过的信息，信息详尽。有战争中一些重大战役具体信息、有参战国及其重要将领的信息，有参战国的经济信息，有参战国军队伤亡人数以及受害国人民伤亡人数、战争对参战国人民带来的影响等。包含文字、地图、图片、视频等。你能清楚地讲述其中一个战役的具体情况，或者告诉别人一些相关数据			
有战争结果的信息，信息详尽。信息包括战争结束的时间、地点所形成的文件、协议等。有文字、地图、图片、视频等。你能告诉别人战争的结果、战争结束的时间、所签订的主要文件			
有其他相关信息			

如果你认为自己所搜集的资料已经比较充分，请给自己评分；如果你认为自己所收集的资料还不够充分，请你继续收集资料，直到你自己比较满意。同时，请你准备好将自己所收集的资料与同学分享，并准备与同学互评收集资料的情况。

步骤二　分析资料形成结论

请你根据提示，整理每一个文件夹的资料，并开始思考问题。

（一）整理资料

请根据"提示"整理每一个文件夹的资料。

提示：

1. 请用表格或思维导图来整理资料。

A. 也许你所收集的资料比较多，或者比较凌乱，你可以设计表格来整理资料。如参战国经济投入与损失的资料数据、参战国死伤人数的数据等，可以分别列表来整理。

B. 如果你所研究的战争参战国多、战役多、延续的时间长，你可以用思维导图来整理相关内容。

2. 概括内容，记下感受。

请你逐一认真阅读自己每一个文件夹的资料，用一两句话概括每一个文件夹资料的主要内容，同时用一两句话表达自己分析资料后的感受或观点。在每一个文件夹里建一个word文件，将自己的概括和感受分别写下来，作为这个文件夹的材料之一保存在文件夹里。

（二）用资料说明问题

1. 思考问题

请结合自己所收集的资料，思考以下问题，从更高的层面来认识战争。

（1）这场战争是必须发生的吗？导致这场战争的真正原因是什么？

（2）谁是战争的赢家？导致战争输赢的原因有哪些？最根本的原因是什么？

（3）人类可以远离战争吗？为什么？

（4）对于人类来说，战争与和平是可以解决的矛盾吗？如果可以，解决的方法和途径有哪些？

以上问题的思考答案，是要用资料来证明的，在思考问题的时候，请你同时思考：自己所收集的资料中有哪些资料可以支撑我的答案？

2. 用演示文稿整合问题与资料

如果你对上述问题的思考以及用什么资料说明问题已经有了初步的考虑，请你开始制作"演示文稿"，在制作的过程进一步理清思路，并通过演示文稿呈现思考结果。

（1）演示文稿的内容。

请你围绕问题制作演示文稿。你的演示文稿至少包括10张幻灯片，幻灯片包括两部分内容：

第一，战争的"起因"、"经过"、"结果"的相关内容。

第二，以下四个思考问题的答案及其依据：

A. 这场战争是必须发生的吗？导致这场战争的真正原因是什么？

B. 谁是战争的赢家？导致战争输赢的原因有哪些？最根本的原因是什么？

C. 人类可以远离战争吗？为什么？

D. 对于人类来说，战争与和平是可以解决的矛盾吗？如果可以，解决的方法和途径有哪些？

（2）动手制作演示文稿。

提示：

请你围绕主题制作幻灯片。即战争的起因、经过、结果就分别是三个主题；四个思考问题分别是四个主题；你可以一张幻灯片呈现一个主题的内容，这张幻灯片包括所形成的观点、感受和相关文字和图片；你也可以一组幻灯片围绕一个主题呈现研究内容，即围绕一个主题的设计几张幻灯片，这几张幻灯片包括了你的观点和证明观点的文字、数字、图片。

（1）你首先以战争"起因"、"经过"、"结果"制作4张以上（含4张）幻灯片。其中"起因"与"结果"各一张幻灯片，"经过"含2张或2张以上幻灯片。当然，你可以根据自己的实际情况确定幻灯片的张数，上不封顶。4张幻灯片是最低要求。

（2）接着就四个思考问题分别制作幻灯片。你可以每个问题制作一张幻灯片，内容包括，A所思考的问题；B思考的答案结果；C支撑你思考结果的证明材料（精选的数据、图片、文字材料）；每个问题一张幻灯片是最低要求，你也可围绕一个问题以用多张幻灯片来展示相关内容。

当你围绕问题整理资料，制作出演示文稿的时候，你是否觉得自己对战争与和平的认识有所提高？你所思考的这些问题，就是从人类历史的发展层面去认识战争与和平，只有从这样的层面来认识战争与和平，我们研究这个主题才有意义。

（三）形成研究结论

1. 形成结论

当我们在全班分享与辩论中对战争与和平的问题进行了深入思考之后，请你回到自己所收集的资料以及当初写下的感受和观点，用一两句话或者一段话，归纳所有的资料内容以及感受、观点。这段话就是你的研究结论，是你从自己所收集的资料中得出的对战争与和平的思考及其观点。

你的这些观点是需要有证据来证明的，这些证据就是你所收集的资料。如果你觉得你的观点还需要有更多的证据来证明，你还可以继续收集补充资料，使自己的所研究的内容观点鲜明，证据充分。

请注意，研究结论与你对每一个问题思考的答案及在收集资料中所形成的观点和感受要保持一致性，不能彼此矛盾。

我的研究结论是：

2. 完善演示文稿

请完善之前制作的演示文稿，在原来的演示文稿上增加以下内容：

（1）在所制作的演示文稿增加一张幻灯片展示你的研究结论。你的研究结论与你前面的所有幻灯片的观点、证明资料是一致的，也就是说你的研究结论是从你所搜集的资料以及你深入思考之后所推导出来的。

（2）请你再增加一张幻灯片，在最后的幻灯片里呈现你的资料来源（具体的出处）。

（3）根据评价量规，修改完善演示文稿。

演示文稿评价量规

评价标准	A	B	C
包括了资料清单的所有内容，不少于十张幻灯片			
能围绕"主题"呈现资料			
每个"主题"的资料翔实，并能用简洁的语言概括自己的感受或提出自己的观点			
有单独呈现研究结论的幻灯片，观点鲜明，结论符合逻辑，与所呈现资料和所思考的问题答案相一致			
有单独呈现资料来源（出处）的幻灯片，出处具体			
幻灯片版面清晰，布局合理，没有错别字			

步骤三　用论文呈现研究结论

（一）学习论文的格式

1. 学习范文

请你阅读文章"战争带给人类巨大的灾难"（附件），并完成以下学习任务。

（1）在文中找到与"内容摘要"相关的句子，用＿＿＿＿做标记，你发现"内容摘要"是文中的哪些内容？你从中知道"内容摘要"的作用吗？将你的发现作为批注写下来。

（2）"内容摘要"下面有关键词：战争、灾难、破坏。读了关键词，你知道了什么？可以怎样提炼关键词？另外，如果关键词中只保留"战争、灾难"删除"破坏"你认为可以吗？请将你的想法作为批注写下来。

（3）给文章画一个简单的思维导图，并对文章的结构写几句批注。

（4）文章共有五个小标题，每个小标题都包含了几个自然段。请选择前面四个小标题中一个小标题下面的内容精读，按"提示"完成学习任务。

提示：

A. 找到你认为是"论据"的段落，写上"论据"并做批注。请你关注"论据"的语言是简洁概述，还是长篇描述？

B. 除了"论据"之外的其他段落是写什么的？它们在文中的作用是什么？请将你的看法作为批注写下来。

比较范文每个小标题下面的内容，你发现范文的结构特点了吗？将你的发现与同学分享。

（5）范文最后一部分是"结论与思考"。你认为该部分内容的关键句、关键词什么？用＿＿＿线做标记并写批注。你觉得"结论"在文中有什么意义？将你的想法作为批注写下来。

2. 论文基本结构参考

以下思维导图呈现的论文基本结构，作为你构思论文的参考格式，你可以根据自己的实际情况参考与借鉴。

论文参考结构一

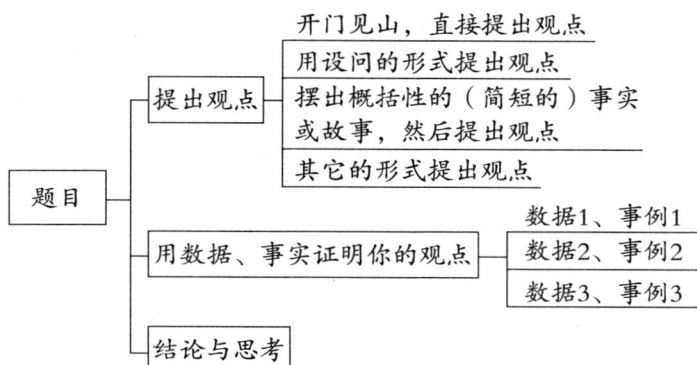

```
                        ┌─ 开门见山，直接提出观点
                        ├─ 用设问的形式提出观点
            ┌─ 提出观点 ─┤  摆出概括性的（简短的）事实
            │           │  或故事，然后提出观点
            │           └─ 其它的形式提出观点
            │
            │                          ┌─ 数据1、事例1
   题目 ────┼─ 用数据、事实证明你的观点 ─┤  数据2、事例2
            │                          └─ 数据3、事例3
            │
            └─ 结论与思考
```

论文参考结构二

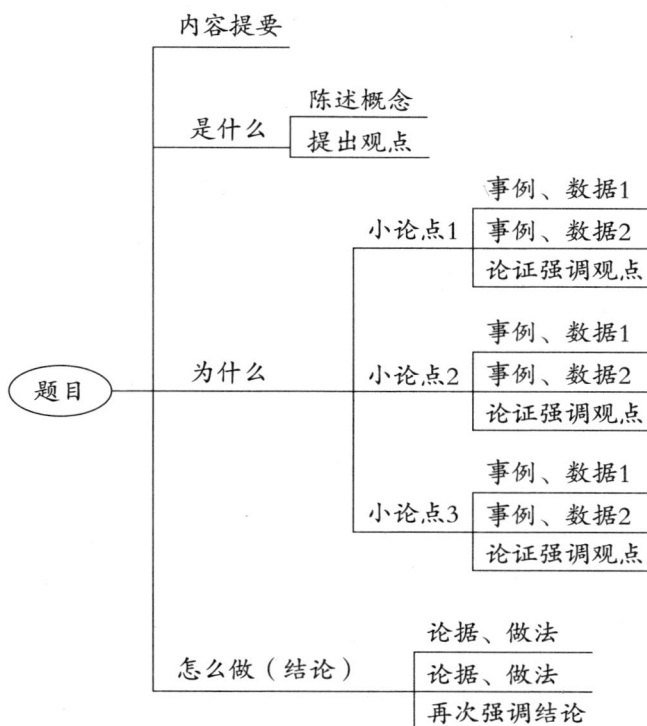

```
                     内容提要

                               ┌─ 陈述概念
                  ┌─ 是什么 ───┤
                  │            └─ 提出观点
                  │
                  │                       ┌─ 事例、数据1
                  │            ┌─ 小论点1 ─┤  事例、数据2
                  │            │          └─ 论证强调观点
                  │            │
                  │            │          ┌─ 事例、数据1
     （题目）─────┼─ 为什么 ───┼─ 小论点2 ─┤  事例、数据2
                  │            │          └─ 论证强调观点
                  │            │
                  │            │          ┌─ 事例、数据1
                  │            └─ 小论点3 ─┤  事例、数据2
                  │                       └─ 论证强调观点
                  │
                  │               ┌─ 论据、做法
                  └─ 怎么做（结论）┤  论据、做法
                                  └─ 再次强调结论
```

论文参考结构三

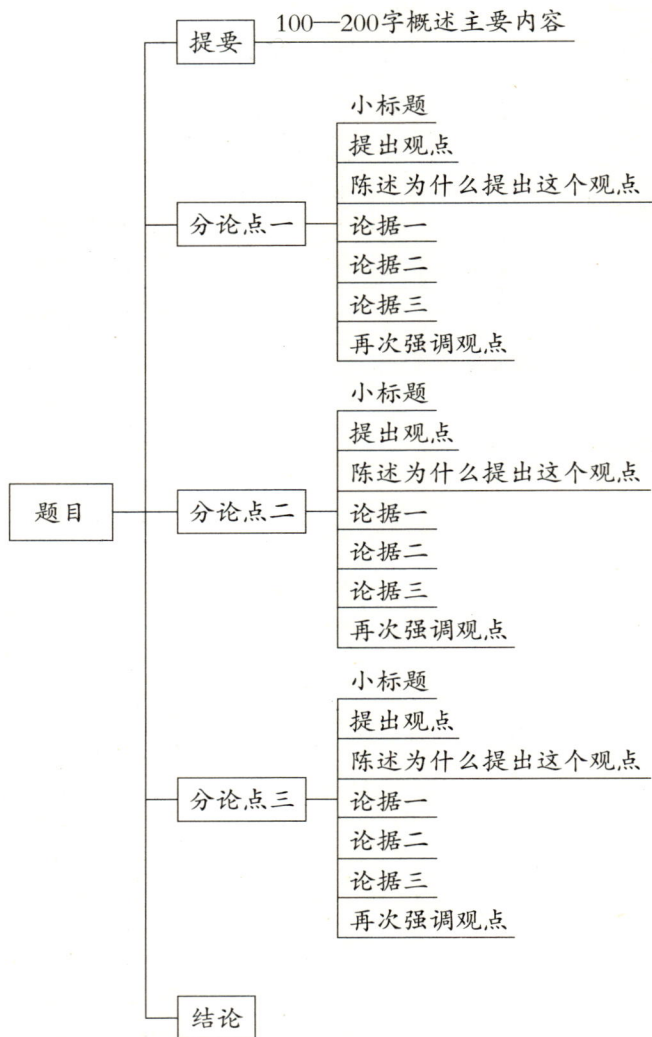

```
                        ┌─────┐  100—200字概述主要内容
                        │提要 │
                        └─────┘
                                   小标题
                                   提出观点
                        ┌───────┐  陈述为什么提出这个观点
                        │分论点一│  论据一
                        └───────┘  论据二
                                   论据三
                                   再次强调观点

                                   小标题
                                   提出观点
               ┌────┐   ┌───────┐  陈述为什么提出这个观点
               │题目│───│分论点二│  论据一
               └────┘   └───────┘  论据二
                                   论据三
                                   再次强调观点

                                   小标题
                                   提出观点
                        ┌───────┐  陈述为什么提出这个观点
                        │分论点三│  论据一
                        └───────┘  论据二
                                   论据三
                                   再次强调观点

                        ┌─────┐
                        │结论 │
                        └─────┘
```

（二）动手写论文

1. 写提纲

请构思论文的内容与结构，并用思维导图画出来，形成自己论文的提纲。

提示：

你的论文提纲与论文参考结构比较，应该是具体化的。比如，论点在提纲里要写全称，论据、数据要用关键词标明。

2. 准备好将你的提纲与同伴分享。

3. 修改提纲。

4. 动手写作。

请根据评价量规完成论文写作。如果你的论文没有分论点、内容提要和关键词，请根据评价量规（1）的标准撰写；如果你的论文有内容提要、关键词和分论点，请根据评价量规（2）的标准撰写。

5. 修改论文

请根据"评价量规"修改论文。

论文评价量规（1）

评价内容	评价等级		
	A	B	C
观点鲜明			
论据充分，有多个事实论据和相关数据，论据与论点紧密相关			
论证过程有条理，逻辑性强。论据能充分论证观点，上下文之间有必然联系，文章层次分明			
有研究结论，结论与观点和材料保持一致性，有内在的逻辑关系			
语言流畅，没有病句，没有错别字			

论文评价量规（2）

评价内容	评价等级		
	A	B	C
有"内容提要"，"内容提要"提纲挈领			
有关键词，关键词准确			
观点鲜明，有分论点			
论据充分，有多个事实论据，有相关数据，论据与论点紧密相关			
论证过程有条理，逻辑性强。论据能充分论证观点，上下文之间有必然联系，文章层次分明			
有研究结论，结论与观点和材料保持一致性，有内在的逻辑关系			
语言流畅，没有病句，没有错别字			

拓展学习——用文学艺术的形式表现研究性学习的结果

请选择以下四类文学艺术表达方式中的其中一种来表现你对"战争与和平"的研究。

1. 用诗歌的形式表达你的观点。

A. 想象人们在和平与幸福中生活的画面、形象。

B. 用诗歌的语言描述这些画面与形象，表现你的观点。

诗歌评价量规

评价内容	评价等级		
	A	B	C
有画面或者形象，形象生动鲜明			
运用了修辞手法			
语言精练，准确、押韵			
没有病句，没有错别字			

2. 用小说的形式表达你的观点。

A. 构思人物。

B. 为人物创设一个环境。

C. 描写人物的行为、语言、动作、心理，描述他们之间的故事，通过这些人的表现来陈述你的观点。

小说评价量规

评价内容	评价等级		
	A	B	C
有人物形象，形象鲜明			
有人物的外貌、神态、动作、对话、心理等描写，描写符合人物身份			
有环境描写，环境描写能看出人物所生活的时代			
没有病句，没有错别字			

3. 用漫画、连环画或者动画视频的形式表现你的观点。

A. 构思人物或画面。

B. 通过图画的形式表达你的观点（一幅画或连环画均可）。

漫画、动画视频、连环画评价量规

评价内容	评价等级		
	A	B	C
有人物形象，形象鲜明			
有人物的外貌、神态、动作、对话、心理等描写，描写符合人物身份			
人物活动的环境能看出人物所生活的时代，并与该时代人物形象吻合			
动画视频、连环画有故事情节；故事情节有趣、符合情理			
画面醒目，色彩和谐			

4. 用小话剧的形式表现你的观点。

A. 构思人物。

B. 为人物设计一个场景。

C. 在剧本的开头标明时间、地点、人物（姓名、身份）。

D. 要以台词（人物对话）展开情节，表现人物性格。

E. 人物对话以外的叙述属于舞台提示，请你使用括号将这些提示显示出来。

F. 舞台提示通常包括人物上现场的提示，人物心理独白，人物表情、神态、动作等。

剧本评价量规

评价内容	评价等级		
	A	B	C
剧本开头标明时间、地点、人物			
以人物对话展开情节，表现人物性格			
人物对话描写符合人物身份			
有清晰的舞台提示（人物上下场、心理独白、神态动作描述）			
语言流畅，没有病句，没有错别字			

剧表演评价量规

评价内容	评价等级		
	A	B	C
演员表演认真、严肃			
所扮演的人物形象真实且惟妙惟肖			
演员表演声音响亮，语言抑扬顿挫，符合人物身份			
记住台词，脱稿表演			

实施方案

"战争与和平"——研究性学习

学习目标：

1. 能以问题为单位收集资料和储存资料。

2. 能按照"评价量规"检查并完善资料的收集与整理。

3. 能从资料的整理中概括提炼出自己的感受或观点。

4. 能在分析与综合资料以及各类问题所形成观点的基础上推导出研究结论。

5. 能用演示文稿与同学分享资料和研究结论，演示文稿符合"评价量规"要求。

6. 能积极参与小组分享活动，和小组成员互帮互学。

7. 能积极投入班级辩论会，发表自己的观点。

8. 能按照"评价量规"的要求撰写、修改论文。

9. 在小组讨论和班级辩论会上初步表现出以辩证的观点看待战争与和平的关系。

10. 能选择一种文学艺术表现形式，展示自己的研究结果或研究过程的感受。

学习时间：一学期

教学策略：

1. 以混合式学习的方式开展主题学习。课堂学习与课外学习、面对面学习与在线学习相结合；自主学习、小组合作学习、教师指导下的学习相结合。

2. 将资料的收集、储存与整理，观点的提炼与结论的形成以及论文写作，作为教师指导的重点内容；拓展学习——文学艺术表现形式的学习，以学生自主学习、同伴分享与评价的方式进行学习。

3. 采用"教师示范"策略指导学习。教师自己以学生身份完成学生学习活动中的所有学习，为学生提供示范。

（1）示范演示文稿，讲解怎样搜集资料、分类整理资料，怎样提炼观点。

（2）示范论文，讲解怎样布局谋篇。

4. 采用"学生优秀作品示范"策略指导学习。

（1）以学生作品（演示文稿）及学生自己讲解的方式，示范信息储存与整理，并探讨怎样提炼观点。

（2）分享优秀学生论文，提供学习范例。

（3）展示所有学生的文学艺术作品，彼此欣赏与评价。

5. 采用同伴互教互学的教学策略。学生在小组合作学习中，在全班分享与评价中互帮互学。

6. 采用评价策略。根据"评价量规"评价演示文稿，评价论文提纲，评价论文，评价其他文学艺术表达方式的作品。

7. 采用整合信息技术的教学策略。在线讨论学习，在线互帮互学，在线分享与评价作品。

实施计划

研究性学习"战争与和平"实施计划表

时间、地点	学生学习内容与步骤	教师指导内容与策略
第2周 第一课时 （教室）	1. 自主阅读资料 2. 听教师讲解 3. 小组讨论：资料收集与储存	指导内容：布置学习任务；示范、讲解资料收集与储存；提供网络资源 指导策略：同伴互教；教师讲解与示范、个别指导
第3周 第二课时 （机房）	1. 个人网上搜集信息，储存信息 2. 小组成员自由互学	指导内容：资料搜集与储存 指导策略：同伴互教；教师个别指导

时间、地点	学生学习内容与步骤	教师指导内容与策略
第3周至第6周 （课外、在线）	1. 资料收集互评 2. 继续搜集、整理资料 3. 制作演示文稿（一） 4. 组员在线异步、同步讨论	指导内容：资料分类储存；资料与思考问题是否对应；是否形成观点 指导策略：学生互教；教师个别指导、在线指导
第7周 （课外、在线）	1. 小组成员分享、评价演示文稿 2. 选出代表在全班分享	指导内容：与上同 指导策略：同伴互教；同伴评价；教师个别指导
第8周 第三课时 （教室、课外）	1. 小组代表全班分享演示文稿 2. 学生评价 3. 个人、小组准备辩论材料	指导内容：观点是否成立，材料是否充分；布置辩论会 指导策略：学生示范；逐一分享、评价，视学生情况确定辩论主题
第9周 第四课时 （教室）	不同观点辩论	指导内容：观点是否成立，材料是否充分；如何陈述观点 指导策略：学生示范，教师示范
第9周 （课外、在线）	1. 个人完善材料，形成研究结论 2. 小组成员在线探讨 3. 完善演示文稿（二）	指导内容：观点是否成立，材料是否充分，结论是否符合逻辑，是否有意义 指导策略：学生互教；教师个别指导、在线指导
第10周 第五课时 （教室）	1. 小组代表继续分享演示文稿，重点探讨研究结论 2. 学生评价	指导内容：观点是否成立，材料是否充分，结论是否合符逻辑，是否有意义 归纳学生中互相对立或有矛盾的观点；布置辩论准备工作 指导策略：学生示范；逐一分享评价
第10周 （课外、在线）	1. 个人准备辩论材料 2. 小组成员、全班学生在线交流，为辩论做准备	指导内容：观点与材料是否对应；论据是否充分，结论是否符合逻辑、是否有意义；如何陈述观点 指导策略：学生互教；教师个别指导、在线指导
第10周 第六、七课时 （教室）	不同观点逐一辩论	指导内容：观点是否成立，材料是否充分，陈述是否有条理 指导策略：分享评价；学生示范

时间、地点	学生学习内容与步骤	教师指导内容与策略
第11周 第八课时 （教室）	1. 小组讨论分享范文学习结果 2. 全班分享学习结果 3. 构思论文提纲	指导内容：整合学生学习情况明确论文的结构；内容摘要、关键词、观点的提出；使用理论证据与事实证据；有条理地陈述基本要素等。 布置撰写论文提纲 指导策略：学生分享，教师小结
第12周 第九课时	1. 小组分享论文提纲 2. 全班分享论文提纲	指导内容：结构是否完整、有条理；观点是否明确；论据是否充分；结论是否符合逻辑，是否有意义
第12周-13周 （课外、在线）	论文写作、在线探讨	指导内容：与上同 指导策略：教师个别指导、在线指导
第14周 （课外、在线）	1. 小组成员在线分享论文，互改论文，选出代表全班在分享 2. 小组代表论文全班在线分享	指导内容：与上同 指导策略：学生示范；教师个别指导、在线指导
第15周 （课外、在线）	1. 个人完成拓展学习，选择一种文学艺术的表现方式展示研究内容 2. 小组成员相互分享、评价，选出优秀作品在全班分享	指导内容：是否符合评价量规 指导策略：学生示范，教师个别指导、在线指导
第16周 第十课时 教室	全班分享 小组展示作品，同伴评价	指导内容：欣赏同伴 指导策略：学生示范，教师示范

附件1：

战争给人类巨大灾难

内容摘要：

战争是一种特殊的社会历史现象，自出现以来就给人类带来了深重的灾难。战争造成人员死伤无数；消耗大量的人力、物力、财力；严重污染生态环境；破坏人类创造的灿烂文化。我们拒绝战争，期待和平。

关键词：　战争　灾难　破坏

　　战争是一种特殊的社会历史现象，是人类社会集团之间为了一定的政治、经济目的而进行的武装斗争。据资料记载：每年发生战争平均2.6次，从1740年至1974年的234年中发生过336次战争，平均每年1.6次；在第二次世界大战后发生的战争就有87次左右，平均每年2.3次，其中在亚洲发生29次，26次在中东和北非，17次在中南部非洲，10次在中南美州，5次在欧洲。战争自出现以来就给人类带来了深重的灾难，给人民的生命和财产造成重大损失。

一、战争造成人员死伤无数

　　战争造成的伤亡不计其数，让全世界许多地区的人民流离失所，无家可归。让全世界人民不得安宁，父母失去儿女，儿女失去父母。整个国家人心惶惶，整日笼罩着战争的阴影。

　　第一次世界大战是20世纪初的一场人类浩劫，大战使各国人民遭受空前灾难，交战双方动员兵力共计7340余万人，直接参战部队2900多万人，死于战场的约1000多万人，受伤的约2000万人，受战祸波及的人口在15亿以上。

　　第二次世界大战是历史上死伤人数最多的战争，共有5500万—6000万人死亡，1.3亿人受伤，合计死伤1.9亿人。

　　越南战争历时14年，是第二次世界大战以后持续时间最长、最激烈的大规模局部战争。战争中，越南有160万人死亡，1000多万人成为难民；美国有5.7万人丧生、30多万人受伤。

　　一场又一场的战争，吞噬了许多无辜的生命，无论是小规模的战争还是世界大战，个人都是脆弱的、渺小的。人类付出的生命代价是惨重的。一般取得一场战争的胜利，必定要付出杀敌一万自损三千的代价，而一场僵持中的战役，比的就是双方参战人员的消耗数字，简单的数字代表的是一条条活生生的生命。而且历史证明，不管多艰难的世道，老百姓都有办法顽强地生存下去，怎么样也比去给一场莫名其妙的战争当炮灰好。

二、战争消耗大量的人力、物力、财力

　　战争对战胜国与战败国的国力消耗都是惊人的。

　　第一次世界大战持续了四年三个月，参战国家33个，卷入战争的人口高

达15亿以上，直接战争费用1863亿美元，财产损失3300亿美元。

第二次世界大战历时6年之久，先后有60多个国家和地区参战。战争双方动员军队1.1亿人，财产损失高达4万亿美元，直接战争费用13520亿美元。

两伊战争历时近8年。伊朗死伤60多万，伊拉克死伤40多万。两国无家可归的难民超过300万。两国石油收入锐减，生产设施遭受破坏的损失超过5400亿美元。两国在这场战争中损失总额达9000亿美元。战争使两国的经济发展计划至少推迟20至30年。

由此可见，战争对各国的经济都造成了不同程度的破坏，使得国内经济凋敝，民不聊生。

三、战争严重破坏生态环境

战争对环境造成影响古已有之，有些是战争的副产品，有的则是故意针对环境的。在现代战争中，武器具有强大的破坏性、毒性甚至放射性，对环境造成的影响就更大了。

越战期间，美军投放了许多带有毒气的炸药，使当地的土壤受到严重污染，如今交战区"怪病"患者成百倍增加，甚至有60％的婴儿一出生就是残疾。美国在越南战争中大量使用"落叶剂"毁灭森林，大面积的植物在生长期便落叶死亡，破坏了很多野生动物的栖息地，使生态环境急剧恶化，地面上甚至连杂草也不能生长。越南北方在战争结束时已变成了真正的废墟。

在1991年爆发的海湾战争中，科威特大约有950口油井在战争中遭到破坏，其中600多口被点燃，每天烧掉大约600万桶原油，价值1.2亿美元。这场石油火灾造成了人类历史上最惨重的环境污染。燃烧的油井每月向大气层释放675万吨烟灰。人们吸入后感到胸闷、气喘，将会导致呼吸系统疾病和心脏病的急剧发作。一些有毒物质也将逐渐进入食物链，导致若干年后癌症病人和各种畸形病人的增加。石油燃烧所产生的硫酸和碳酸将产生酸雨，破坏周围阿拉伯国家极其宝贵的绿色植被和农田。流向波斯湾的数千万桶原油在海上形成了大面积的油膜，无数海洋动物死在海中。浮游生物失去了生命之源，整个海洋生物链面临断绝的危险。因为波斯湾是一个近乎封闭的生态环境，海水流动十分缓慢，大约要100年的时间海水才能完全更换。海湾战争对周围生态环境的破坏将持续100年。

北约对南联盟长达78天的狂轰滥炸，不仅使南联盟人民持续生活在死亡的威胁下，而且还给南斯拉夫乃至整个巴尔干地区的生态环境造成灾难性后果。在对南联盟的空袭中，北约使用了一种放射性的贫化铀炸弹，它能释放出致命的铀尘。战争中，美军轰炸南联盟潘切沃化工厂、石油及煤矿工业等设施，造成大量有毒化学物质、大量油烟和碳氧化物散发到空气中，其中一部分随多瑙河水流入黑海，严重污染邻近国家的空气、土壤和水体，造成水源污染，导致在很大地域内、相当长的时间里缺乏饮用水和农业用水。战争造成的生态灾难，在今后几十年中都无法彻底消除。

任何一场战争，或多或少都会给环境造成不同程度的伤害，战争对环境造成的影响有些是短暂的，如噪声和空气污染一般会随着战事的结束而结束，但有些影响是长期的，会波及到战后，威胁到当代和后代人的安全。如果生态环境遭到严重破坏，人类赖以生存的家园将不复存在，付出的代价将是无比惨重的！

四、战争破坏人类灿烂的文化

战火毁灭了文物和历史文化遗产，就等于毁灭了民族历史，毁灭了民族文化。

鸦片战争中，1860年10月18日、19日，三四千名英军在圆明园内到处纵火，大火三昼夜不熄，烟云笼罩北京城，久久不散。这座举世无双的园林杰作被一齐付之一炬。事后据清室官员查奏，偌大的圆明园内仅有二三十座殿宇亭阁及庙宇、官门、值房等建筑幸存，但门窗多有不齐，室内陈设、几案均尽遭劫掠。自此同时，万寿山清漪园、香山静宜园和玉泉山静明园的部分建筑也遭到焚毁。据有关材料记载，10月18日，英国侵略军烧毁安佑宫时，因他们来得突然，主事太监又反锁着安佑宫的大门，所以，当时有太监、宫女、工匠等共300人，被活活烧死在安佑宫。

日本侵华战争中，日军则公然对中国的图书文献典籍进行大规模的破坏和全面洗劫。中国文化典籍遭受空前的劫难，蒙受巨大的损失。七七事变后，在日军占领的八年间，北平被劫夺、焚毁的公私图书达586428册，其中公共图书448957册另5箱，私人书籍137471册另4箱。七七事变后，国立清华大学图书馆抢救出的图书约有500余箱。沦陷后日军将馆舍改为外科医院，书库成为手术室及药库，阅览室成为病房。该校的图书遭受两次浩劫，一次是1937年日军侵驻清华园后，把未及运走的约20余万册图书劫夺一空；另一次是1938年运存汉口继又转运至重庆北碚的图书仪器400余箱，战时遭敌机轰炸，损失严重。

在第二次世界大战中，华沙这座美丽的古城遭到严重破坏，几乎被夷为平地，全城85%以上的建筑被毁，那些富丽堂皇的古典建筑几乎荡然无存，到处是残垣断壁，一片焦土。有的西方人士曾经断言："华沙不会重现在人间，至少100年内是没有希望的。"

战乱对于文物的破坏是永久性的，一座城市、一个国家的文物所遭受的战争之害，不论经过多少年，都无法弥补。

五、结论与思考

战争给人类带来的损失是无可估量的，多少家庭因此家破人亡；多少孩子本应该还在享受无忧无虑的童年却因此双眼充满恐惧、泪水与无助。所以，人类要远离战争。我们研究战争是为了避免战争，远离战争。

为了避免战争，人类做出了许多努力。人们团结世界正义的国家，创建了联合国以维护世界和平、缓和国际紧张局势和解决地区冲突；同时协调国际关系，促进各国社会和经济发展。1942年1月1日，正在对德国、意大利、日本法西斯作战的中国、美国、英国、苏联等26国代表在华盛顿发表了《联合国家宣言》。1945年4月25日，来自50个国家的代表在美国旧金山召开联合国国际组织会议。6月26日，50个国家的代表签署了《联合国宪章》，后又有波兰补签。同年10月24日，中、法、苏、英、美和其他多数签字国递交了批准书后，宪章开始生效，联合国正式成立。各国采用协商的方法解决问题，希望不再因为利益分配不均导致世界大战。

人们反对霸权主义和强权政治，要求彻底消灭法西斯主义和军国主义，维护世界和平，促进共同发展。中国政府于1954年4月29日提出和平共处五项原则，内容是：互相尊重主权和领土完整、互不侵犯、互不干涉内政、平等互利、和平共处。此后成为指导中印以及中缅关系的基本原则，后来渐渐发展成为指导中国与多国关系的处理原则。

爱好和平的人们都希望我们的世界是一个兄弟姐妹手足情深、人人相互友爱的世界。我相信，总有一天，人们会真正懂得爱，真正懂得"和平与发展"，真正抛弃武力，把我们这个蓝色星球真正当作全人类共同拥有的美丽家园！

作者：广东省珠海市香洲区第二小学实验教师　李玲瑶

（有修改）

附件2：

《战争给人类巨大灾难》阅读指引

阅读全文，完成以下学习任务：

1. 在文中找到与"内容摘要"相关的句子，用"＿＿＿"做标记，你发现"内容摘要"是文中的哪些内容？你从中知道"内容摘要"的作用吗？将你的发现作为批注写下来。

2. "内容摘要"下面有关键词：战争、灾难、破坏。读了关键词，你知道了什么？可以怎样提炼关键词？另外，如果关键词中只保留"战争、灾难"删除"破坏"你认为可以吗？请将你的想法作为批注写下来（或者准备好和同学分享）。

3. 给文章画一个简单的思维导图，并对文章的结构写几句批注。

4. 文章共有五个小标题，每个小标题都包含了几个自然段。请选择前面四个小标题中一个小标题下面的内容精读，按"提示"完成学习任务。

提示：

（1）找到你认为是"论据"的段落，写上"论据"并做批注。请你关注"论据"的语言是简洁概述，还是长篇描述？

（2）除了"论据"之外的其他段落是写什么的？它们在文中的作用是什么？请将你的看法作为批注下来。

比较范文每个小标题下面的内容，你发现范文的结构特点了吗？将你的发现与同学分享。

5. 范文最后一部分是"结论与思考"。你认为该部分内容的关键句、关键词什么？用＿＿＿线做标记并做批注。你觉得"结论"在文中有什么意义？将你的想法作为批注写下来。

小　结

本章呈现的八份教学设计，是以学生的学习为中心的教学设计。无论课文教学设计，还是基于项目学习的教学设计，或者是研究性学习教学设计，都为学生设计了"预习指引"和"自主学习指引"，而课堂教学或在线学习，均在学生自主学习基础上，围绕"预习指引"和"自主学习指引"的内容展开。

为学生设计适合脑的学习，根据学生的"学情"设计"教"，就是这八份教学设计的基本思路，也是基于脑的语文教学设计的基本思路。

图片与视频六

以下图片展示的是学生语文综合性学习的部分成果。

图片6-1　"为了人的自主发展而改变"图片一组

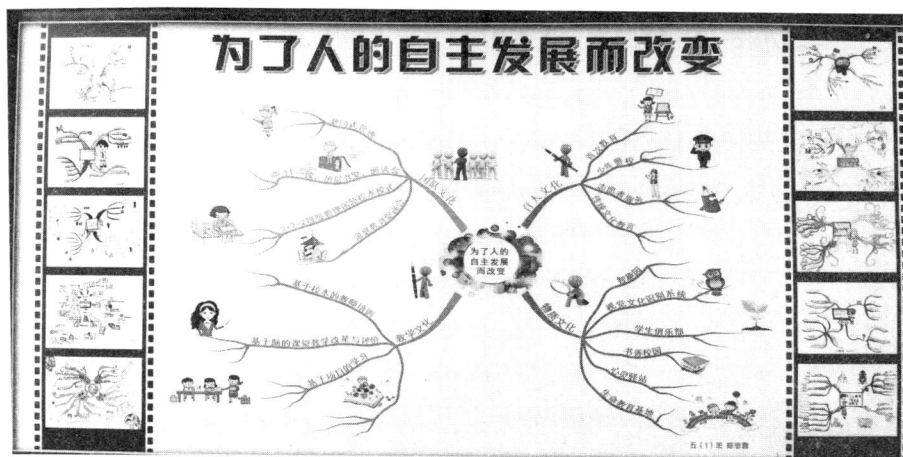

图片6-1所呈现的是广东省珠海市香洲区第二小学校园内的一幅图画——学生用思维导图呈现校长的办学思想和校园文化建设的构想。该图所呈现的是十一位学生的作品，这十一位学生思维导图内容相同，呈现形式各有千秋。它们一幅大图居中，十幅小图仁两边，醒目地展示在校园里。

这里随机放大其中几张图，让读者能看清其中的内容。

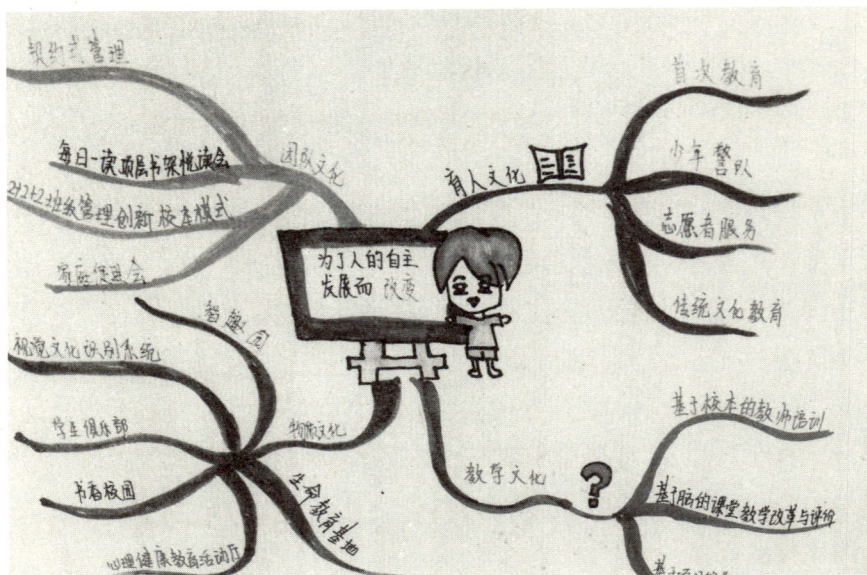

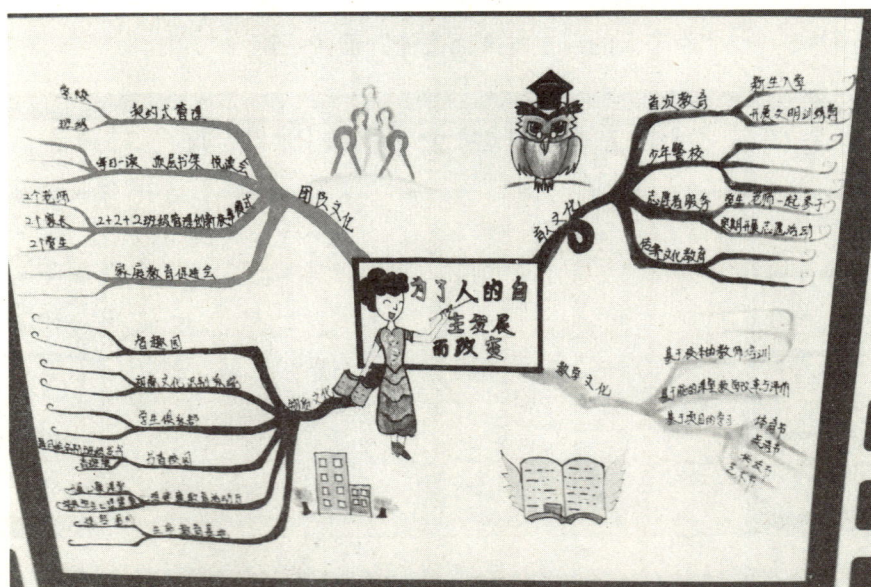

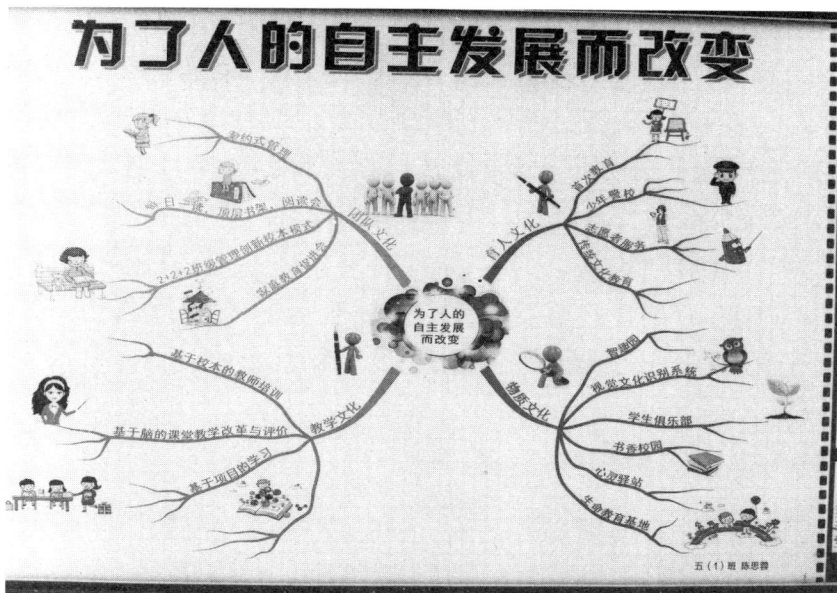

这是一幅别开生面的图画！当图画中的办学思想"为了人的自主发展而改变"映入眼帘，我们不得不惊叹图画内容与呈现形式的高度一致和天衣无缝！让学生来解读学校办学思想与校园文化，让学生来呈现办学思想与校园文化，我们不得不惊叹校长的智慧！

广东省珠海市香洲区第二小学校长朱少儿

　　基于脑的语文教学与这位校长紧密相关，基于脑的语文教学就是在珠海市香洲区第二小学研究成功的。朱校长"为了人的自主发展而改变"的办学理念，让基于脑的语文教学在人们不愿改变的惰性与惯性中突破重围，进而改变了人们的惰性与惯性，改变了课堂教学，改变了师生的生存状态。

　　以语文教学的改变为基础，珠海市香洲区第二小学的孩子们开始了真正意义上的自主发展的旅程……

　　以下为你呈现的基于项目的学习、研究性学习、学生讲坛的作品，记录了珠海市香洲区第二小学的孩子们在自主发展旅程中的收获，也让我们看到了生命成长过程绽放出的绚丽色彩。

图片6-2　"基于项目的学习"图片一组

"我是小厨师"三年级学生作品选

基于春节的项目学习三年级学生作品选

策划一次迎春活动（图片两张）

春节习俗（图片两张）

为自己的家设计一幅年画（图片三张）

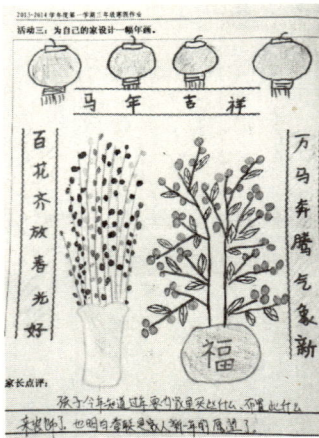

以上图片作者为广东省珠海市香洲区第二小学三（2）班学生，学习时间为2014年寒假、暑假。多年来，珠海市香洲区第二小学的孩子们的寒暑假作业均以项目学习的形式完成，孩子们在生活中学习，在解决生活中的问题中学习。二小的孩子们是幸福的！

图片6-3　"研究性学习"图片一组

2014年1月至6月，广东省珠海市香洲区第二小学六年级开展了以"战争与和平"为主题的研究性学习。在研究性学习的过程，学生就"战争与和平"的主题进行了一个学期的探讨研究，他们收集了大量资料，举行了多场辩论会。在研究性学习中，学生的成长是多方面的，他们经历了研究学习，发展了思维，对战争与和平有了比较深入的认识，初步知道了如何做研究，知道了如何写论文。学生研究性学习产出包括论文以及在学生讲坛上多场以"战争与和平"为主题的讲座，如波兰战役、诺曼底战争、鸦片战争等。我们用图片拍下了学生的一些论文，也拍下了学生讲座的现场。以下选取的是学生的两篇论文以及学生讲座的两个现场。

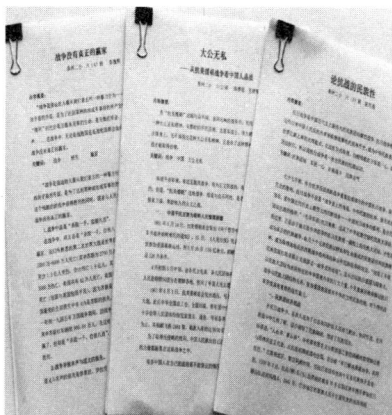

学 生 论 文（1）

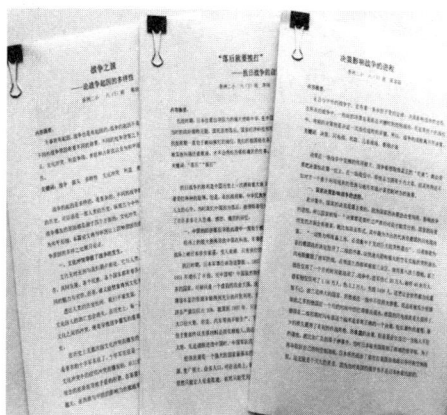

学 生 论 文（2）

图片并不能完整地呈现学生论文全貌，不过学生论文的观点：大公无私——从抗美援朝战争看中国人品质；战争没有赢家；细节决定成败；战争是把双刃剑；论抗战的民族性等等。仅看论文的观点，就让我们对孩子们刮目相看。

学生讲坛图片与学生演示文稿

波兰战役演示文稿

学生讲坛"波兰战役"

主讲人侃侃而谈

现场互动

诺曼底战役演示文稿

自信的主讲人

全神贯注的听众

现场互动

　　语文是"基础"，是"工具"。基于脑的语文教学让学生成功地夯实了"基础"，有效地掌握了"工具"。于是，他们在知识的海洋里欢快地遨游，在生命的旅途中绽放异彩。

参考书目

[1]【美】Eric Jensen著.适于脑的策略.北京师范大学"认知神经科学与学习"国家重点实验室脑科学与教育应用研究中心译.北京：中国轻工业出版社，2006

[2]【美】Eric Jensen 著.适于脑的教学.北京师范大学"认知神经科学与学习"国家重点实验室脑科学与教育应用研究中心译.北京：中国轻工业出版社，2005

[3]【美】Patricia Wolfe 著.脑的功能.北京师范大学"认知神经科学与学习"国家重点实验室脑科学与教育应用研究中心译．北京：中国轻工业出版社，2005

[4]【美】E 詹森著.基于脑的学习.梁平译.上海：华东师范大学出版社，2008

[5] 董奇，周勇，陈红兵.自我监控与智力.杭州：浙江人民出版社，1996

[6] 经济合作与发展组织编.理解脑——新的学习科学的诞生.周加灿等译.北京：教育科学出版社，2010

[7] 安东尼奥·M.巴特罗，库尔特·W.费希尔 ，皮埃尔·J.莱纳主编.受教育的脑——神经教育学的诞生.周加灿等译.北京：教育科学出版社，2011

[8]【美】 Eric Jensen 著.艺术教育与脑的开发.北京师范大学"认知神经科学与学习"国家重点实验室脑科学与教育应用研究中心译.北京：中国轻工业出版社，2005

[9]【美】迈克尔·L.波斯纳，玛丽·K罗特巴特著.人脑的教育.周加灿等译．北京：教育科学出版社，2011

[10]【美】约翰·D·布兰思福特等编著.人是如何学习的.程可拉，孙亚玲，王旭卿译，高文审稿.上海：华东师范大学出版社，2013

[11]【英】东尼·博赞著.启动大脑.北京：中信出版社，2009

[12] 甘其勋主编.文章教育学.郑州：大象出版社，2010

[13] 英特尔未来教育核心课程.7.2版

[14] 广东省中小学教师教育技术能力项目中级培训（网络课程）.教育技术参考手册

图书在版编目（CIP）数据

适于脑的语文教学 / 江风著. —济南: 山东教育出版社, 2015

ISBN 978-7-5328-8801-6

Ⅰ.①适… Ⅱ.①江… Ⅲ.①语文课—教学研究—中小学 Ⅳ.①G633.302

中国版本图书馆CIP数据核字（2015）第042157号

适于脑的语文教学

江 风 著

主　管：山东出版传媒股份有限公司

出版者：山东教育出版社

（济南市纬一路321号　邮编：250001）

电　话：（0531）82092664　传真：（0531）82092625

网　址：www.sjs.com.cn

发行者：山东教育出版社

印　刷：山东新华印务有限责任公司

版　次：2015年3月第1版第1次印刷

规　格：710mm×1000mm　16开

印　张：22.25印张

字　数：331千字

书　号：ISBN 978-7-5328-8801-6

定　价：48.00元

（如印装质量有问题，请与印刷厂联系调换）

印厂电话：0531-82079112